Couvertures supérieure et inférieure manquantes.

HISTOIRE

PHILOSOPHIQUE ET POLITIQUE

DE

L'OCCULTE

F. AUREAU. — IMPRIMERIE DE LAGNY

HISTOIRE
PHILOSOPHIQUE ET POLITIQUE
DE
L'OCCULTE
MAGIE, SORCELLERIE, SPIRITISME

PAR
FÉLIX FABART

AVEC UNE PRÉFACE
DE
CAMILLE FLAMMARION

PARIS
C. MARPON ET E. FLAMMARION, ÉDITEURS
RUE RACINE, 26, PRÈS L'ODÉON

Tous droits réservés

A la Mémoire de MON PÈRE

Et de CHARLES BOISSAY

A ALFRED SONNET

A mes Collègues de la Société « les Amis des Lettres »

PRÉFACE

Je suis très heureux de présenter au grand public des lecteurs sérieux un ouvrage destiné à appeler leur attention sur une branche particulière et curieuse de l'arbre des connaissances humaines. Cet arbre, toujours grandissant, qui nous a donné en notre siècle tant d'admirables progrès : astronomie physique, analyse spectrale de la lumière, vapeur, télégraphe électrique, téléphone, et tant d'autres merveilles, nous offre en ce moment, dans l'étude du magnétisme, de l'hypnotisme, du spiritisme, des rameaux d'avenir, des espérances nouvelles, la science expérimentale ne dédaignant plus d'analyser des phénomènes qui, jusqu'à ces derniers temps, avaient été relégués dans le domaine des sciences dites « occultes ». En fait, dans la nature, il n'y a rien d'occulte, de surnaturel : il y a l'inconnu. Mais l'inconnu d'hier devient la vérité de demain.

DEBUT DE PAGINATION

J'assistais dernièrement à de curieuses expériences d'hypnotisme et de suggestion faites à la Salpêtrière. Dans ces expériences, d'éminents physiologistes, de savants docteurs de la Faculté, dont les maîtres traitaient naguère encore le magnétisme de « simple farce », font, sans avoir l'air de le savoir, de véritables expériences magnétiques, continuant l'œuvre de Mesmer, de Deleuze, de Puységur, de Dupotet et de leurs émules ; sans doute, c'est sous un autre nom, sous une autre forme, et c'est surtout autrement étudié. La méthode expérimentale règne dans sa rigueur, l'étude des phénomènes est plus judicieuse, les travaux sont plus scientifiques, mais il s'agit, au fond, de la même question, et nous devons y applaudir. Entre des mains compétentes, cette très intéressante question sort de l'ornière dans laquelle elle était traînée. En général, les magnétiseurs étaient peu instruits, étrangers à l'esprit scientifique, désespérément incapables de savoir même de quoi il s'agissait, et plus incapables encore de diriger une telle étude dans une voie féconde. Aujourd'hui elle marche à grands pas. Sans doute on rencontre encore, dans le sanctuaire même de la science, des sujets, charmants d'ailleurs, qui, sans aucun intérêt, simulent des impressions qu'ils ne ressentent pas. Ces jeunes filles éprouvent un certain charme à laisser croire au grave professeur qu'elles subissent *tels ou tels effets, puis qu'elles oublient tout de suite ce qui s'est passé pendant le sommeil magnétique, — lisez hypnotique, — et qu'ayant reçu un ordre pendant ce sommeil elles l'exécutent ensuite machinalement, sous l'influence d'une force mystérieuse. Mais on peut prendre des précautions. Pour ma part, j'ai toujours eu moins de confiance dans le magnétisé que dans le magnétiseur, dans le sujet que dans l'expérimentateur. En général, plus l'homme est savant, plus il est naïf, — quoique la réciproque ne soit pas vraie du tout. Une jeune fille de dix-huit ou vingt ans est souvent très malicieuse, même pendant le sommeil... hypnotique.*

Toutes précautions prises pour n'être point dupé, on produit des phénomènes qui modifient profondément les idées admises jusqu'à ce jour sur la personnalité humaine et ses facultés. Je dis au sujet, en lui mettant dans les mains un paquet de cartons blancs, en lui affirmant que ce sont des portraits, de chercher le mien. Elle le trouve, constate la ressemblance imaginaire. Je le lui prends des mains, y trace une marque quelconque, de moi seule connue, et remets le carton dans le paquet en le mélangeant. Puis, je la prie, à son réveil, de rechercher ledit portrait, en le lui offrant pour son album. A son réveil, sans se souvenir toutefois de l'objet dont il s'agit, elle va chercher au loin, sous une couverture d'un lit d'hôpital où je suis allé le cacher, ledit paquet, dans lequel elle retrouve la carte marquée. Comment a-t-elle retrouvé cette carte dans cinquante cartons blancs identiques? C'est ce qu'il est difficile de deviner. — Sans doute, en manipulant cette carte pour y « trouver » la ressemblance, le sujet peut avoir adouci un angle, donné un coup d'ongle, effacé le glacé sous la pression des doigts, etc. Mais, après avoir beaucoup cherché, nous n'avons rien découvert.

*
* *

— Vous avez lu, mademoiselle, il y a huit jours, dans les journaux, lui dit un juge d'instruction, l'histoire de ce charbonnier qui a tué sa femme?

— Non, monsieur.

— Comment! vous ne vous souvenez pas? Voyons! ce charbonnier du coin de la rue de Sèvres, qui a tué sa femme parce qu'elle ne voulait pas boire de la tisane.

... Pas de réponse.

— Rappelez-vous, mademoiselle. Dans l'arrière-boutique, la femme était couchée, malade; elle refusait de boire sa tisane, le charbonnier s'est fâché. On croit qu'il avait bu. Ils se sont disputés, et d'une bûche de bois il l'a assommée...

— Ah! oui, le charbonnier, tout noir. Quel vilain homme, avec sa barbe et ses gros yeux. Il l'a assommée.

— *Est-ce que vous l'avez vu ?*

— *Je crois bien. Je venais justement d'entrer dans la boutique...*

— *Vous êtes sûre qu'il l'a tuée ?*

— *Du premier coup de bûche.*

— *Si vous étiez appelée comme témoin, l'affirmeriez-vous en justice ?*

— *Certainement.*

— *C'est que, vous savez, il s'agit de sa vie. Si le fait est prouvé, il montera sur l'échafaud.*

— *Il a bien tué sa femme ! Ce ne sera que justice.*

— *Et vous, si vous étiez déclarée faux témoin, vous seriez condamnée sévèrement.*

— *Comment ! est-ce que je ne l'ai pas vu ?*

— *Eh bien ! dans ce cas, à votre réveil, vous trouverez sur la table une déclaration sur papier timbré. Vous la signerez.*

En effet, un quart d'heure après, la jeune fille, réveillée, cherche la déclaration, la lit avec attention et la signe sans hésiter, avec le sentiment du devoir accompli.

*
* *

— *Vous connaissez,* suggère-t-on à un autre sujet, *vous connaissez l'infirmier qui a empoisonné hier six malades ?*

— *Qui donc ?*

— Paul.

— Ah ! oui. Quel sournois !

— Le malheur est qu'elles sont mortes toutes les six cette nuit. On va les enterrer demain... Il leur en voulait. Et il a dit ce matin qu'il empoisonnerait tout l'hôpital.

— Le misérable !

— Du reste, il avait déjà étranglé sa mère !

— Oh ! les lâches !

— Qui ?

— Vous tous, parbleu. Comment ! vous ne pouvez pas lui donner un coup de couteau ?

— Et vous ?

— Moi ! Tout de suite.

— Non, attendez que vous soyez réveillée. Tenez, voilà un couteau. Mais n'allez le tuer que quand midi sonnera..

Un souffle sur le front réveille la jeune fille. Elle garde son couteau à la main, comme en proie à une hallucination, sans paraître se souvenir de l'épisode. Dix minutes se passent en conversations plus ou moins décousues. Midi sonne. Elle cherche l'infirmier, occupé au fond de la salle à verser une tisane dans une tasse, se précipite sur lui et... lui donne un coup de couteau dans le dos, en détournant la tête. — Il est superflu d'ajouter que l'infirmier était prévenu et que l'arme était un couteau de théâtre.

PRÉFACE

*
* *

Nos lecteurs connaissent les travaux récents si remarquables de MM. Charcot, Dumontpallier, Luys, Liébault, Liégeois, Bernheim, Richet et de leurs émules, travaux d'où il ressort avec certitude que la suggestion imposée par l'expérimentateur à son sujet se substitue à sa propre volonté. L'hypnotisé devient un automate inconscient et agit suivant les ordres suggérés. L'acte ordonné peut être fixé à plusieurs jours, plusieurs semaines, plusieurs mois même de distance; il sera accompli par le sujet, parfaitement éveillé, aussi sain d'esprit et de corps que vous ou moi, en apparence aussi libre, et qui pourtant agira là sans responsabilité aucune. On a vu des personnes aller s'accuser chez le commissaire de police ou chez le procureur de la République de crimes imaginaires qu'elles racontaient dans les termes mêmes où on les avait dictés quelques jours auparavant. Une jeune fille qui aimait beaucoup sa mère, a tiré sur elle un coup de revolver avec le plus grand sang-froid, croyant l'arme chargée. Pendant une expérience, le professeur suggère à une dame l'idée de venir le voir tel jour, à telle heure. Ce jour-là, à l'heure exacte, par un temps épouvantable, elle arrive chez lui. « Je ne sais réellement pas pourquoi je viens, dit-elle; j'avais du monde chez moi, j'ai couru pour venir ici, et je n'ai pas le temps de rester. C'est absurde, je ne comprends pas pourquoi je suis venue. Est-ce encore un phénomène de magnétisme? »

On savait depuis longtemps que, dans l'état de magnétisation, le sujet est à la discrétion complète du magnétiseur. Les expériences nouvelles établissent qu'après être réveillé du sommeil hypnotique le sujet garde dans son esprit ce que l'expérimentateur lui a imposé.

Et remarquez qu'il ne s'agit pas ici de personnes malades, prédisposées à quelque genre d'hallucination, nerveuses ou hystériques (ce dernier terme étant pris dans son sens général, physiologique, et non dans son mauvais sens vulgaire). Il s'agit de la première personne venue. Sans doute, tout le monde n'est pas « hypnotisable »; mais, sur cent personnes, hommes ou femmes, de dix-sept à trente ans, il y en a de vingt à trente sur lesquels les expériences réussissent.

Placée, sans s'en douter d'ailleurs, sous la domination psychique de celui qui l'a magnétisée, la personne à laquelle une suggestion a été communiquée obéira automatiquement à cette suggestion; elle ira machinalement insulter, voler, assassiner, sans savoir pourquoi. Sa personnalité est modifiée. Elle sera convaincue de faits qui n'ont jamais existé.

Et maintenant, le moraliste demande: Qu'est-ce

que la certitude humaine? et embrassant les choses sous un aspect général, il se demande aussi où commence et où finit la responsabilité. Car, ce que l'hypnotisme fait tout d'un coup, l'influence de chaque jour le produit graduellement sur tous les esprits.

*
* *

Les expérimentateurs commencent à aller très loin. Tout récemment, on a signalé la production, sur un sujet hypnotisé, de stigmatisations analogues à celles de Louise Lateau et de plusieurs saints dont l'histoire de l'Église est émaillée, et à l'une des dernières séances de l'Académie des sciences, on discutait l'effet produit par un vésicatoire imaginaire créé par simple suggestion; tous les symptômes d'une vésication commençante ont été observés. On n'a pas oublié, du reste, l'histoire déjà ancienne de ce condamné à mort auquel on fit croire qu'on lui ouvrait les quatre veines et qui en mourut en effet, subissant les phases de l'agonie décrite par le médecin.

Physiologiquement, c'est déjà remarquable. Psychologiquement, c'est plus grave encore. A la suggestion de l'opérateur, la personne hypnotisée peut oublier complètement son propre nom et même sa personnalité, de femme se croire homme et réciproquement, de jeune se croire âgée ou enfant, s'imaginer même, en toute sincérité, être un animal quelconque, et par exemple, se croyant perroquet, chercher du grain, le recevoir, le croquer avec délices, etc., etc. Un verre d'eau pure peut être pris, à la volonté de l'opérateur, pour de l'absinthe, pour du cognac, pour une potion purgative, et en produire les effets, etc.

Ce n'est pas tout; certaines expériences auxquelles j'ai assisté, mais qui ne me paraissent pas encore absolument inattaquables, tendent à établir que la pensée de l'expérimentateur peut se transmettre à travers un mur, et même à une grande distance, et que, dans un certain état d'excitabilité, le sujet peut lire sans le secours des yeux. Récemment, un sujet du docteur Brémaud, assis dans une chambre au coin du feu, a entendu et répété la conversation que deux personnes tenaient à voix basse dans la rue, à une cinquantaine de mètres. On cite plusieurs cas de somnambulisme naturel dans lesquels les somnambules ont lu les yeux fermés, corrigé des écrits, calculé, rédigé des formules médicales, etc. Tout un nouvel ordre d'appréciations est ouvert pour l'analyste et le chercheur. Et, MM. les physiologistes ont beau dire, il me semble bien qu'il y a plus d'âme que de corps dans tout cela.

*
* *

De tous ces faits, et de tous ceux qui s'y rattachent, de près ou de loin, dans les sciences désignées sous le nom de sciences occultes, magnétisme, hypnotisme, spiritisme, aucun n'est nouveau, car on les retrouve — et bien d'autres — dans la magie et la sorcellerie des anciens âges ; c'est l'étude qui en est nouvelle, par le caractère scientifique qu'on lui imprime actuellement. Des centaines de pauvres gens ont été brûlés comme sorciers après s'être, de très bonne foi, accusés de crimes imaginaires. A mesure qu'elle s'agrandit et se développe, la science se fait plus éclairée et plus tolérante. Naguère encore — et il en reste autour de nous — des savants, entendant raconter un fait qu'ils ne comprenaient pas, disaient tout simplement : c'est impossible, et s'arrêtaient là. Aujourd'hui, on commence à sentir qu'il est imprudent de s'exprimer ainsi. La vapeur, la télégraphie électrique, l'analyse spectrale de la lumière des astres, le téléphone sont tout simplement des merveilles. Impossibilités hier, vérités banales aujourd'hui. L'âme humaine, plus inconnue de nous que le système du monde, les planètes et les étoiles, l'âme humaine entre désormais dans le laboratoire de l'observation positive et même de l'expérimentation. Heureux seront les fils du vingt et unième siècle, qui approche à grands pas. Pour eux l'inconnu aura reculé ses bornes.

Mais, quoi que nous fassions, l'inconnu restera toujours plus considérable que le connu. L'homme est un infiniment petit perdu au sein de l'infiniment grand. Le connu restera la goutte d'eau ; l'inconnu restera l'océan.

En voyant s'élever dans le cabinet de d'Alembert la pile des in-folios qui préparaient l'Encyclopédie, un érudit s'étonnait du volume de la publication... — Si l'on pouvait rédiger l'Encyclopédie de ce qui nous reste à apprendre, repartit le philosophe, toute la surface du globe, recouverte de papier, ne suffirait pas pour l'imprimer.

La recherche de l'inconnu sera toujours l'étude des esprits soucieux des plus grands problèmes de la création. Il en a été de même dès la plus haute antiquité historique, dès l'astrologie des Égyptiens et des Chaldéens, dès la magie du moyen âge, et dans tous les siècles, l'occulte, l'inconnu, a sollicité la curiosité studieuse des chercheurs.

On ne peut qu'applaudir l'auteur de cet ouvrage, M. Fabart, d'avoir voulu présenter l'historique de ces tendances de l'esprit humain. C'est l'histoire de l'esprit humain lui-même, envisagée sous l'un de ses aspects les plus intéressants

CAMILLE FLAMMARION.

HISTOIRE

PHILOSOPHIQUE ET POLITIQUE

DE

L'OCCULTE

PREMIÈRE PARTIE

CHAPITRE PREMIER

LES MAGES

La plus haute expression de l'Occulte, si nous en croyons ses historiens anciens et ses adeptes actuels les plus compétents, se trouvait dans l'enseignement des Mages.

Nous avons écrit « ses adeptes actuels » car, présentement, à l'heure où toutes les convoitises se tournent vers les situations politiques, qui rapportent, tout à la fois, honneurs et profits, sans grandes dépenses d'honnêteté ni de savoir, ou vers les principalats scientifiques, qui font des savants les hommes liges du qu'en dira-t-on, mais leur donnent, en échange de la liberté, la notoriété et l'opulence; à la fin du dix-neuvième siècle, qui se fourvoie en un matérialisme désespérant ou en un positivisme niveleur, il existe encore, de-ci, de-là, quelques illuminés, « penseurs retardataires et prédestinés aux petites-maisons », comme on les appelle, qui rêvent la restauration de l'Occulte et prétendent en posséder ou en retrouver le secret. Pour ces amoureux de l'archaïsme, le bonheur de l'humanité dépend de formules cabalistiques et la véritable solution à la question sociale nous viendra de l'Inde et du Thibet, car c'est là seulement que la science de la Magie se serait perpétuée dans toute son intégralité. Et ils affirment, sur la foi de correspondants qui prétendent les avoir vus et entretenus, qu'il y a, en ces contrées mystérieuses, des hommes encore vivants qui furent les contemporains et les disciples de That-Hermès, le grand législateur de l'Occulte.

A ce compte — ou d'après ce conte — ces survivants de civilisations disparues chiffreraient leurs années par trois ou quatre mille, car, pour retrouver leur berceau, il faut nous reporter à une époque bien antérieure à Moïse, puisque ce prophète s'initia à l'école des Mages de l'Égypte, lesquels procédaient des Mages chaldéens qui s'élevèrent dans la famille de Sem, deux ou trois siècles après le Déluge.

Nous nous récrions contre l'invraisemblance d'une pareille assertion : la vie humaine a toujours été, à ce qu'il semble, beaucoup plus éphémère. Un centenaire paraît un phénomène de longévité à l'époque actuelle; que penser alors de gens plusieurs fois millénaires? Ces existences-là deviennent fabuleuses pour nous et nous nous rions volontiers de ceux qui y croient, ou font profession d'y croire. Cependant il ne faut pas oublier qu'à côté des récits concernant l'âge étonnant de certains continuateurs d'Hermès, on en fait d'autres, non moins invraisemblables qui, pourtant, s'appuient sur des témoignages sérieux. Voici, par exemple, un événement moderne que les adeptes de l'Occulte mettent à son actif et qui a pour garant de son authenticité les autorités britanniques chargées de le contrôler et contre l'influence desquelles il se produisait d'ailleurs.

Un fanatique indou, afin d'augmenter sa réputation de sainteté devant ceux de sa nation, prétendait pouvoir vivre sous terre, sans boire, ni manger, tout le temps des semailles à la récolte. Conformément à sa demande, on l'étendit dans un cercueil que l'on scella et on le mit dans une fosse profonde que l'on reboucha avec de la terre et sur laquelle on sema du grain. Pour plus de sécurité encore contre toute tentative de supercherie, une garde anglaise veilla, jour et nuit, aux alentours de la tombe et, ainsi, l'expérience devint tout à fait concluante. Six mois plus tard, quand le grain eut poussé et muri, on retira le patient de son cercueil. D'abord on le crut trépassé; mais, après quelques passes et frictions faites à la manière qu'il avait indiquée avant son enfouissement, il revint réellement à la vie et à la santé!!...

C'est aussi dans l'Inde, comme chez d'autres peuples de civilisation primitive, que l'on trouve des hommes qui se rendent — ou paraissent tels — insensibles à la douleur physique et peuvent impunément absorber des poisons et manier des serpents venimeux.

Doivent-ils cette immunité particulière à la pratique de l'Occulte? D'aucuns l'affirment, tandis que d'autres n'y veulent voir que la conséquence d'organisations ou de maladies spéciales, ou la fantasmagorie apparente de trucs cachés.

Quoi qu'il en soit à cet égard, « science réelle, névrose ou prestidigitation », l'histoire de l'antiquité renferme une foule de faits analogues et nous rappellerons, en nous autorisant du « Lévitique », que les magiciens de Pharaon luttaient contre les miracles de Moïse à coups de prodiges : ainsi, par leurs formules cabalistiques, ils changèrent la poussière en moucherons, l'eau en sang et une baguette en serpent. Et, jusque-là, la seule supériorité de Moïse sur eux fut que son serpent, « celui du miracle par Jéhovah », dévora le leur, « celui du prodige par l'Occulte. »

Sans doute, beaucoup de lecteurs ne voudront accorder à ce que racontent les Livres Saints, concernant notre thèse, qu'une valeur purement historique et contingente. Nous nous garderons bien de critiquer leurs réserves; nous n'acceptons nous-même que sous bénéfice d'inventaire ce que nous avons lu ou entendu raconter touchant l'astromancie des Chaldéens, la kabbale des Hébreux, la théurgie des Arabes, la sorcellerie du moyen âge, la Magie, en un mot, plus ou moins complète, plus ou moins puissante de toutes les époques et de tous les pays. Notre unique but est d'inciter à l'étude sérieuse de la question, en l'exposant dans toute son ampleur, comme origines, comme développements et comme conséquences immédiates ou futures.

───────

D'après une étymologie généralement acceptée, le mot « Magie » viendrait du chaldéen « magdin » qui signifie « science ».

C'est en effet de la Chaldée que les Mages sortirent pour rayonner sur tout l'Univers et l'appellation de « science », appliquée à leur enseignement, à leurs pratiques, à leur savoir, n'est point trop ambitieuse. Ils furent astronomes, philosophes, médecins, poètes, musiciens, législateurs, etc... c'est-à-dire qu'ils possédaient toutes les connaissances exactes et les idées spéculatives auxquelles il fut donné à l'antiquité de s'élever.

Les premières notations de l'humanité eurent évidemment trait à l'astronomie.

Dans le silence de la nuit, les peuples pasteurs observèrent le cours régulier des astres et ils en vinrent à connaître exactement le temps de leurs révolutions. C'était, à la fois, pour eux, une occupation utile et agréable, agréable en ce sens qu'elle atténuait l'ennui du désœuvrement nocturne, utile, parce qu'elle leur permettait de prévoir, avec une exactitude suffisante, le retour des bonnes et des mauvaises saisons.

Dans la majesté et le silence des nuits étoilées, ils occupaient aussi leur pensée de la cause qui avait allumé et projeté tous ces flambeaux dans l'espace : cette cause résida dans l'hypothèse d'un Dieu créateur et conservateur.

« Dieu-Providence » : voilà donc le premier bégaiement de la philosophie, la première pensée religieuse que le Ciel communiqua à la Terre. Et c'est sous l'empire de cette pensée que les Mages disaient, bien avant saint Paul, en parlant de l'*Inneffable :* « En Lui nous sommes, dans Lui nous nous mouvons et par Lui nous vivons. »

Quels avaient été leurs initiateurs? L'histoire se tait; mais nous pouvons leur supposer une longue série d'ancêtres, contemplateurs de l'Univers, qui, patiemment, à petits pas, menèrent l'humanité du concept primitif, la cause d'ensemble « Dieu », à la conception de causes secondaires et médiatement actives. C'est surtout à la connaissance, à la détermination de ces dernières que s'appliquaient les Mages.

Pour n'être point distraits dans leurs recherches et conserver la tradition des découvertes antérieures, ils formèrent entr'eux une association sacro-politique, dans laquelle on ne pouvait entrer que graduellement, après un stage fort long, et, surtout, après avoir donné des preuves évidentes d'aptitude et de soumission intellectuelles. Ils acquirent bien vite, ainsi organisés hiérarchiquement, au milieu d'une société plus ignorante qu'eux, le prestige de la sagesse et ils y devinrent juges de tous les différents.

Ce furent eux aussi qui conservèrent la tradition du Monothéisme pur, quand l'idée initiale de « Dieu-

Providence » s'oblitéra, s'émietta en une foule de déités souvent ennemies les unes des autres, dans l'absurdité et les horreurs du Paganisme. Mais, cette tradition, ils la renfermèrent dans les arcanes de leurs sanctuaires et les seuls initiés, ayant franchi les limites de l'adeptat, recevaient l'intégralité de l'enseignement magique.

Peut-être même, sans le vouloir expressément, les Mages contribuèrent-ils pour une bonne part à pervertir l'idée religieuse dans le peuple qu'ils dominaient et le poussèrent-ils au fétichisme barbare.

De l'idée mère que l'homme est le *summum* de la création, son but principal, ils avaient déduit cette conséquence que tout, dans la nature, est à destination de l'humanité et que tout, par conséquent, doit être étudié à ce point de vue spécial. De là leurs investigations terrestres, pour trouver des remèdes à tous les maux, et l'analyse constante du ciel, pour déterminer l'influence particulière de chacun des astres sur les habitants de notre globe. En un mot, ils cherchaient à opérer là haut, de même qu'ici bas, la sélection du salutaire et du pernicieux.

A voir ces sages en longues et muettes contemplations devant le firmament, le vulgaire supposa qu'ils l'adoraient : les Mages faisaient de l'Astromancie; lui, pensant les imiter, tomba dans l'Astrolâtrie...

« Double erreur, folies équivalentes que celle d'adorer les astres et celle de les interroger ! » s'écrie-t-on généralement.

Nous prendrons la liberté d'y contredire quelque

peu. L'Astrolâtrie qui, plus tard, se fondit dans le panthéisme chaotique et discordant, comme, par exemple, celui des Égyptiens, des Grecs et des Romains, était incontestablement une dégénérescence, une dépravation de l'idée religieuse; mais faut-il en juger de même, au point de vue scientifique, pour l'Astromancie, appelée plus tard Astrologie ? Celle-ci a eu, de tout temps, des défenseurs parmi les savants les plus en relief et il nous suffira de citer, au hasard, les noms de Pythagore, Platon, Hippocrate, Galien, dans l'antiquité, et, plus près de nous, ceux de saint Thomas d'Aquin, Paracelse, Roger Bacon et Képler, pour prouver que la théorie de l'influence astrale sur nos destinées, enseignée par les Mages et base première de la divination, ne sembla pas toujours aussi vaine qu'on se plaît, après Voltaire, à la qualifier présentement.

De la Chaldée, les Mages se répandirent en Égypte, chez les Hébreux, — (Moïse et Salomon furent Mages), — dans les Indes, — (où l'on en retrouve encore,) — en Grèce, dans les pays de sujétion romaine et dans la Gaule, — (où ils prirent le nom de Druides). On peut dire sans exagération, qu'avec eux, l'Occulte domina le monde entier; et, lors même que leurs personnalités devinrent en butte à la haine des gouvernants et à l'animadversion des prêtres, ceux-ci n'en conservèrent pas moins, dans leurs palais et leurs temples, tout ou partie des pratiques de la kabbale prises à l'école des Mages.

Les pythonisses, les sibylles, les augures, les devins, les prêtresses-sorcières de la Gaélique; toute la foule des vaticinateurs, — nécromanciens, onéirocrites, théurges, alchimistes, thaumaturges, astrologues réguliers ou irréguliers, sorciers et médiums, — descend, en droite ligne, de That-Hermès, et retracer l'histoire de leur processus et de leurs luttes, c'est écrire la genèse intellectuelle, morale et religieuse de l'humanité.

On pourrait consacrer à cette œuvre des in-octavo entiers, sans en diminuer l'intérêt, mais ce serait un trop grand effort pour nous et nous nous bornerons à l'exposé suivant :

— 1° l'Occulte chez les Hébreux, en Grèce et à Rome, en Gaule ;

— 2° la Sorcellerie au moyen âge et l'Alchimie ;

— 3° la Théurgie, — spiritisme et magnétisme — à l'époque moderne.

Ces trois divisions correspondent à trois états particuliers de la Magie, (expansion, déchéance, rénovation), et elles nous fourniront l'occasion d'utiliser, dans l'ordre, quelques documents intéressants, particuliers et inédits, qui nous ont porté à écrire ce livre, bien qu'il en existe déjà de nombreux et fort attrayants sur la même matière.

CHAPITRE II

L'OCCULTE CHEZ LES HÉBREUX

Nous n'en commencerons l'histoire qu'à partir de Moïse. Il y eut bien avant lui quelques manifestations de l'Occulte : ainsi, par exemple, Joseph, fils de Jacob, pratiquait l'Onéïrocritie, — (science de la divination par les songes,) et les prédictions qu'il fit au grand échanson, au grand panetier, et au Pharaon lui-même, prouvent l'excellence de sa méthode, puisqu'elles se réalisèrent.

Moïse, en interdisant formellement, et sous les peines les plus sévères, toute pratique de la kabbale, et toute relation avec ceux qui l'exerçaient, nous fournit un point de départ certain, pour évaluer l'intensité de la foi que l'on avait alors au supernaturel. — Moïse, qui avait étudié à l'école des Mages, et qui, savait combien leur influence pouvait contrebalancer la sienne; — Moïse, qui résolut ce problème, difficile entre tous, d'arracher un peuple à la servitude et de lui donner une patrie, fulmina contre l'Occulte les premiers anathèmes dont on puisse parler en toute sécurité historique, puisque les textes nous en sont parvenus.

En voici quelques-uns :

— « Vous ne souffrirez point ceux qui usent de sortilèges et d'enchantement ; *vous leur ôterez la vie.* » (*Ex.*, ch. XII, § 11. v. 18.)

— « Si un homme — dit le Seigneur — se détourne de moi pour aller chercher les magiciens et les devins, et s'abandonne à eux par une *espèce* de fornication, il attirera sur lui l'œil de ma colère *et je l'exterminerai* du milieu de mon peuple. (Lévit., chap. XXII, § 1, v. 6.)

— « S'il s'élève au milieu de vous un prophète, ou quelqu'un qui dise qu'il a eu une vision en songe et qui prédise quelque signe ou quelque prodige;

« *Et que ce qu'il avait prédit soit arrivé,* et qu'il vous dise en même temps : Allons, suivons les dieux étrangers qui vous étaient inconnus………

Que ce prophète, ou inventeur de songes, *soit puni de mort.* (Deut., ch. XIII. § 1. v. 1, 2, 3, 4, 5.

— « Lorsque vous serez entrés dans le pays que le Seigneur Dieu vous donnera, prenez bien garde de ne pas vouloir imiter les abominations de ces peuples;

« Et qu'il ne se trouve parmi vous personne qui… consulte les devins, et qui observe les songes et les augures, ou qui use de maléfices,

« De sortilèges et d'enchantements, *ou qui consulte ceux qui ont l'esprit de Python* et qui se mêle de deviner, *ou qui interroge les morts afin d'apprendre d'eux la vérité,*

« Car le Seigneur a toutes ces choses en abomination. » (*Deut.*, XVIII. § 11. v. 1, 2, 3, 4.

Ainsi, historiquement parlant, et au point de vue de la pérennité de la croyance à l'Occulte, voilà qui est concluant : Moïse adjure son peuple de s'éloigner des devins, des magiciens, des enchanteurs, de ceux qui expliquent les songes, des augures, de ceux qui font des sortilèges et des maléfices, de ceux qui devinent par l'esprit de Python, de ceux qui interrogent les morts, de ceux qui prophétisent, lesquelles personnes, maudites de Jéhovah, sont en grande faveur chez tous les peuples circonvoisins. Et la raison qu'il donne, lui, l'interlocuteur, l'inspiré de Dieu, ce n'est point que ces abstracteurs d'avenir abusent de la crédulité populaire et lui débitent des mensonges ; il va même jusqu'à admettre que ce qu'ils prédisent arrivera ; mais il a peur qu'ils ne détournent le peuple du culte de Jéhovah, son Dieu à lui, pour lui faire prendre des dieux étrangers.

En fait, Moïse, élève des Mages, s'écarta de leur méthode, en arrachant les Hébreux à l'oblitération religieuse du Polythéisme et, à cause de cela, il fit, de ses compagnons d'infortune, un peuple qui conserva sa langue et sa religion, malgré la jalousie active des nations qui les environnaient, malgré les plus grandes calamités et les plus épouvantables bouleversements que l'histoire ait jamais enregistrés.

Ce succès n'eût point été obtenu, si, à l'exemple de ses maîtres, il eût séquestré l'enseignement du Monothéisme dans les arcanes d'une corporation fermée et d'une science inaccessible au vulgaire. Moïse fut donc le plus remarquable de tous les Théurges, puisqu'il trouva dans l'Occulte la formule libératrice d'un peuple.

Rappelons ici, et pour mémoire seulement, sans y insister, que, pendant les quarante années qu'ils passèrent dans le désert, les Israélites furent témoins de prodiges qui, s'ils étaient des miracles divins, selon l'enseignement des Livres saints, n'en revêtaient pas moins, dans certains cas, une apparence cabalistique.

Ainsi, pour qu'elle engloutisse l'armée égyptienne, Moïse étend sa baguette sur la mer Rouge ; pour faire jaillir l'eau du rocher, il le frappe de cette même baguette ; pour guérir ceux qui souffrent de la morsure des serpents, il les force à regarder une représentation de Python qu'il a fait placer en différents lieux du camp, etc... toutes pratiques que l'on retrouve dans le grimoire des enchanteurs, des nécromanciens, des sorciers de tous les temps.

Les textes cités ordonnent la proscription de ceux qui prophétisent l'avenir, même quand leurs prédictions se réalisent ; ils n'ont pourtant pas empêché que, du temps de Moïse et jusque dans sa famille même, il y eût des prophètes et des prophétesses.

Ainsi, Marie, sa propre sœur, prophétisait. Plus tard, à l'époque des Juges, nous trouvons Déborah en possession de la même faculté. Sous le roi Josias, il y avait à Jérusalem la prophétesse Olda qui prédisait selon la voie du Seigneur. Et, depuis l'entrée des Hébreux dans la terre Chanaan jusqu'à la ruine de Jérusalem, sous le règne de Titus, c'est-à-dire pendant une période de quinze cents années, nous voyons apparaître, — aux époques malheureuses surtout, telles que les captivités — une longue suite d'illuminés ou voyants que remplit l'esprit de Dieu. Simultanément, et à côté de ceux-là, d'autres surviennent qui prophétisent, eux, par Astaroth, Asmodée, Thor, Baal, etc... divinités des peuples voisins, — l'officine rivale du sanctuaire de Jéhovah, les prophètes du Démon en opposition avec ceux de Dieu.

Les vrais prophètes, ceux du moins que l'on considérait comme tels, fulminaient, à l'exemple de Moïse, d'énergiques anathèmes contre leurs rivaux.

Jérémie s'éleva tout particulièrement contre Hananias, Achab, Sédécias, Séméias. Ezéchiel récrimina amèrement contre les fausses prophétesses, — les ancêtres des sorciers du moyen âge, — qui surprenaient la confiance et les faveurs du peuple juif.

— « Elles ont détruit la vérité de ma parole, — fait-il dire au Seigneur — dans l'esprit de mon peuple, *pour une poignée d'orge et un morceau de pain.* » (*Ezéc.*, ch. XIII, § 11, v. 19.

La grande raison invoquée par les prophètes de Jéhovah — les prophètes officiels, disons-nous, — c'est que les autres induisaient au culte des idoles ou à une observance insuffisante de la loi du Sinaï; mais il ne nous semble pas qu'au point de vue de la prévision de l'avenir, ceux-ci fussent inférieurs aux premiers.

Il arrivait même parfois qu'un prophète changeait de catégorie, de faux devenait vrai, et inversement.

« Balaam, fils de Béor, devin de profession et faux prophète, fut mandé par un roi ennemi, en guerre avec le peuple d'Israël, pour maudire celui-ci par Astaroth. Mais, comme, à cet effet, il se rendait, monté sur son âne, en un lieu élevé, soudain l'âne parla et l'esprit du Seigneur vrai Dieu emplit le faux prophète. Et celui-ci, à la grande stupéfaction du roi qui l'avait payé pour faire le contraire, bénit Israël et lui présagea la victoire ; ce qui arriva. »

Comme deuxième exemple, nous rappelons sommairement, toujours d'après la Bible, l'aventure de Jonas, qui, s'étant détourné de l'ordre de Dieu, ne reprit sa mission de vrai prophète, qu'après avoir passé trois jours et trois nuits, mystérieux châtiment, dans le ventre d'un poisson.

Quelle était en réalité au point de vue de l'Occulte, de la question spéciale que nous traitons, la différence essentielle entre les vrais et les faux prophètes? Il n'y en a pas : dans les deux camps, on trouve les mêmes procédés d'induction et de déduction pour les événements futurs, et la vie d'ascétisme, que menaient généralement les uns et les autres, fait partie des prescriptions de la Magie, aussi bien que des ordonnances mosaïques relatives aux membres du sacerdoce.

On évoquait aussi des morts chez les Hébreux et, cela encore, et toujours, malgré les textes de Moïse. Citons :

— « Alors Saül dit à ses officiers : Cherchez-moi une femme qui ait l'esprit de Python, afin que je l'aille trouver et que je sache, par elle, ce qui doit nous arriver. » — Le roi Saül avait jusque-là persécuté à outrance tous les pratiquants de la kabbale. Bien des fois nous trouverons cette contradiction chez les gouvernants.

— « Vous savez tout ce qu'a fait Saül et de quelle façon il a exterminé les magiciens et les devins de ses terres; pourquoi donc me dressez-vous un piège pour me faire périr ? »

Ainsi parla la Pythonisse aux envoyés du roi ; mais elle eut le serment de celui-ci qu'on ne lui ferait aucun mal.

— « Cette femme lui dit: *Qui voulez-vous que je fasse venir?* — Il lui répondit : Faites venir Samuel. »

L'homme de Dieu était mort depuis longtemps déjà.

— « La femme ayant vu *apparaître* Samuel jeta un grand cri... » (Les *Rois*, ch. XXVIII, § II, v. 7, 9, 12.)

Si nous quittons maintenant l'Ancien Testament pour ouvrir le Nouveau, nous y trouverons affirmés des faits de voyantisme, d'évocations, d'enchantements et, de plus, l'action directe d'un monde « occulte », inclus dans le nôtre, et agissant, pour ou ou contre nous, soit qu'on l'y sollicite ou l'y provoque, soit qu'il le fasse spontanément, par bienveillance ou par malice.

L'Évangile parle surtout de l'action du Démon, ou mieux des démons, car, ici, l'Adversaire de Dieu devient Légion. Le Christ lui-même, en tant qu'homme, se trouve en butte à sa malice. L'existence des bons Esprits, comme contre-partie des mauvais, y est également démontrée.

— « Alors le Démon le transporta, (Jésus), hors de la Ville sainte, sur le haut d'une montagne, et, lui ayant montré de grands biens, les puissances terrestres, il les lui promit si, se prosternant devant lui, il voulait l'adorer.
— » Mais Jésus répondit : Retire-toi, Satan. Il est écrit que tu ne tenteras pas le fils de Dieu, ton maître... Et, Satan s'étant retiré, des *Anges vinrent qui adorèrent et servirent Jésus.* » (Math., IV.)

Tout, dans l'enseignement et les actes du Christ, justifie la croyance à l'Occulte ; on n'a que l'embarras du choix pour les citations. En voici des plus concluantes :

— « Sur le soir, on lui présenta plusieurs *possédés*, (on les appelle aujourd'hui « obsédés » ou « suggestionnés ») — et il en chassa les malins Esprits par sa parole... » (Math., VIII-16)

— « Les Pharisiens disaient de lui : Cet homme ne chasse les démons que par la puissance de Béelzébub, prince des démons. Jésus leur répondit : Si c'est par Béelzébub, *par qui* donc vos enfants les chassent-ils ? (Math., ch. XII... 24. 27.)

— « Alors, Jésus ayant appelé ses douze disciples, leur donna puissance sur les Esprits impurs pour les chasser. Rendez la santé aux malades, ressuscitez les morts, guérissez les lépreux, chassez les démons... » leur dit-il. (Math., X... 1. 8)

Passons maintenant à quelques faits de voyantisme ou d'apparitions puisés à la même source.

— « Un ange *apparut* à Zacharie pour lui annoncer que sa femme enfanterait un fils nommé Jean.

— « L'ange Gabriel *apparut* à Marie et la salua en ces termes, etc...

— « Un ange *apparut* aux bergers qui passaient la nuit dans les champs et leur annonça la naissance du Sauveur » (St Luc, ch. I et II)

Aux partisans de l'Astrologie, l'Évangile fournit cet argument :

— « Des Mages de l'Orient virent *apparaître une nouvelle étoile au Ciel* et ils comprirent qu'un Messie était né. Cette étoile les guida jusqu'à Bethléem... »

Les actes des Apôtres — 2ᵉ partie du Nouveau Testament, — ne sont pas moins explicites.

Au chap. XIII, il est parlé d'un nommé Simon, qui, exerçant la magie, avait tourné les esprits des habitants de Samarie par ses enchantements.

Au chap. XIII, il est raconté que Barnabé et Paul, au nom du Seigneur, frappèrent de cécité un juif magicien et faux prophète, habitant Paphos dans l'île de Chypre, lequel avait pour nom Bar-Jésu, et pour surnom « Élymas », qui signifie « magicien ».

Dans le chap. XVI, il est fait mention d'une servante qui, « ayant un esprit de Python, apportait un grand gain à ses maîtres en devinant ». Paul, par sa parole, chassa d'elle l'esprit prophétique, ce qui rendit les maîtres de la servante si furieux, qu'ils firent mettre le saint apôtre en prison. Cela arriva à Thyotire, ville de Macédoine, placée alors sous le joug de Romains.

Enfin, pour terminer, disons que le chap. XIX contient ce renseignement, que des *exorcistes juifs* allaient, de ville en ville, pour chasser les démons, moyennant salaire. Afin d'avoir plus de succès, ils changèrent leur façon de procéder : à l'exemple de Paul, *ils imposèrent les mains*, en invoquant le nom de Jésus.

Mais la nouvelle méthode leur réussit mal : le démon leur répondit : « Je connais Jésus et je sais qui est Paul. — Vous, qui êtes-vous ? » Puis, au lieu de s'enfuir, il les maltraita. Cela se passait à Ephèse.

Dans le chapitre XII de la première Epître de saint Paul aux Corinthiens, parmi l'énumération des dons du Saint-Esprit, l'apôtre cite celui de faire des miracles, celui de prophétie, celui de parler plusieurs langues, celui de guérir les maladies etc... tous ces dons constituant une diversité d'opérations *surnaturelles*. Quand nous traiterons du Spiritisme et du Magnétisme, nous retrouverons les mêmes facultés dans les médiums parlants, guérisseurs, inspirés, à effets physiques, polyglottes, etc.

L'Apocalypse de saint Jean, le dernier des livres du Nouveau Testament, serait, au dire de certains alchimistes, le récit allégorique de toutes les opérations du « Grand-OEuvre », lequel consiste principalement à transmuer de vils métaux en or pur et à prolonger la vie humaine au delà de toutes limites. Mais le sens en est si caché que, généralement, on meurt pauvre et jeune sans l'avoir débrouillé, quelque application qu'on y mette, et que l'Apocalypse a dû servir de modèle à bien des traités de métaphysique, très en vogue à leur apparition, et tombés depuis dans un profond oubli. L'incohérence et l'ambiguïté y sont toujours en lutte contre la raison du lecteur. C'est d'ailleurs par le sens mystique de leurs phrases, tout autant et plus peut-être, que par le prodige qu'ils offraient à l'admiration des masses, que les hiérophantes sont toujours parvenus à les dominer.

Maintenant, pour en terminer avec l'Occulte chez les Hébreux, deux lignes d'après la Chronologie sacrée.

On y voit que tous les sages de la Grèce sont postérieurs aux prophètes juifs, dont le dernier Malachie vivait environ deux cents ans avant Platon.

Cette circonstance nous amène à conclure une filiation directe entre les pythonisses, les sibylles, les augures grecs et romains et les prophètes de l'Ancien Testament. Les uns et les autres eurent une situation officielle, agréée par le sacerdoce, et c'est à côté d'eux que, irrégulièrement, s'élevèrent, dans les deux religions, les devins et les devineresses de bas étage, auscultant l'avenir, « pour une poignée d'orge et un morceau de pain », selon l'expression dédaigneuse d'Ezéchiel.

CHAPITRE III

L'OCCULTE EN GRÈCE ET A ROME

Le Panthéon païen abrita trente mille déités de rang, de préséance diverse. Chaque contrée, chaque ville, chaque famille, chaque individu avait son génie particulier, comme nous avons les saints. Mettons, à la tête de cette phalange d'immortels, un dieu, ou génie, plus puissant que tous les autres pris individuellemement, mais plus faible qu'eux réunis, aussi changeant dans ses résolutions, aussi capricieux qu'un tyran terrestre ; de plus, quelques déités de moyenne puissance, parfois rivales du maître de l'Olympe, et nous aurons la raison de la grande vogue dont, malgré les ordonnances des gouverneurs, jouissaient tous ceux qui, à un degré quelconque, pratiquaient la science de l'augure et de l'incantation dans l'ancienne société grecque ou romaine.

Il suffisait alors, selon la croyance vulgaire, de deviner et de forcer la volonté de quelques-uns de ces génies bons ou mauvais, selon les circonstances, pour obtenir ce que l'on désirait le plus ; aussi les proscriptions dont on enveloppa l'Occulte, « qui devint l'art de violenter les dieux », ne servirent qu'à l'édifier davantage.

D'ailleurs l'Olympe était vraiment par trop semblable à la terre, pour qu'on ne songeât point à l'influencer.

Analysons, à cet égard, une des fables racontées par les mystagogues, dont était composée la genèse païenne, et déduisons les conséquences qu'elle comporte, au point de vue de la foi antique, dans l'efficacité de l'Occulte.

— « Au plus haut de l'Olympe, Jupiter trônait et les dieux, ses subalternes, assis en hémicycle à ses pieds, observaient le moindre de ses gestes, le plus insignifiant de ses regards.

Ce jour-là la majesté divine n'était point radieuse ; le Maître de l'Univers fronçait le sourcil, sous l'obsession de quelque pensée importune et sa main, guidée par la colère, avait saisi les foudres qui ébranlent le Ciel et la Terre.

Tout tremblait d'une crainte indéfinie et un silence implacable mettait chaque déité en interrogation devant sa propre conscience. Pour tout dire, en un mot, les dieux et les déesses redoutaient d'avoir, à leur insu, provoqué le ressentiment de Jupiter et ils savaient sa vengeance terrible.

Vénus, elle-même, la plus choyée, la plus familière de ses filles, n'osa point lui demander ce qu'il méditait ; ce fut lui qui rompit le silence.

— « J'ordonne à Mercure, dit-il, de prendre

Prométhée et de l'aller attacher sur le Caucase, où un vautour lui dévorera les entrailles !... Et, cela, indéfiniment, car je donne à Prométhée l'immortalité dans la souffrance. »

Après qu'il eût ainsi parlé, les dieux et les déesses, cessant de trembler pour eux-mêmes, reprirent leur sérénité et leurs plaisirs habituels ; Minerve seule se tint à l'écart de la joie générale, pour gémir sur le sort du malheureux Prométhée.

Quel était donc le crime qu'il avait commis et que Jupiter, le Justicier, réprimait par un châtiment si effroyable ?

La légende nous apprend que Prométhée, inspiré par Minerve, avait dérobé au soleil une étincelle du feu qui donne la vie à toutes choses et qu'il en avait animé une créature faite de ses mains. Pour avoir ainsi empiété sur les attributions divines, Prométhée souffrit des tourments sans cesse renouvelés, jusqu'à ce que Hercule tuât le vautour et rompit les chaînes dont Mercure, pour obéir à Jupiter, l'avait chargé.

Alors la décision solennelle du plus puissant de tous les dieux se trouva cassée par l'entreprise d'un héros appartenant à l'humanité, et Prométhée reprit la vie paisible d'un simple mortel, sous l'œil de Jupiter indifférent. »

Donc, d'après cette fable, l'immutabilité n'était point un des attributs essentiels de la Divinité ; et, partant de là, on crut se rendre les dieux plus ou moins favorables, à l'aide de formules ou pratiques dont les hiérophantes prétendaient avoir le secret et le monopole.

Le peuple admit cette prétention d'autant plus facilement qu'en matière religieuse il s'est toujours attaché plus à la forme qu'au fond, et que les cérémonies du polythéisme, réglées par les prêtres, portaient plus à l'enthousiasme qu'à la réflexion.

Les dieux que l'on invoquait n'étaient, en réalité, que les membres d'une humanité agrandie; ils en avaient, au suprême degré, toutes les vertus et aussi tous les défauts, voire les vices; mais, à cause de cela précisément, on les jugeait plus accessibles, plus facilement secourables, quand on pouvait surprendre ou gagner leurs sympathies. Et sur les premiers échelons de l'échelle mystérieuse, qui unissait l'Olympe à la terre, le prêtre se tenait en équilibre, tout à la fois pour servir de truchement, d'intermédiaire et pour empêcher les fidèles de monter assez haut pour y voir clair.

Sans aucun doute, l'histoire de Prométhée ne fut, à l'origine, qu'une allégorie ingénieuse pour peindre l'irascibilité des rois de la terre contre les affranchis de l'idée, contre ceux qui cherchaient à animer l'humanité du feu de leurs conceptions sociales et philosophiques, contre les novateurs qui voulaient élever des esclaves à la dignité d'hommes. L'ingéniosité même de l'allégorie la poussa jusqu'au rang de vérité révélée et il en fut ainsi pour quantité d'autres fables, imaginées d'abord pour charmer l'amertume de la foule, qui finirent, à la longue, par terrifier et comprimer, parce que ceux contre qui elles étaient dirigées, les gouvernants et les prêtres, s'en emparèrent et en firent des articles de foi inéluctables.

C'est par cette raison que nous pouvons nous expliquer comment les mythes les plus disparates firent partie d'une même doctrine religieuse; comment, par exemple, on invoqua avec la même ferveur la chaste Hécate et l'impure Aphrodite; comment Jupiter eut des autels multiples, où on l'adorait comme le Régulateur de l'Univers, bien qu'au gré de ses passions et de ses caprices il mît souvent le trouble moral et le trouble physique partout.

Aujourd'hui, nous haussons les épaules devant de telles inconséquences, et nous nous étonnons que tous les sages de l'Antiquité n'aient point mis leur argumentation si puissante à l'encontre du polythéisme chaotique. Quelques-uns, cependant, l'ont essayé; mais ils n'ont que peu ou point réussi dans leur guerre à l'absurde.

Après tout, l'absurdité elle-même n'est que relative, en matière de dogmes : toutes les conceptions sur les origines et les fins de l'humanité ont leurs côtés faibles; un redoutable point d'interrogation commence et finit chaque système le mieux équilibré.

Ce n'était donc point par de nouveaux articles de foi, heurtant d'autres articles admis, que l'on pouvait détruire le polythéisme : une morale plus douce, plus simplement définie, devait seule opérer la transformation des croyances populaires.

Parce qu'ils n'avaient point découvert, ou suffisamment préconisé, la maxime rénovatrice que, plus tard, le Christ apporta et scella de son sang : « Aimez-vous les uns les autres, car vous êtes tous fils du même Père », les philosophes de l'Antiquité se consumèrent en vains efforts pour expurger le dogme de toutes ses imperfections, et si quelques-uns, à force d'éliminations, conçurent un Olympe moins fantasque, ils ne purent l'enseigner librement, parce que l'intérêt sacerdotal s'y opposait.

Les prêtres battaient monnaie avec le principe admis de la versatilité des dieux : la foule se pressait nombreuse dans les temples, moins pour honorer la déité du lieu, que pour chercher à l'influencer par ses offrandes.

L'Occulte, sous forme de science divinatoire, devint, partant de là, l'une des parties essentielles du rituel sacré. Ne fallait-il pas, avant tout, s'attacher à déterminer exactement la volonté accidentelle ou les préférences des dieux? Pour y parvenir plus sûrement, et surtout pour conserver le monopole de la prescience, les hiérophantes annexèrent au temple l'officine des kabbalistes.

Elle fut tenue, en sa forme officielle, par les augures, les auspices, les aruspices, auxquels on adjoignit, dans certains cas, pour donner une plus grande réputation aux sanctuaires, des femmes prophétesses, connues depuis sous les noms de Pythonisses et de Sibylles, qu'une organisation ou un entraînement spécial avaient rendues plus aptes aux accès de voyantisme.

Mais, en même temps qu'ils fondèrent leurs collèges de devins réguliers, les prêtres idolâtres, comme avant eux Moïse et ses successeurs, proscrivirent les vaticinateurs de la rue qui prédisaient, à tous venants, « pour une poignée d'orge et un morceau de pain ». Ce qui n'empêcha pas les sorciers d'abonder en Grèce et à Rome et d'y continuer surtout les pratiques de l'astrologie égyptienne.

Chaque famille importante eut ses kabbalistes privés et, malgré tous les édits des Archontes ou des Césars — qui n'en voulaient que pour eux et leurs prêtres — on pratiqua l'horoscope, « les mathématiques occultes », aussi fréquemment, aussi expertement, dans la profondeur, dans le secret des gynécées, que dans l'intérieur des temples.

En place publique aussi, le magicien osait se montrer souvent ; plus d'un tyran frémit à la pensée que des philtres, des envoûtements ou des poisons se préparaient contre lui, sous l'incubation haineuse de quelques Circées ou de quelques Locustes racolées dans les carrefours, et, pour se soustraire à la terreur qui l'obsédait sans cesse, il se mettait à étudier lui-même les opérations magiques.

La liste serait longue de tous les pasteurs d'hommes, chefs d'États ou guerriers, rois ou reines, empereurs ou impératrices, qui empruntèrent, dans l'antiquité, l'assistance de l'Occulte et qui se rendaient nuitamment, à la dérobée, chez le devin irrégulier, quand la science de l'augure officiel se trouvait en défaut.

Mais revenons à la Magie agréée, celle des prêtres.

―――

Sous les noms, indiqués précédemment, d'augures, d'auspices, d'aruspices, ils tiraient présages de tous les accidents ou de tous les incidents du jour et de la nuit, que les consultants soumettaient à leur appréciation. — Il y avait aussi, à Rome, les poulets sacrés que l'on élevait dans une annexe du temple et par le moyen desquels, autant et plus souvent même que par l'inspection des entrailles des victimes immolées, on cherchait à prévoir la tournure des événements intéressant la patrie, la famille ou une haute individualité. Selon la manière dont ingéraient ou digéraient les poulets sacrés, l'augure pronostiquait échec ou succès pour la prochaine guerre, réussite ou ruine dans l'entreprise d'une affaire importante, élévation ou abaissement de quelque ambitieux.

En résumé, l'influence des augures et, par conséquent, celle de la corporation des prêtres à laquelle ils appartenaient, était considérable en ces temps de foi naïve et intéressée : souvent, il suffisait que les auspices ou aruspices déclarassent l'hostilité du Ciel au projet le plus important pour le faire rejeter.

Il est vrai aussi qu'à l'occasion on pouvait forcer les oracles à être bons et amener les augures à donner raison à l'entreprise voulue : Jules César, particulièrement, et d'autres violateurs des libertés publiques, n'y manquèrent point. L'histoire a enregistré, comme exemple de cette brutalité sacrilège, mais politique, le fait de cet empereur à qui l'on répondit que les poulets du temple — présage sinistre! — n'avaient pas voulu manger. — « Eh! bien, qu'ils boivent! » dit-il. Et il fit jeter à la mer toutes les cages qui les contenaient. Les hiérophantes, prévoyant qu'ils pourraient suivre le même chemin, s'empressèrent de corriger l'oracle et de donner raison à l'empereur.

Chez les grands, on se doutait bien un peu de la vénalité sacerdotale et on l'exploitait. Il en fut de même, d'ailleurs, dans tous les temps : le grand malheur des religions cataloguées, c'est qu'il y a des gens qui s'enrichissent de leurs autels. Cela soulèvera éternellement la critique, la réprobation des philosophes rationalistes, comme des personnes véritablement religieuses. Et c'est sous l'excitation de sa religion scandalisée que Caton s'écriait : « Deux augures ne peuvent se regarder sans rire !... » phrase que Voltaire, avec son sarcasme incisif, a paraphrasée dans cet aphorisme célèbre : « Le premier devin ou prophète fut un coquin qui rencontra un imbécile. »

Au point de vue de l'Occulte en général, le jugement de Voltaire, — nous le prouverons par des faits, — est excessif; mais au point de vue de la science augurale, telle qu'elle était généralement pratiquée dans les temples, telle qu'elle était mise au service des élus de la fortune, contre la plèbe misérable, il a raison. Alors, on faisait de la duplicité et non point de la divination ; alors, on avait prostitué, par amour du lucre ou pour complaire aux pouvoirs établis, l'austérité, la dignité, la sincérité de la Magie ; alors, on dépouillait réellement les consultants de leurs biens et de leur raison........
« C'étaient des coquins qui dupaient des imbéciles ! »

D'ailleurs, la sorcellerie légale, la Magie religieuse a toujours eu à son actif, et pour objectif, la compression des âmes et des corps, et voici pourquoi, dans un chapitre ultérieur, nous prendrons contre elle la défense de la Magie prohibée, de la Magie noire, de celle qui faisait trembler les tyrans sur leurs trônes usurpés.

De celle-ci, Caton lui-même ne riait pas, et cela avec d'autant plus de raison, qu'exercée par les Circée, les Médée, les Locuste, on l'a vu monter jusqu'à l'héroïsme ou descendre jusqu'au crime. De la Magie officielle, voici un exemple de ce qu'il en faut penser, dans la période que nous vous décrivons :

» Un jour, au sortir de sa maison, Caton le Censeur se croise avec un de ses amis dont la physionomie toute retournée le surprend. — Quoi donc ? lui demanda-t-il ; que t'est-il arrivé ? — Rien encore, mais un grand malheur me menace ! — Voyons ? — Figure-toi que cette nuit une souris a dévoré le bout de mon cothurne, et je vais, de ce pas, consulter l'oracle sur ce présage sinistre, épouvantable !... — Épouvantable ?... Non, conclut Caton. Garde ton argent, cher ami. Je ne comprendrais ta frayeur et ton empressement à courir au temple que si c'était ta chaussure qui eût dévoré la souris. »

Nous pensons de même que Caton. Il valait mieux garder son argent que d'aller acheter les augures sacrés, dont les facultés de voyantisme étaient fort problématiques, mais qui avaient la spécialité de phrases ambiguës, et dont les réponses se trouvaient toujours exactes, quoi qu'il arrivât.

Pour en terminer avec eux, ajoutons que, pendant fort longtemps, à Rome, pour être revêtu de la qualité d'auspice ou d'aruspice officiel, il fallait appartenir à la caste noble, la société patricienne. Plus tard, cette fonction tombant en discrédit, une loi — la loi Olgunia — la rendit accessible aux plébéiens. Elle était inamovible et bien payée. Après avoir servi de tremplin à certains ambitieux avides de domination, elle devint le refuge de gens qui voulaient bien vivre sans fortune particulière, ni grands soucis.

Ce sont vraisemblablement les collèges des augures qui inspirèrent, dès les premiers temps du christianisme, l'idée des moineries contemplatives.

―――

Le scepticisme, inoculé par des hommes comme Caton, finit, à la longue, par ruiner la science augurale dans les temples et, alors, tous les hiérophantes qui l'avaient exercée, devinrent en butte à la mésestime générale. Il n'y eut d'exception que pour les Pythonisses ou les Sibylles.

Pourtant elles étaient aussi, les Pythonisses surtout, inféodées à la caste sacerdotale, ou, pour mieux dire, exploitées par elle; mais, dans l'œuvre de sélection, opérée par le bon sens populaire, elles conservèrent intact le prestige de la sincérité, de l'honnêteté professionnelle.

Elles avaient, d'ailleurs, une faculté de prévision telle, qu'en maintes circonstances, elles pronostiquèrent, longtemps à l'avance, des événements considérables qui se réalisèrent. Cela tenait à leur organisation physique et, surtout, à l'éducation spéciale qui avait développé en elles la médiumnité du voyantisme. L'histoire enregistra gravement les prédictions faites par la Sibylle de Cumes à Tarquin le Superbe, et on raconte que celle de Tibur marqua, à l'empereur Auguste l'heure précise où le Messie venait au monde.

« On force les textes » disent ceux qui dénient, de parti pris, toute valeur quelconque aux pratiques de l'Occulte; « on donne aux mots un sens qu'ils n'ont pas; il n'y a jamais eu de vrai, au point de vue de la détermination de l'avenir, que la science conjecturale, celle qui consiste à déduire la conséquence finale, extrême, de prémisses posées par des faits ou des événements préparatoires. »

Nous n'avons jamais voulu voir autre chose non plus dans la faculté de divination : nous ne croyons pas que la fatalité existe autrement que dans l'enchaînement logique des effets aux causes; seulement, comme le fait à venir, en vertu même de cet enchaînement, existe en période d'incubation, dès la cause, c'est réellement faire de la divination que de le pressentir et le préciser alors. Et, puisque nous avons cité l'exemple particulier de la Tiburtine, annonçant à Rome que le Christ naissait en Judée, ajoutons que le monde connu était, selon les écrivains sacrés ou profanes, dans l'attente d'un vague événement social important.

Jusque-là, l'esclavage avait courbé des millions de créatures humaines sous le joug le plus avilissant et, quand cette simple phrase : » Je suis citoyen romain! » suffisait souvent pour arrêter les bras des bourreaux, quelle que fût la valeur morale de l'homme libre qui la prononçait, on avait, comme contre-partie philosophique, le spectacle navrant de créanciers et de maîtres brutaux, impitoyables, accablant tout un monde de malheureux dont le seul démérite se trouvait dans la pauvreté où la naissance.

Un profond besoin de redressement social se faisait donc sentir et, dans la foule, on attendait quelqu'un qui en apporterait la formule.... Ce fut ce quelqu'un, le Messie-Rédempteur, que la Tiburtine, dans son extase contemplative, aperçut de Rome et qu'elle montra à Auguste, l'empereur tout-puissant, comme devant être plus grand que lui, puisqu'il rénoverait le vieux monde pour en faire un monde meilleur.

« Les Sibylles, lisons-nous dans Christian, étaient des Médiums qui entendaient des voix intérieures et prophétisaient. » — Christian est resté un des plus fervents apôtres de l'Occulte à l'époque moderne et son jugement sur les Sibylles procède de celui que portait sur elles l'école platonicienne, à savoir : « que leur don de prophétie venait d'une grande perfection morale qui les mettait en union avec la divinité. »

On confond souvent, sous le nom de « Sibylles », trois ordres de prophétesses bien distincts, non seulement en leurs procédés de divination, mais encore dans leur manière d'être dans la société. Il nous semble intéressant de faire cesser l'erreur.

Il faut distinguer la Sibylle proprement dite, qui échappait souvent à la domination sacerdotale, allait, de par tout le pays, et même les pays circonvoisins, comme son inspiration la poussait, ne se fixait qu'à son gré, dans l'enceinte ou aux abords de tel ou tel temple, et la Pythonisse, et l'Oracle, prêtresses asservies par les prêtres, et intrônisées par eux pour ausculter la volonté de quelque dieu particulier. Trois exemples marqueront bien la différence.

A Delphes, en Phocide, petite région de la Grèce, il y avait un temple célèbre consacré à Apollon.

Outre l'aménagement habituel des temples, celui-là comportait un souterrain dont l'entrée se trouvait derrière l'autel du Dieu, et dans lequel on détenait une prophétesse appelée Pythonisse.

A des époques déterminées, le public était admis, moyennant une large offrande, à la consulter même pour des affaires particulières. Alors, elle s'asseyait sur le trépied recouvert d'une peau de serpent et, à l'injonction des prêtres pythiens, après les pratiques liturgiques, elle entrait dans des accès de frénésie sacrée, et prononçait des mots incohérents ou des lambeaux de phrases entrecoupés de soupirs et de sanglots. Ce sont ses paroles, toujours inintelligibles, que les prêtres notaient avec soin et qu'ils traduisaient ensuite, en langage vulgaire mais ambigu, pour l'édification de leurs fidèles.

Ceux-ci n'y voyaient que du feu. Ils interprétaient habituellement la réponse dans le sens favorable à leurs projets, quittes à revenir plus tard sur cette première manière. Dans le cas de non-réussite, ils pouvaient croire encore que l'oracle avait dit vrai et la réputation de celui-ci se trouvait sauvegardée.

D'ailleurs, la mise en scène était des plus émouvantes. C'était à l'heure où la foule avait quitté le temple; une demi-obscurité régnait aux abords de l'antre sacré, duquel des bouffées d'encens ou de vapeurs enivrantes s'échappaient qui venaient apporter le vertige au consultant, après avoir exalté la Pythonisse.

Celui-là se tenait à distance de l'inspirée : assez loin, pour qu'il ne pût saisir, par lui-même, ce qu'elle disait ; assez près, pour qu'il l'aperçût vaguement, se tordant sous l'inspiration du Dieu. Elle était revêtue d'une longue robe blanche qui tranchait sur le fond noir de la caverne, grandissait la prêtresse à la taille d'une apparition fantastique, et donnait à tous ses mouvements une ondulation terrifiante...

Après les gémissements, les exclamations, les cris prophétiques, dont avaient retenti les échos du sanctuaire, le silence redevenait complet, la nuit se faisait plus intense et c'est avec une majesté solennelle que l'hiérophante, précédé de ses acolytes porteurs de lampes sépulcrales, venait expliquer les paroles de la Pythonisse.

Le commerce des prophéties rapportait de gros bénéfices aux Pythiens de Delphes, aussi d'autres sanctuaires d'Apollon s'établirent, par concurrence, en d'autres villes. Celui de Delphes conserva jusqu'à la fin sa vogue première et demeura le plus fréquenté.

A l'origine, on prenait les Pythonisses dans les familles nobles et on les choisissait jeunes et belles.

Plus tard, une de ces prêtresses ayant été séduite et enlevée par un profane, venu dans le temple sous prétexte de consulter l'oracle, — ce qui porta un grand préjudice moral et financier à tous les collèges de Pythiens — ceux-ci décidèrent de ne plus mettre de femmes en fonctions publiques de prédictions avant qu'elles eussent passé l'âge d'aimer charnellement.

D'après l'histoire, il ne semble pas que la situation des Pythonisses fût jamais bien enviable : quand elles sortaient de leur antre, on les reléguait impitoyablement dans l'enceinte du sanctuaire; elles ne pouvaient avoir de communication avec l'extérieur et on s'appliquait, par toutes sortes de moyens, à développer en elles la sensibilité nerveuse, pour les jeter, à volonté, dans les crises du voyantisme. C'étaient en réalité des sacrifiées.

———

L'oracle de Dodone, en Épire, procédait plus humainement et plus simplement. Pourtant il se nommait Jupiter.

Là, point de convulsions, point de serpents, point de caverne sombre recélant les mystères de l'incantation. La prêtresse, couronnée de verveine, prédisait l'avenir d'après le bruissement des feuilles d'un chêne antique consacré au roi de l'Olympe, le clapotement d'un ruisseau coulant dans l'enclos symbolique, ou le résonnement de boucliers d'airain suspendus, l'un près de l'autre, à la même branche de l'arbre vénéré, et que le moindre souffle faisait s'entre-choquer.

Les réponses avaient tout le vague et toute l'incohérence de celle des Pythonisses : il ne fallait point que l'oracle tombât jamais en défaut, et des prêtres officiels et salariés se chargeaient aussi de les rendre intelligibles pour le vulgaire.

A Dodone, comme à Delphes, la voyante était généralement d'une naissance illustre : elle ne montait au rang de prophétesse qu'après un long noviciat, au cours duquel elle s'initiait aux secrets de l'Occulte, et apprenait surtout la subordination vis-à-vis du grand hiérophante magistère de l'oracle.

———

Les Sibylles, avons-nous déjà dit, paraissent avoir été beaucoup plus indépendantes du sacerdoce des prêtres. Elles avaient, dans tous les cas, la liberté d'aller et de venir où bon leur semblait, et plus d'une trouva, dans l'exil volontaire et les imprévus de la vie errante, la considération et la renommée qu'elle n'avait point conquises devant ses compatriotes.

C'est bien à ces irrégulières de l'Occulte que l'on peut appliquer ce proverbe : « Nul n'est bon prophète en son pays »; et c'est, sans aucun doute, contre des Sibylles errantes, qu'Ezéchiel récriminait dans les termes que nous avons rapportés.

Quoi qu'il en soit, nous les considérons, nous, comme les ancêtres, les initiatrices de notre grande révoltée, la sorcière du moyen âge, et nous leur consacrons, à cause de cela, un plus long développement historique.

La tradition a conservé les noms de dix Sibylles remarquables entre toutes ; nous allons les donner, accompagnés de quelques faits, dans l'ordre chronologique adopté par Christian. — (*Histoire de la magie, du monde surnaturel et de la fatalité à travers les temps et les peuples.*)

1° Sambeth, fille du patriarche Noé. — Elle prophétisa, dit-on, toutes les révolutions d'empire jusqu'à la venue du Christ. Elle annonça aussi, si nous en croyons la légende chrétienne, le Jugement dernier, et c'est d'elle dont il serait fait mention dans la prose des morts, le « *Dies iræ* », « *Teste David cum Sibylla.* » Traduction libre : « David atteste le Jugement dernier par l'autorité de la Sibylle. »

2° Elissa, issue de Jupiter et de la nymphe Lamia. — Vraisemblablement sa mère était experte en l'art de l'Occulte et l'enseigna à sa fille, car, dans la suite, nous trouvons le mot « Lamia » synonyme de « magicienne. »

3° Artémis, fille d'Apollon. — Elle prophétisa à Delphes, à Rhodes, à Samos et dans diverses parties de la Sicile.

4° Manto, fille du devin Tirésias chanté par Homère. Pour se soustraire à l'esclavage, après la ruine de Thèbes sa patrie, elle se réfugia en Italie, et devint l'épouse du roi Tibérinus. Son fils Ocnus bâtit une ville qu'il appela Mantoue, du nom de sa mère.

5° Sarbis, sibylle phrygienne.

6° Cassandre, qui, dit-on, fut instruite par Apollon lui-même dans la connaissance de l'avenir. Elle avait la spécialité des prédictions sinistres auxquelles on ne voulait pas croire ; son nom est devenu synonyme de « radoteuse ». Elle annonça, notamment, qu'Agamemnon, chef de l'armée levée par les Grecs contre les Troyens, serait assassiné en rentrant dans son pays. — Ce prince méprisa l'avis et fut poignardé à son retour par Egisthe, l'amant de sa femme. Cassandre mourut aussi de la main d'Egisthe, qui voulut la punir des prophéties concernant ses crimes.

7° Lampuse, fille et élève du célèbre Calchas. Après la mort de son père, — mort causée par le dépit d'avoir rencontré un plus habile devin que lui en la personne de Mopsus, — Lampuse conquit une grande réputation dans tout le royaume d'Ionie en Grèce.

8° Phyto ou Euryphile, qui prédisait à Samos.

9° Hiérophile, plus connue sous le nom de Sibylle de Cumes, qui fut contemporaine des prophètes Daniel et Baruch, du philosophe Pythagore, et dont on rapporte les traits suivants :

Hiérophile habitait, près de Cumes, ville d'Italie, une profonde caverne, à l'entrée de laquelle elle donnait ses consultations. Un jour, Apollon se présenta à elle comme un homme de la ville qui venait interroger le sort ; mais, en réalité, dans l'intention de la séduire, parce qu'elle était jeune et extraordinairement belle.

La Sibylle résista à toutes ses obsessions : outre sa pudeur naturelle, elle lui opposa encore l'obligation où elle était de demeurer vierge, *pour conserver intactes ses facultés de prévision.* » Et le dieu convaincu, surtout par cette dernière raison, cessa de la poursuivre, se fit reconnaître et promit de lui accorder la première faveur qu'elle lui demanderait.

Hiérophile aussitôt se baissa, emplit sa main de sable, et souhaita de vivre un nombre d'années égal à celui des grains de sable que contenait sa main.

Apollon y consentit et elle entra, par la volonté

toute-puissante de ce dieu, dans la plus longue période de vie qui se soit jamais rencontrée sur la terre.

Mais, ce à quoi la Sibylle n'avait point songé, en formant son souhait, c'est à se préserver de la décrépitude. Aussi, pour elle, comme pour tous les autres mortels, la vieillesse arriva bientôt avec son cortège de douleurs et d'infirmités. Elle regretta vivement, alors, de ne pouvoir mourir avant l'heure fatidique, marquée par le dernier grain de sable, et, pour faire diversion à son ennui profond, elle quitta sa caverne et parcourut le monde en prophétisant.

C'est ainsi qu'elle passa à Rome, et se présenta à la cour de Tarquin le Superbe, l'un des plus exécrables tyrans dont l'histoire fasse mention.

— « Je viens te proposer, lui dit-elle, d'acquérir, moyennant trois cents pièces d'or, ces neuf rouleaux de papyrus où j'ai inscrit, sous la dictée des génies qui m'inspirent, les événements importants, heureux ou néfastes, qui sont dans la destinée du peuple romain et aussi dans ton avenir. »

Tarquin haussa les épaules et la congédia du geste.

Le lendemain elle se représenta à la même heure et réitéra son offre en ces termes :

— « J'ai brûlé, au hasard, cette nuit, trois des rouleaux que je te présentai hier. Donne-moi trois cents pièces d'or pour les six qui restent, car il est de toute importance, pour ton peuple et toi, que tu les acquières. »

Nouveau refus du roi et interdiction formelle « à cette folle », sous les peines les plus graves, de reparaître en sa présence.

Cependant elle revint encore le jour suivant. Cette fois, elle avait la tête couronnée de verveine, symbole de sa dignité de prêtresse qui la rendait inviolable.

Devant cette persistance à braver ses ordres, et sous l'acuité du regard dont elle l'enveloppait, le tyran se sentit troublé et il la laissa parler.

— « J'ai de nouveau livré au feu, et toujours au hasard, trois des rouleaux contenant mes prévisions. Faut-il anéantir ceux qui restent? En ce cas, roi, prends-les, jette-les toi-même au feu, et qu'il soit dit, quand les malheurs viendront, que ton avarice t'a fait mépriser les avis du Ciel. »

Ayant dit, elle présente à Tarquin ses derniers recueils de sorts sibyllins. — Celui-ci, pour se tirer d'embarras, essaye de ruser avec elle.

— « Mais, objecte-t-il, les dieux n'ont pas besoin d'or; si, réellement, tu es leur envoyée, pourquoi donc en demandes-tu ?

— « Ce n'est point pour eux ni pour moi, répond-elle d'une voix inspirée, mais pour un roi — aujourd'hui encore tout-puissant — que je vois, détrôné et mendiant, errer dans le pays des Etrusques...

Tarquin ne savait plus à quel parti se résoudre. Il manda sur-le-champ les prêtres chargés de consulter les oracles. Ceux-là interrogèrent à leur tour la Sibylle.

Le sens mystérieux de ses paroles leur échappa, mais ils furent tellement subjugués par l'ascendant de sa personne, qu'ils donnèrent au roi le conseil d'acheter à la Sibylle, trois cents pièces d'or, les trois manuscrits qu'elle n'avait point brûlés; ce à quoi il consentit finalement.

A quelque temps de là, Tarquin fut renversé du trône, et il alla mourir, pauvre et ignoré, dans le pays des Etrusques.

Cet événement donna un grand crédit aux prédictions restantes; mais, comme elles étaient de nature à fomenter, parfois, la division entre le peuple et le sénat, on les transféra dans un lieu secret et on nomma un collège de prêtres pour les conserver et les interpréter. Cela revient à dire qu'on les fit entrer dans le domaine de la divination officielle.

La lacune provenant des six rouleaux détruits au hasard en rendait le sens très obscur; néanmoins la règle s'établit, invariable, que jamais on n'entreprenait quelque chose d'important, intéressant l'empire, sans avoir, au préalable, consulté les textes de la Sibylle de Cumes.

La dixième, et dernière, dont nous nous entretiendrons particulièrement, se nomme Albunée, et aussi, plus généralement, la Sibylle Tiburtine.

Elle vivait du temps d'Auguste et rendait ses oracles dans une forêt proche de Tibur, — aujourd'hui Tivoli, — en Italie.

Auguste avait une grande confiance dans les abstracteurs de l'avenir; en voici la raison. Comme il n'était encore que jeune étudiant, le mathématicien Théogène, de la ville d'Apollonie, tira son horoscope et lui prédit l'empire du monde. — Auguste commença par rire de la prédiction, mais, plus tard, l'horoscope se vérifiant dans toute son intégralité, il prit en faveur les « mathématiques occultes » et se fit initier à leurs mystères.

C'est donc en sa qualité de kabbaliste que nous le montrerons en relations suivies avec la Tiburtine.

« Souvent, rapporte la tradition, il allait nuitamment vers elle pour la consulter et c'est par sa science de l'avenir qu'elle le tira de passes difficiles où la fortune adverse l'avait maintes fois engagé. »

Mais le fait de voyantisme le plus remarquable que l'on mette à l'actif de la Tiburtine, c'est celui relatif au Messie, dont nous avons déjà parlé.

Parmi les textes de la Sibylle de Cumes, on lisait cette prédiction : « Qu'un souverain naîtrait, plus puissant que tous les rois de la terre, et prendrait possession du monde. » Or, comme du temps d'Auguste, l'empire romain était à l'apogée de la gloire et de la puissance, le collège des Oracles, soit flatterie, soit conviction réelle, inclinait à considérer l'empereur Auguste comme réalisant en lui la prophétie de la Cuméenne et projetait même de lui accorder les honneurs divins... L'empereur, consulté à cet égard, en référa à la Tiburtine.

— « Celui dont il s'agit, répondit-elle en substance, affirment certains Pères de l'Église chrétienne, ne revêtira point la pourpre des trônes périssables et sa puissance s'exercera uniquement par le glaive de la parole. Il fondera son royaume par la justice et bien heureux seront ceux qui se soumettront à son joug.

» Je le vois naître dans la condition des humbles et une pauvre étable est son palais; mais le sein d'une Vierge l'a conçu par l'effet d'un mystérieux et unique privilège.

» C'est celui-là qui dominera réellement le monde, et toutes les gloires s'évanouiront devant la splendeur de la sienne.

» Roi pacifique, il fera des prodiges pour affirmer sa mission divine; la bonté la plus exquise résidera en lui; pourtant les siens, ceux de sa nation immédiate, le traiteront comme un criminel.

» Je le vois accablé de douleurs, son sang rougit le bois d'un ignominieux gibet; les angoisses sont dans la dernière heure de ce Juste...

Mais il domptera la mort elle-même; par lui les destins de l'humanité grandiront, les siècles futurs deviendront meilleurs que le siècle présent et les siècles passés. »

Auguste rapporta au collège des Oracles ce que la Tiburtine lui avait dit, et il se contenta du rang de « demi-dieu, » titre sous lequel on lui éleva désormais ses statues.

D'après les citations qui précèdent, on comprendra la raison qui nous porte à placer la Sibylle au rang le plus élevé dans la hiérarchie des Voyants: elle était plus indépendante des pouvoirs civils et religieux, et ses prédictions, souvent écrites sur des feuilles qu'elle semait au vent, entretenaient dans le peuple ces aspirations de liberté et de justice qui la dominaient elle-même, et qui la jetaient souvent dans les incertitudes et les amertumes de l'exil.

« L'Esprit imposteur résidait dans les Sibylles », affirme Massillon, sur la foi d'Ezéchiel.

Tel n'était point l'avis de saint Jérôme, mieux placé, on en conviendra, que le prédicateur attitré de Louis XIV, pour bien en juger et qui leur accordait, lui aussi, « une grande valeur morale ». Son avis se trouva en outre corroboré par le jugement que portèrent sur elles des écrivains profanes dans l'antiquité, dont certains accordent aux Sibylles le nom de « Démophiles », c'est-à-dire « amies du peuple »

On leur a fait malheureusement une genèse fabuleuse; le merveilleux nous voile leur véritable origine; mais, ce qu'il y a de certain, — et ce qui suffit pour cette histoire de l'Occulte — c'est que la foi en leurs prédictions se répercuta jusqu'après l'époque où le Christianisme triomphant, après avoir été persécuté, se fit persécuteur à son tour. Sous les empereurs chrétiens, il fut interdit, d'une façon plus absolue que jamais, d'avoir recours à la divination; Mages, Devins, Augures, Auspices, Pythonisses, Oracles, Sibylles, Nécromanciens, etc... furent enveloppés dans la même proscription que les prêtres du paganisme.

Il est vrai d'ajouter, par contre, que bien des pratiques cabalistiques entrèrent dans les cérémonies du nouveau culte, et que ce qui paraissait abominable, sous le nom de Magie, devint action méritoire ou préservatrice, dans le rituel de l'Eglise chrétienne.

Ainsi, par exemple, les amulettes, les incantations, les signes fatidiques, etc... furent remplacés par les reliquaires, les rogations, le signe de la croix, etc... et le bâton, recourbé par un bout, à l'aide duquel l'augure divisait le ciel pour ses présages, devint la crosse des évêques.

Quand l'Occulte prendra, dans notre récit, le nom de « Sorcellerie », nous citerons quelques textes de lois prohibitifs contre cette science vraie ou fausse, peu nous importe, puisque nous n'entendons faire ici qu'œuvre d'historien fidèle. Pour le présent, nous allons esquisser sa physionomie et montrer son influence chez les Gaulois nos ancêtres.

CHAPITRE IV

L'OCCULTE CHEZ LES GAULOIS.

Les Druides furent les véritables maîtres de la Gaule jusqu'à l'époque de l'invasion romaine et l'Occulte entrait, pour la plus grande part, dans leurs moyens de domination.

Ils procédaient directement des Mages de l'antique Chaldée; comme eux, ils formaient une société à part dans la société et jouissaient d'une autorité incontestée, tant à cause des sciences dont ils avaient conservé la tradition et le monopole, au milieu de l'ignorance générale, que par le caractère mystérieux et majestueux qu'ils avaient su donner à leur fédération sacrée.

Même on peut affirmer que les Druides eurent, en Gaule, un pouvoir plus étendu que les Mages, en Asie: ceux-ci, à part de rares exceptions, comme Sopâtre qui s'empara du sceptre en Egypte, ne disposèrent que d'une influence morale très grande, tandis que les Druides furent à la fois législateurs et justiciers.

Quiconque ne se soumettait point aux décisions qu'ils avaient prises dans leurs *convents* périodiques, encourait une peine terrible analogue à l'excommunication dont le sacerdoce catholique usa et abusa plus tard, contre les plus puissants eux-mêmes, peine morale dont on se rit de nos jours, mais qui, aux époques de foi vive, entraînait avec elle toutes les misères et toutes les désespérances.

Leur caste était nombreuse : cette croyance avait pris cours dans le vulgaire « que plus il y aurait de Druides et plus ils seraient honorés, plus aussi le peuple gaulois deviendrait puissant et heureux. » Ce ne fut point toujours l'avis de la caste noble, celle des guerriers, et il en résulta des heurts épouvantables qui ensanglantaient le pays.

Druides et Brenns luttaient d'influence, les armes à la main, et ceux-là entraînaient dans leurs disputes, pour les soutenir, la classe des laboureurs et des artisans formant la partie la plus nombreuse de la nation, mais aussi la plus ignorante, la plus besoigneuse, la plus éparse et, comme telle, la plus malléable, la plus superstitieuse.

Donc, d'un côté, le sacerdoce et le peuple, de l'autre, les Brenns et leurs solduriers nous représentent la grande division politique qui, engendrant et perpétuant les guerres intestines, fit d'un peuple, héroïque entre tous, un peuple prédestiné à devenir la proie des conquérants. Pour les Gaulois, groupés en familles, les familles en clans et les clans en tribus rivales, l'idée d'une Patrie unifiée, compacte, n'existait pas ou n'était pas suffisamment comprise: tout se résumait en questions personnelles, immédiates, et se traduisait, après la lutte, par le terrible *Væ victis :* « Malheur aux vaincus !... »

Pour les Romains, au contraire, quelles que fussent d'autre part les haines entre castes, le mot de « Patrie » était d'une éloquence irrésistible et, dans les circonstances critiques, il opérait invinciblement le ralliement de toutes les forces nationales. Voilà pourquoi une seule ville, Rome, en arriva à dominer le monde connu, tandis que la Gaule, admirable d'énergie, frémissante d'enthousiasme belliqueux, descendit au rang de colonie romaine.

Grande leçon à méditer dans tous les temps, et à notre époque surtout, où, chez nous, dans notre France, terre celtique montée à l'unité, des prédicants maudits et enragés soufflent la discorde, sans se soucier de ce que deviendrait la Patrie, si leurs systèmes de proscriptions, d'exclusions, d'excommunications religieuses ou profanes venaient jamais à prévaloir !... Heureusement il n'en sera pas ainsi : nous saurons nous détourner à temps des théories entées sur la violence, basées sur le principe des représailles. Nous chercherons à résoudre la question du bien-être pour tous, non en ruinant ceux qui possèdent, non en détruisant le « bourgeoisisme », comme le proposent les fauteurs du désordre, pseudo-amis du prolétaire, mais en faisant monter ce dernier au rang de bourgeois, en lui donnant la possibilité d'acquérir, c'est-à-dire de gagner et d'économiser sur son gain...

Une fois arrivés en possession d'État, après qu'ils eurent constitué par tout le pays, et se reliant entre eux dans l'intérêt commun de leur influence, des groupes sacerdotaux que régentait, en dernier ressort, un chef suprême élu, les Druides se recrutèrent sur eux-mêmes, dans leurs propres familles, par voie de sélection. Leurs élèves passaient vingt années et plus dans le recueillement et l'étude avant d'être admis à l'exercice public du ministère sacré.

Ils avaient des collèges fermés aux autres castes, où l'on apprenait la médecine, la musique, la législation, la géographie, l'astronomie, la physique, l'astrologie et tout le symbolisme hiératique ainsi que les pratiques de la kabbale : de la kabbale surtout, car elle était alors intimement mélangée aux sciences exactes ou spéculatives. On y enseignait aussi l'unité et l'immutabilité d'un Dieu créateur et conservateur, et on donnait pour sanction ultime à la morale la perspective de récompenses ou de punitions dans une vie future, à laquelle succèderaient d'autres vies, toutes solidaires de la précédente, et destinées à faire monter l'homme jusqu'à la perfection. Mais c'était là un enseignement supérieur pour les seuls candidats au sacerdoce. A côté du dogme d'un Dieu unique, et de leur métempsycose ascendante, les Druides avaient formulé, pour le reste de la nation, guerriers, laboureurs ou artisans, une théodicée plus accessible, laquelle comprenait, outre le Dieu suprême, la déification particulière de chacun de ses attributs et une foule de génies intermédiaires entre la terre et le Ciel.

Ainsi Teutat devint le Dieu de la guerre et des voyageurs, Ogmios celui de l'éloquence, Tarann gouverna le tonnerre et le feu, et Mitra présida aux mystères de la nuit. Ainsi, encore, des fées invisibles habitèrent les eaux, les montagnes et les forêts ; des gaurics ou farfadets errèrent autour des tombeaux et chaque Gaulois eut en propre, spécialement attachés à sa personne, des êtres surnaturels, le sollicitant, qui au bien et d'autres au mal ; etc...

Il restait à l'homme, au milieu des suggestions de toute espèce, son libre arbitre pour se déterminer par lui-même : de là, la responsabilité morale de ses actes. Mais la tâche pouvait grandement lui être facilitée par les pratiques du culte et l'assistance de ses ministres : de là, l'influence prépondérante et continuelle des Druides, appelés mystiquement les « hommes du chêne », parce qu'ils avaient leurs sanctuaires au fond des forêts où cet arbre abondait et dans la profondeur desquelles ils faisaient leurs incantations et sacrifiaient à Teutat.

Les Druides se divisaient en trois ordres principaux : 1° les dépositaires des dogmes et de la science, ou Druides proprement dits ; 2° les Bardes, poètes chargés de célébrer les actions héroïques ; 3° les Eubages, qui s'occupaient de la partie matérielle du culte et avaient dans leurs attributions le ministère des oracles et des augures. On trouvait aussi, dans ce troisième ordre, des prêtresses dont l'influence devint telle sur les masses que, en certaines circonstances, elle égala et même surpassa celle du chef suprême de toute la corporation. Et cette influence, comme celle des Pythonisses et des Sibylles, s'exerçait par des pratiques de la magie, ou par les facultés spéciales d'une médiumnité développée.

Généralement les prêtresses druidiques ~nt

issues de la caste sacerdotale et demeuraient soumises, en la hiérarchie des hiérophantes, appelés ici « Eubages »; pourtant il est des cas où l'on en vit s'élever au premier rang, après s'être improvisées prophétesses par elles-mêmes et en dehors de toute sujétion apparente.

Les Vierges de l'île de Sain, à qui on attribuait le pouvoir de déchaîner et de dominer les vents et la mer, appartenaient, nous le présumons, à cette classe des Indépendantes du Voyantisme, dont Velléda, de légendaire et patriotique mémoire, nous offre le type le plus accompli. Et, bien souvent, les Druides récriminèrent contre elles, comme Ezéchiel, le prophète de Jéhovah, ou comme les prêtres du Polythéisme avaient récriminé, en leur temps, par dépit de la concurrence qu'elles faisaient à leurs sanctuaires officiels.

Nous allons citer, pour exemple, l'une de ces gestations irrégulières de prophétesses et démontrer ainsi la puissance de l'Occulte sur l'esprit de nos ancêtres. C'est la traduction d'un récit bardique qui nous vient d'un cloarek breton et qui a pour intitulé :

LA VENGEANCE D'ELMIR.

« Les dernières rougeurs du soleil couchant s'effaçaient à l'horizon, le barde Bleid gravit la colline et se rendit au menhir de Sirwack.

» Elmir, la prophétesse vénérée et redoutée entre toutes, l'y avait précédé.

— » Barde, lui dit-elle, merci, que tu sois venu !...

J'ai à te révéler le motif secret d'une terrible vengeance qui s'apprête : la haine comme l'amour à besoin d'expansion. Demain, quand Belenn, le dieu du jour, reparaîtra à l'orient, tu pourras jeter mon histoire à tous les échos de la vallée ; mais, jusque-là, promets-moi de garder, sur tout ce que je vais t'apprendre, un silence absolu.

— » Par l'étendard de nos guerriers, quoi que tu me dises, je le tairai jusqu'à l'heure marquée, prêtesse, je te le jure.

— » Écoute :

» Il y avait eu, dans le pays des Atrébates, le sacrifice de trois prisonniers pour racheter la vie d'un tiern, et l'eubage Drataë achevait les cérémonies du rit, lorsqu'un étranger se présenta à lui et lui demanda l'hospitalité.

— » Ami ou ennemi, tu auras l'abri de mon toit; allons, répondit l'eubage.

— » Qu'Esus te le rende, à toi et aux tiens ! » fit l'étranger en entrant dans la demeure hospitalière. Puis, il ajouta, pour complaire à son hôte : « Aujourd'hui la fatigue m'accable et j'ai hâte de me reposer. Mais avant mon départ, tu sauras qui je suis, où je vais... »

» Deux jours après, l'eubage donna un festin à tous ceux de sa famille en l'honneur de l'étranger et celui-ci raconta ses aventures.

» Il commença par louer l'hospitalité généreuse qu'il avait reçue et il promit d'en user quelques jours encore, selon qu'on l'y conviait. Ensuite, il dit sa naissance illustre, les combats où il s'était signalé, les guerriers redoutables qu'il avait provoqués et vaincus ; il énuméra les richesses qu'une défaite récente lui avait enlevées et il fit part de ses espérances et de son ambition pour l'avenir... Ce à quoi tous les convives prirent grand intérêt ; nul, pourtant, dans la même proportion qu'Isa, la sœur unique de l'eubage.

» L'étranger était jeune et beau ; pendant son récit, il portait souvent son regard sur elle et, l'instant d'avant le festin, il lui avait murmuré ces mots à la dérobée : « Je t'aime !... car tu es belle !... belle, comme en sa floraison, la branche de l'églantier ! »

» C'était une douce exclamation à laquelle la jeune vierge se laissa prendre et, bientôt, hélas ! le repentir et le désespoir s'en suivirent pour elle. L'étranger avait de tendres paroles, mais sa bouche mentait, et son cœur était perfide : violant la foi promise, sans demander la main d'Isa, sans avoir pitié de ses larmes, après l'avoir séduite, il la délaissa !...

» De même que l'ombre suit le corps, et aussi longtemps que ses forces le lui permirent, le matin qu'il partit, Isa suivit son amant en implorant le nom d'épouse. Vaines supplications ! Il demeura impitoyable, arguant de raisons spécieuses et même offensantes ; une à une, il arracha, par l'ironie, l'injure, la menace, chaque feuille, chaque fleur à la branche de l'églantier et, finalement, Isa, accablée d'amertumes, se jeta dans le fleuve des Ambianes.

» Le séducteur se crut alors, pour toujours, débarrassé de sa victime et il se réjouit de la rapidité avec laquelle le courant l'entraîna loin de sa vue ; mais Teutat, le dieu des voyageurs, savait les serments oubliés, les lois de l'hospitalité transgressées, et il sauva la victime pour le châtiment du coupable : l'amour ardent qu'Isa éprouvait pour son infidèle amant s'anéantit seul dans le fleuve.

» Quand elle revint à la vie, elle n'eut plus au cœur qu'un seul sentiment, celui de la vengeance. Et c'est pour le satisfaire, comme aussi pour se soustraire à la honte d'un déshonneur public, qu'Isa ne retourna plus jamais dans la demeure de l'eubage son frère.

» Au lieu d'aller rejoindre ses compagnes, qui eussent ri, et pleuré peut-être, sur sa mésaventure, elle préféra quitter la société des humains et s'enfoncer dans les plus sombres forêts. Elle alla demander aux cavernes leur silence, et aux fauves qui les hantent, leur férocité ; elle se mit en communication avec les pratiquants de l'Occulte, avec les Psylles qui apprivoisent les vipères, distillent les poisons et requièrent l'assistance des Korigans ; elle médita de longues heures, assise, la nuit, en compagnie des évocatrices aux champs des tombeaux, où luciolent Gaurics et Farfadets ; elle s'initia aux secrets des nombres fatidiques ; puis, ceignant le bandeau étoilé, elle parcourut tout le nord de la Gaëlique, et arriva en ce pays où elle se proclama l'envoyée d'Esus.

» Tu sais, barde, la puissance des neuf Vierges du Penmarck : couronnées de verveine et armées du carquois d'or plein de flèches magiques, elles déchaînent, à leur gré, les éléments et terrifient ceux qui vont les consulter ; tu sais aussi l'autorité du chef suprême des Druides : il n'a qu'à lancer l'anathème contre le Brenn qui dispose, en maître, de la vie de nombreux solduriers, pour que dignités et force guerrière se résolvent, tout d'un coup, en infamie et faiblesse incurables; tu sais, enfin, le prestige qu'exerce, sur la foule, le mystérieux agrégat des sciences naturelles et hiératiques, base de l'enseignement donné au plus dignes dans ta caste; eh! bien, cette puissance, cette autorité, ce prestige, Isa en dispose actuellement et depuis longtemps déjà.

» Elle aurait donc pu, d'une seule parole, d'un signe, anéantir son séducteur le jour où elle le retrouva chef de clan, riche et glorieux; mais sa haine avait grandi en raison de toutes les souffrances morales et physiques qu'elle avait subies avant de monter au rang de prophétesse et elle répudia, comme moyen d'assouvir sa haine, la mort prompte qui délivre aussitôt. A celui qui a flétri sa jeunesse, se prépare une vieillesse tissue d'angoisses et de remords. Cette nuit, et pour toujours, le front de Torcinoë se courbera sous le poids d'une douleur immense !...

» Car, barde, l'hôte indigne, le séducteur infâme, le parjure, se nomme Torcinoë, celui-là même dont tu hantes la maison et dont tu consacras la valeur par des chants héroïques. Sa victime, la suppliante Isa autrefois, est devenue aujourd'hui la redoutable Elmir qui te parle et voici ma vengeance qui commence.

» En ce moment même, du point culminant où il était, le barde Bleid vit, dans la direction marquée par la prophétesse, un tourbillon de flammes s'élever vers le ciel.

— » Horreur ! s'écria-t-il en s'écartant d'elle avec

effroi. Non, tu n'es point l'envoyée d'Esus : sur ton esprit le génie du mal a soufflé !...

— » Je suis la branche de l'églantier où le séducteur ne laissa que des épines pour sa vieillesse », conclut Elmir.

» Puis elle disparut en disant : « Barde, je garde ton serment. »

. . . .

» Une longue clameur de détresse avait retenti. Le brenn Torcinoë s'arrache au repos, jette à ses solduriers son cri de guerre et court, tout armé, au lieu des délibérations publiques.

» C'était dans une éclaircie de la forêt voisine, à courte distance de la bourgade habitée par le brenn et ses tenants, et sous la ramure d'un chêne antique, au pied duquel se dressait l'autel des sacrifices.

» Une foule nombreuse, composée d'hommes, de femmes et d'enfants, s'y était déjà rassemblée et elle écoutait, anxieuse, les prédictions sinistres d'Elmir.

— » Malheur ! clamait la prophétesse, malheur sur vous tous !... Un génie irrité apporte la dévastation !

» Et, montée sur le premier degré de l'autel, se drapant dans ses oripeaux multicolores, les uns pailletés d'argent et les autres marqués de lignes et de signes cabalistiques, les cheveux au vent, une étoile d'or au front, faisant face à la foule, elle soulignait, par des gestes tragiques, les progrès d'un incendie allumé dans la forêt.

» Torcinoë s'approcha d'elle, et, dans une attitude suppliante, il implora son aide.

— » Prêtresse, dit-il, tu es en communion avec les êtres invisibles; use en notre faveur de ta puissance, conjure le fléau, *coupe le feu!*...

— » Il faut pour cela, répond Elmir, que tous ici présents, vous acceptiez l'arrêt édicté contre l'un d'entre vous, par le génie irrité.

— » Cet arrêt, quel qu'il soit, je l'accepte au nom de tous, s'écrie Torcinoë, et je jure de l'exécuter!... »

» Un murmure approbateur confirme dans la foule le serment de son chef. Elmir gravit les quatre degrés qui la séparent du dolmen sacré, et, de là, mise en pleine lumière par le rayonnement de l'incendie, levant les mains au ciel, elle laisse tomber, lentement, ces paroles que tous les assistants recueillent avec avidité:

— » Malédiction sur toi! Torcinoë; je porte condamnation contre ta maison!... Souviens-toi d'Isa, la sœur de l'eubage Drataë : C'est elle qui, devenue la compagne des Korigans, commande au fléau dévastateur... »

« D'abord, sous le coup de la révélation, le brenn demeure interdit: il revoit, en souvenir, toute l'indignité de sa conduite passée et le remords envahit son âme.

— » Malédiction sur toi! Torcinoë, répète Elmir d'une voix incisive et dominant les susurrations de la foule; pour apaiser Isa, il faut du sang!

— » Je le reconnais, murmure Torcinoë, qui fait effort sur lui-même, se dégage de ceux qui l'interrogent, et gravit, à son tour, les degrés de l'autel; j'ai été coupable! Que la vie se retire de moi, je ne pourrais plus la supporter sans honte. — Prêtresse, apaise Isa ; frappe sans miséricorde !...

» Et, se découvrant la poitrine, il s'offre au poignard dont la prêtresse est toujours armée pour les sacrifices...

» Elmir le repousse du geste.

— » La satisfaction que tu offres, dit-elle, n'est point suffisante. La vieillesse a blanchi ta tête et ridé ton visage. Il ne te reste plus que peu de jours à vivre, tandis qu'Isa était jeune et belle, lorsque ton parjure la poussa dans le fleuve des Ambianes.

— » Que faire, alors ? demande Torcinoë.

— » Isa, reprend Elmir, était belle *comme, en sa floraison, la branche de l'églantier;* Xinella, ta fille unique et bien-aimée, est belle comme l'était Isa: voilà la victime qu'il faut.

— » Oh! jamais! jamais! s'écrie Torcinoë, dans un accès de désespoir indicible. Périsse plutôt tout le clan qui m'élut pour chef! et que je sois maudit jusqu'en ma troisième existence!...

» Après ce refus véhément, il s'appuie accablé sur la pierre de l'autel et la foule, que domine de plus en plus la terreur, s'emporte en imprécations contre lui.

— » Voyez! crie-t-on, nous l'avions choisi comme le plus digne, et son infamie sera cause de notre ruine!

— » Qu'on aille quérir de force Xinella, concluent les plus exaltés; qu'on l'amène ici, et qu'il soit fait d'elle selon que la prophétesse l'ordonnera !... »

» Déjà un groupe se forme pour courir en la demeure de Torcinoë prendre sa fille, quand celle-ci survient en compagnie du barde Bleid.

» Après le récit qu'Elmir lui avait fait des motifs qui déterminaient et guidaient sa vengeance, le barde avait pressenti quelque drame épouvantable dont Torcinoë ne serait pas l'unique victime ; mais, tenu par son serment de ne rien révéler, en dehors même de toute solidarité sacerdotale, il se trouvait dans l'impossibilité absolue d'entreprendre quoi que ce fût d'utile pour empêcher l'œuvre haineuse de la prêtresse.

» C'est pourquoi, de prime abord, au lieu de se rendre à l'assemblée convoquée d'urgence par le brenn, il avait résolu de s'enfermer chez soi et d'attendre jusqu'au lendemain matin pour agir selon que les circonstances le voudraient... Son inquiétude devint bientôt si grande, qu'il n'y put tenir et qu'il prit le chemin de la forêt.

» Il y rencontra Xinella que la même incertitude dominait et qui, malgré la recommandation instante de son père, allait le retrouver et partager ses périls.

» Des cris de joie les accueillent. L'imminence du danger enlève toute commisération à la foule, et c'est avec des paroles brutales qu'on annonce à la jeune vierge le sort qui l'attend.

— » Que ma mort, répond-elle simplement et héroïquement, devienne la sauvegarde de tous ! Et, résignée, elle se laisse entraîner sans aucune résistance vers l'autel.

» Alors le barde Bleid s'interpose pour la sauver. Mais Elmir, parlant toujours au nom d'Isa, la compagne des noirs Korigans qui activent le feu, demeure inflexible et la foule, impatiente du sacrifice, désavoue le barde.

» Cependant Torcinoë avait repris conscience de ce qui se passe; il reconnaît sa fille au pied de l'autel, et, mettant l'épée à la main, il bondit auprès d'elle, prêt à la défendre, lui seul contre tous.

» Puis, se retournant en face de l'Elmir : « Ma fille, lui crie-t-il, ne mourra pas. Sa vie est sacrée : je la voue à la déesse Hertha ! »

» La prêtresse à ces mots tressaille d'une joie secrète : sa vengeance est plus complète qu'elle ne l'avait espéré.

— » Ne craignez plus le fléau, dit-elle à la foule; la haine d'Isa est satisfaite : la fille unique de son séducteur n'aura point d'amour. »......

» Malheur sur le guerrier qui, par fait, geste ou parole, tend à surprendre le cœur d'une des servantes d'Hertha la sombre déesse ! la gloire se retirera de lui, il frémira à la vue du danger et l'embonpoint le gagnera. »

» Telle était l'une des croyances en vogue par toutes les contrées de la Gaëlique et il en résultait comme une main mise, immédiate et constante, sur toutes les facultés affectives de la personne vouée au culte particulier et mélancolique d'Hertha.,...

» Chaque jour, à l'heure des doux parlers, Xinella erra solitaire à l'ombre maléficiante de l'if, et le front de Torcinoë se courba, comme l'avait voulu la prophétesse Elmir, sous le poids d'une douleur immense. »

A notre jugé, la légende qui précède, présente un tableau fidèle des mœurs gauloises au point de vue du supernaturel et il suffit d'une analyse très succincte des faits qu'elle rapporte, pour justifier cette assertion qu'avec les Druides on se trouve en pleine exploitation de l'Occulte.

Elmir, il est vrai, nous est présentée comme une affranchie de la tutelle sacerdotale; elle exerce par elle-même, et pour elle-même, la puissance fatidique; mais, dans sa confession au barde, elle montre que cette puissance est égale à celle que donne aux Druides, vis-à-vis du populaire, l'agrégat des sciences naturelles et hiératiques, autrement dit « la Magie » et elle apprend qu'elle l'a conquise, au prix de souffrances inouïes, à l'école d'autres devineresses, par la pratique des formules mystérieuses et l'étude des nombres.

Or, selon les doctes en kabbale, ce fut là, de tout temps, la vraie méthode à suivre pour ceux qui voulaient s'élever dans l'art de contraindre le sort.

Dans les collèges druidiques, on mettait les adeptes de l'Occulte aux prises avec toutes sortes de difficultés morales et physiques. Il en résultait des caractères solidement trempés pour la lutte et la domination; aussi l'autorité sacerdotale prima longtemps en Gaule l'autorité civile et, alors même que les « hommes du chêne » furent traqués jusqu'au fond des forêts par les conquérants romains, alors que la nation vaincue se fut policée, instruite au contact des vainqueurs, ils n'en conservèrent pas moins tout leur prestige primitif.

Il y eut plus. La persécution, dont autrefois ils

avaient usé eux-mêmes, en leur qualité d'hiérophantes, à l'encontre des indépendantes du voyantisme, des prêtresses ou prophétesses errantes, quand elle fut dirigée contre eux par les délégués césariens, les grandit à la taille de ces révoltées; en même temps qu'ils demeurèrent les représentants insoumis de la nationalité gauloise, les continuateurs de ses traditions religieuses et politiques ; en même temps qu'ils restèrent debout, comme les derniers témoins de la patrie abattue, ils conquirent la vogue du mystère; ils devinrent « les enchanteurs ».

Ils demeurèrent magiciens et c'est comme tels que le catholicisme les proscrivit, jusqu'aux environs du huitième siècle, époque où le grand art de la Magie descendit des hauteurs de la philosophie, où il avait pris naissance, pour se fondre et s'avilir en une multiplicité de pratiques louches, ou naïves, qui caractérisent la sorcellerie au moyen âge, et qui sont à l'Occulte, tel que le professaient That-Hermès, Apollonius de Tyanes, Julien l'Apostat etc., ce que l'ombre est à la réalité, et le préjugé à la science.

Néanmoins, malgré cette décadence, et peut-être à cause de cette décadence même, l'Occulte subjuga plus que jamais les masses et il devint le refuge de toutes les misères féodales. A ce titre, nous allons l'étudier d'une façon plus détaillée, plus intime, que nous ne l'avons encore fait jusqu'ici.

CHAPITRE V

LA SORCELLERIE AU MOYEN AGE

« Lorsque Colbert, (1672), destitua Satan avec peu de façon, en défendant aux juges de recevoir des procès de sorcellerie, il ébranla Dieu lui-même », dit Michelet.

Par cette phrase, le grand écrivain résume toute l'importance que cet article de foi : « Dieu, générateur du bien, ayant pour contre-partie, pour adversaire actif, Satan, le principe du mal », avait pris dans la philosophie religieuse, alors que le Catholicisme triomphant était devenu la religion d'État et dominait toutes les intelligences par l'absolu de ses mystères.

Il n'y avait plus, comme dans les derniers temps du polythéisme, à discuter sur l'efficacité de telle ou telle cérémonie, de telle ou telle prohibition ; il fallait s'incliner sous l'intégralité du dogme, croire et obéir en tout, sous peine de damnation future et de proscription immédiate. Le sacerdoce opérant, à son profit, une sélection parmi les principes de l'Evangile du Christ, n'avait retenu et promulgué que ceux qui compriment ; il avait réédité le Dieu vindicatif et jaloux de la loi mosaïque : « Malheur sur quiconque omet un iota de la loi ! » et l'enfer devenait son grand moyen de persuasion.

Mais, de l'exagération même de cette thèse, qui avait pour but l'apeurement des fidèles, il résulta un affaissement moral qui, en haut lieu, produisit le contraire de ce qu'attendaient les prédicants : « Le plus sage pèche sept fois par jour », pensèrent avec l'Apôtre, les gouvernants, c'est-à-dire les heureux de la terre, et ils en tirèrent cette conclusion : « Donc, l'humanité est vouée aux flammes éternelles, en attendant, jouissons ! »

Et ils mirent leur conclusion si bien en pratique qu'ils ruinèrent les gouvernés ; la condition de ceux-ci devint pire qu'elle ne l'avait jamais été ; ils eurent l'enfer par anticipation.

C'est de cet enfer que sortit la sorcellerie, « œuvre de Satan contre Dieu », disent les annales de l'Inquisition, « et méritant feu temporel puis feu éternel » ; « Révolte morale contre une religion dévoyée ; révolte physique des opprimés contre les oppresseurs ; revanche naturelle des consciences oblitérées par un enseignement perfide », dirons-nous, en historien fidèle, après avoir médité longuement sur la dégénérescence de la Magie.

Celle-ci était le grand art de lutter contre la fatalité, de contraindre les événements, ou, au moins, de les prévoir assez à temps, pour en tirer tout le parti possible ; la sorcellerie réduisit l'Occulte à la proportion d'un duel entre individualités : duel aux poisons, aux maléfices, remplaçant le couteau ; duel impitoyable, déloyal et digne, en tous points, de l'époque néfaste appelée moyen âge.

Certainement qu'au *summum*, et vue à distance, la société féodale semble avoir abrité quelques mérites spéciaux, comme l'héroïsme et la galanterie ; l'institution de la chevalerie y témoigne d'un grand amour du faste et même d'une certaine propension à la solidarité ; mais les vertus du suzerain ne s'exerçaient bien qu'envers son égal et le manant ne comptait généralement pour rien, quand il s'agissait de justice, d'honneurs ou de plaisirs.

Encore, dans les sociétés païennes, il y avait eu des réjouissances publiques spécialement instituées pour la plèbe et certaines fêtes, comme les saturnales, donnaient aux esclaves une royauté, un répit de quelques heures ; dans cette société chrétienne, où finalement l'église s'associa au castel pour mieux dominer, on ne trouve nulle part traces d'un tournoi, d'une passe-d'armes ou d'un festin à l'intention immédiate de ceux qui en soldaient les frais, « les pauvres serfs attachés à la glèbe ». Ils n'y étaient admis qu'en qualité de comparses, ou comme on admet les chiens dans les repas, à la condition de se tenir cois, de ramasser les miettes de la table et de se contenter des os qu'on leur octroie en même temps que des rebuffades.

Voici un apologue qui peint la situation de Jacques Bonhomme en ces temps maudits que, par antiphrase sans doute, on a appelé « Le Bon Vieux Temps ».

Une brebis avait été mordue injustement par le chien commis à sa garde et protection. Elle alla se plaindre au berger.

« — Certes ! il eut tort », conclut celui-ci, en lui passant doucement la main sur le dos, comme pour la caresser. C'était en réalité pour s'assurer de la valeur de sa toison. L'examen satisfit le berger et, bien que ce fût hors de saison, séance tenante, il tondit la brebis.

Le berger n'étant qu'un mercenaire rapace, celle-ci en référa au maître pour avoir meilleure justice.

— » Certes ! ils eurent tort, répondit celui-ci à son tour, l'un de te brutaliser sans raison, l'autre de te tondre quand il fait froid. »

Puis il se mit aussi à la palper. Et, comme il la trouva à sa guise, il la fit écorcher incontinent pour sa table.

MORALITÉ. — Pour le manant qui en appelait à son seigneur contre l'âpreté des maltotiers, l'oppression des gens d'armes, l'insolence des varlets du castel ou du moûtier, de toute l'engeance servile, en un mot ; au suzerain, contre la tyrannie du feudataire, il advenait presque toujours un état pire encore; d'abord battu, puis tondu, puis rompu ou pendu, voilà, en termes succincts, la gradation habituelle de ses misères.

Le ciel, représenté par un clergé infidèle à sa mission, et la terre, par un châtelain tyrannique, lui faisant défaut à la fois, le manant avait recours à l'enfer : il allait trouver les sorciers et les sorcières. Les sorcières surtout, car, d'après nos recherches, les femmes s'occupant d'Occulte ou réputées telles étaient dix fois plus nombreuses que les hommes et beaucoup plus secourables au menu peuple.

Dans le vocabulaire familier, le mot « sorcière » est devenu une injure grave : il signifie, tout à la fois, laideur physique et morale et on le complète habituellement par le qualificatif « vieille » qui est comme le condiment de l'injure.

Rien ne prouve, cependant, que toutes celles « qui ont chevauché à l'heure de minuit sur un manche à balai » aient été édentées, ridées, chenues ou crochues ; rien ne prouve que leur vue seule donnât l'appréhension et le dégoût de la « promiscuité des lieux infernaux. »

Leur mode de recrutement nous autorise, au contraire, à soutenir qu'il y en avait de fort jolies : celles, par exemple, qui « vassales, à toute usance seigneuriale », fuyaient la chaumine, après l'emprisonnement de leurs parents ou la mort violente de leurs fiancés ; celles qui, convoitées ou contaminées par des « hommes d'armes » ou « des gens d'église », allaient cacher leur beauté, et leur vertu ou leur honte, dans les cavernes des bois ou des montagnes ; celles encore, qui, nées d'unions secrètes, s'échappaient des cloîtres où on les avait reléguées par pruderie et allaient demander, aux hasards d'une vie libre, la satisfaction des désirs que leur mettaient dans le cœur et l'esprit les bouillonnements d'un sang trop généreux... Enfants d'amour ont toujours été les plus beaux et les plus indomptés.

Il y en avait aussi de fort bonnes et toutes compatissantes, parce qu'avant de se vouer « à l'œuvre des ténèbres », elles avaient souffert des mille maux qu'engendra de tout temps, et particulièrement au moyen âge, l'alliance compressive et démoralisante « du froc et de l'épée ».

C'était, pour tout dire avec un vieux proverbe, « un grand malheur d'avoir beauté en dehors de lignée »; suzerains laïcs ou religieux faisaient tort au Paradis et poussaient dans les sentines de perdition, de gré ou de force, « toutes les gentes fillettes ».

Nous traitons spécialement ici de ce qui se passait sous le régime féodal; mais il est bon de rappeler que, presque toujours, « les prophétesses » auscultant l'avenir « pour une poignée d'orge ou un morceau de pain », apparurent par suite et comme conséquence d'infamies sociales. Les acteurs de ce grand drame historique restent les mêmes et le rôle antipathique y est tenu constamment par l'hiérophante des cultes agréés.

Même nous pouvons dire, sans exagération de langage, en empruntant la manière biblique : « Et la sorcière fut du jour où la religion devint complice de la politique. » Or, c'est là le sempiternel spectacle qui se produit à travers les âges, et les mythes de la révolte des Titans contre l'Olympe, et de l'archange Lucifer contre Dieu, symbolisent les vains efforts, tentés jusqu'au dix-huitième siècle par d'héroïques penseurs, pour l'émancipation des consciences et des personnes.

Revenons à notre peinture de l'Occulte au moyen âge, dont Michelet et d'autres historiens des plus véridiques nous fournissent les éléments principaux.

Les « révoltées » devenaient, selon la croyance populaire, étayée sur l'enseignement orthodoxe, « les épouses de Satan » et toute accointance avec elles entraînait, « ipso facto », la mort du corps et la damnation de l'âme.

Le bûcher ! voilà la suprême raison terrestre opposée, par ceux-là qui les avaient engendrées, à ces pauvres créatures, méritant plus compassion que blâme, et dont la haine personnelle contre leurs persécuteurs s'avivait encore aux récits des misères poignantes dont elles devenaient les témoins ou les confidentes. Le bûcher ! voilà aussi le châtiment réservé au pauvre manant qui, perdu « d'honneur ou de biens », allait demander à la sorcière quelque moyen fatidique de se venger du violenteur, et de se soustraire, pour l'avenir, aux rigueurs d'un sort intolérable.

Aussi, on ne s'aventurait qu'en tremblant, et à toute extrémité, dans une pareille démarche.

Double crainte : celle de rencontrer en chemin un des argus du château et celle de trouver la sorcière en tête à tête, — « en conjonction », disent les réquisitoires, — avec le Diable !...

Dans l'un et l'autre cas, il y allait de la vie. Mais, après tout, était-ce un si grand risque ? La vie s'était passée jusque-là dans une gêne continuelle et l'avenir apparaissait tout aussi désespérant !...

Alors, résigné, on prenait son couteau le mieux affilé pour, à tout hasard, s'en servir contre l'argus ; on se signait d'avance contre Satan ; on prélevait sur sa maigre pitance l'offrande à la sorcière et, à la dérobée, la nuit venue, on allait chercher le secret d'être moins malheureux.

Hélas ! c'était souvent, à la fois, perte de temps et suicide moral. La devineresse se trouvait généralement aussi obtuse que le consultant pour les choses de l'avenir et elle lui arrachait, dans le présent, les derniers sentiments de fidélité qui lui restaient au cœur, et qui l'avaient fait se résigner, jusque-là, malgré les injustices de ses maîtres. « OEil pour œil, dent pour dent ! lui soufflait-elle avec acrimonie, et, puisque contre ton tyran tu es le plus faible, deviens rusé et traître ! »

Pour donner plus de poids à ses suggestions, la sorcière s'entourait d'un apparât funèbre et elle avait recours à certaines pratiques ambiguës, puissées dans son imagination naïve, dans les légendes dont on avait bercé son enfance, dans sa haine contre la société ou dans le commerce d'autres « réprouvées », plus anciennes et plus expertes « en magie noire ».

Elle-même croyait-elle à l'efficacité de la formule et de l'incantation ? Peut-être bien : elle n'avait jamais vu le Diable en personne, il est vrai, — (et pour une bonne raison, puisqu'il n'existe pas) ; — mais, dans ses nuits d'insomnie, elle avait pensé entendre sa voix bruire dans le lointain ; pendant ses demi-somnolences, formant comme une accalmie après l'excitation des besoins physiques et des douleurs morales, elle avait eu l'hallucination de la possession et donné son consentement tacite à un pacte imaginaire qui lui apporterait, quelque jour, en échange de son âme, le secret de l'avenir et la puissance des maléfices ou des métamorphoses.

Dans tous les cas, par le fait de son imagination constamment tournée vers un même but, celui d'acquérir un pouvoir surnaturel, et, comme conséquence des privations de toute espèce qu'elle subissait, elle contractait une sensibilité nerveuse qui, s'avivant de plus en plus, la conduisait finalement jusqu'aux accès du somnambulisme lucide, autrement dit « la double vue. »

Donc, en attendant de pouvoir faire plus, la sorcière usait surtout de son éloquence maléfique, et c'est en méditant « le coup à bouter » au noble ou au moine que le serf, moins malheureux puisqu'il avait pu, sans contrainte, épancher auprès d'elle ses soucis et ses peines, s'en retournait chez lui par d'autres chemins que ceux qu'il avait pris pour aller.

En résumé, au moyen âge, il n'y avait, à proprement parler, que deux classes de personnes : celles qui jouissaient et celles qui pâtissaient. Les pratiquants de l'Occulte étaient de la classe souffrante, du moins pour l'immense majorité, et, par cette raison toute humaine, ils devenaient les auxiliaires actifs des désespérés.

La sorcière, comme la Sibylle errante, comme les Druides persécutés devenus magiciens, habitait quelque antre profond, ayant plusieurs issues masquées par des épines et des ronces, s'il était situé au milieu des bois, ou par des quartiers de rochers ou un amoncellement de pierres, si la nature l'avait creusé dans les falaises ou aux flancs d'une montagne.

Comme ses prédécesseurs irréguliers dans l'Occulte, elle accueillait aussi, tout d'abord avec défiance, celui qui venait la consulter. C'est, avons-nous déjà démontré, qu'elle risquait gros à exercer la vaticination ou les enchantements, et son martyrologe compte, par centaines de mille, les victimes des pouvoirs religieux et séculier, associés pour réprimer énergiquement toutes les pratiques de la kabbale qui n'avaient point trouvé place dans la liturgie chrétienne.

Selon Michelet, l'appellation de « sorcière », ou de « sorcier », suffisait, souvent sans autres preuves, pour conduire au bûcher. On en brûla sept mille à Trèves, en différentes fournées; cinq cents à Genève, en trois mois de l'année 1513; huit cents à Wurtzbourg, presque du même coup; quinze cents à Bamberg, un tout petit évêché, et le Parlement de Toulouse jeta, en une seule fois, quatre cents corps humains, vivants ou morts, dans les flammes orthodoxes.

Cette simple citation de faits monstrueux indique l'âpreté que l'on mettait dans la chasse aux « agents du Diable », et les écrivains de l'époque, qui tiennent pour les bourreaux contre les victimes, justifient les rigueurs de la proscription par les accusations suivantes :

« Le Démon, affirment-ils, s'unit charnellement

avec les sorciers et les sorcières; mais, auparavant, ceux-ci s'enrôlent à son service, renient Dieu, Christ et Vierge, et profanent des objets de sainteté.

» Ils deviennent zélateurs du Mal et rendent hommage au Prince des Ténèbres.

» Ils se font baptiser par le Diable et lui vouent leurs enfants nés ou à naître.

» Ils commettent des incestes, font mourir les gens par poisons ou sortilèges et crever le bétail.

» Ils mangent de la charogne de pendus.

» Ils entrent dans un cercle cabalistique tracé par le Maudit, se font immatriculer au livre des Réprouvés, s'engagent à toutes sortes de forfaits contre l'humanité, et acceptent les stigmates secrets qui affirment leur vasselage complet à Satan.

» Enfin, — et c'est là l'accusation capitale, — ils répudient toute autorité autre que celle de leur Maître en kabbale et abominations, et ils incitent le peuple à la révolte. »

Combien de ces griefs, argués contre les pratiquants de l'Occulte à un degré quelconque, étaient-ils fondés? Nous ne le savons pas au juste; mais le dernier l'était à coup sûr : « ils incitaient le peuple à la révolte. »

Ces grandes assises de souffrants et de désespérés, d'où sortirent les Jacqueries, qui se tenaient nuitamment dans la profondeur des bois, ou sur le haut des montagnes, ou au pied des falaises, étaient d'habitude présidées par la sorcière du lieu, et elle y avivait, par l'étrangeté et l'acuité de ses harangues, la haine que chacun des assistants éprouvait contre le castel et le monastère.

Le Sabbat était, avant tout, une œuvre politique ; la Messe-Noire qu'on y célébrait, doit être considérée, tout autant, si ce n'est plus, comme une protestation contre les agissements du clergé catholique que comme un défi sacrilège à Jésus.

Le prêtre avait pris la contre-partie de l'Évangile : il délaissait le pauvre pour s'enfermer et vivre dans les moineries, ou s'associait aux riches, pour partager leurs jouissances ; au Sabbat, l'officiant disait la messe à rebours, et avec des blasphèmes au Dieu des multiples tyranneaux, casqués ou froqués, pour mieux marquer le divorce à opérer entre le peuple et le prêtre infidèle à sa mission.

C'était de bonne guerre et, de plus, c'était logique. Quand le manant, les jours fériés, montait les degrés de la chapelle au château ou au monastère, pour entendre la messe orthodoxe, et suivre les autres offices, quel enseignement lui donnait-on ? et que pouvait-il en déduire ?

Le prédicant faisait remonter jusqu'à son Dieu la responsabilité d'un état social intolérable dans l'ordre moral aussi bien que dans l'ordre physique. Or, puisque ce Dieu n'avait cure des souffrances du manant, par réciproque, celui-ci ne devait avoir cure de l'honorer selon le rituel agréé et, en présence de l'abandon où il se voyait du ciel et de ses ministres, il en appelait au Diable.

Les réunions nombreuses engendrent d'habitude la confusion, le tumulte, le désordre ; les Sabbats, qui comptèrent parfois plus de dix mille assistants, courant risque de la vie pour y être allés, ne furent point exempts de reproches, tant s'en faut.

Après la Messe-Noire venait l'Agape; nous ne disons pas « le festin », car ce mot éveille, de nos jours, l'idée du superflu; les pauvres manants, toujours besoigneux du nécessaire, ne pouvaient pas, même dans cette circonstance solennelle, se permettre une grande dépense de victuailles. A défaut de l'ivresse du vin, ou des boissons fermentées, ils avaient celle de la malerage, l'exaltation du désespoir.

Dans des rondes fantastiques, éclairées par la lune ou par des feux de broussailles, ils s'étourdissaient pour oublier les remords de leur apostasie et le danger qui planait sur eux.

On se rendait au Sabbat pour l'heure de minuit et il durait jusqu'au premier chant du coq. Ce qui pouvait se passer pendant le retour à la chaumière, après une nuit d'anxiétés et d'émotions intenses, on ne le devine que trop. Dès le jour levé, on retomberait sous l'étreinte brutale du seigneur et de ses acolytes : il faudrait s'observer attentivement en gestes, en paroles, en actions; jusque-là, on était libres de se dire ce que l'on pensait, libres de s'engager par tels chemins, tels sentiers, qu'il plaisait. Et il n'y avait pas que les hommes au Sabbat !... Il y avait aussi les femmes !... les mères, les épouses et les sœurs des manants, vassales comme eux de corps et de biens, c'est-à-dire à complète sujétion des tyrans.

Si donc, au retour, des unions éphémères, ou illicites, ont pu s'improviser, est-ce bien à la sorcière qu'il faut en attribuer la responsabilité? N'est-ce point plutôt à ceux qui, libres d'aimer quand et comme ils voulaient, contraignaient, selon leur caprice, serfs et serves à des alliances que le cœur ne ratifiait pas.

D'ailleurs, ceux-là qui accusaient les assistants au Sabbat de commettre tous les péchés possibles contre la vertu de continence, étaient loin d'offrir, par eux-mêmes, l'exemple des bonnes mœurs. Ces fêtes de chevalerie, tant vantées, ces cours d'amour, chantées par les poètes, ces « grandes liesses », où l'on déployait un luxe inouï, où châtelains et châtelaines trônaient en compagnie de leurs gentils pages, de leurs écuyers, de leurs hommes d'armes, de leurs chapelains, ne furent, bien des fois, l'histoire le prouve, que l'apparât de l'adultère ; et si un manant s'était permis publiquement, rien qu'en paroles, la licence que nombre des nobles prenaient en actions, on l'eût, « par bonne et prompte justice », roué ou « pendu haut et court. »

En définitive, d'après ce qui précède, nous pouvons conclure que la sorcellerie ne fut, au moyen âge, qu'un pis aller pour ceux qui l'exerçaient et pour ceux qui y avaient recours. L'homme du peuple, l'éternel souffre-douleurs, « Jacques Bonhomme » n'allait trouver la « Voyante » qu'après avoir été éconduit durement de partout, quelque justifiées que fussent ses réclamations.

Le moyen préconisé était souvent brutal : « Œil pour œil, dent pour dent », ce qui voulait dire « trahison et félonie actives » contre l'ennemi. Mais il s'en trouvait aussi, parmi les créatures damnées, de savantes dans l'art de la magie, et qui, en échange de l'offrande du consultant, mettaient à son service tout l'arsenal maléfique des prestiges et de l'incantation. Elles pratiquaient « la ligature qui rend impuissant, l'envoûtement qui faire mourir à échéance, les sortilèges qui donnent la lèpre, la vermine, l'épilepsie, la malefaim aux adultes, la maleformation aux enfants, la clavelée aux moutons, la tranchée aux chevaux, la stérilité aux génisses, etc... »

Le manant, « le rustre » comme on l'appelait encore en haut parage, n'était pas seul tributaire de la croyance qui accordait aux sorcières une puissance surnaturelle : la grande dame et le noble châtelain prenaient, à leur tour, le chemin de la caverne. C'est qu'on y faisait commerce de philtres d'amour et de poudre à succession ; c'est qu'en outre des nocuités diaboliques on s'y occupait de remèdes pour toutes les maladies. Et, dans ce dernier cas, si nous en croyons Paracelse, le plus grand médecin de la Renaissance, la démarche se justifierait par de nombreuses guérisons à l'actif des sorciers et principalement des sorcières, là même où les doctes gens de la faculté demeuraient *à quia*.

Ajoutons que, si l'efficacité de l'incantation, même en lune croissante, peut-être reléguée dans le domaine du préjugé ; si les formules que nous retrouvons dans les vieux grimoires, pour maléficier contre les personnes, les animaux ou les choses, nous portent à rire aujourd'hui, après avoir fait trembler autrefois ; si, enfin, la magie noire, celle qui appelait l'aide de Satan, nous semble de la duperie, nous sommes cependant obligés de reconnaître qu'au nombre des plantes officinales découvertes ou indiquées par les « Bonnes-Dames », par les « Sages-Femmes », — ainsi on appelait les sorcières faisant œuvre de médicastres, — certaines ont conservé la vogue des propriétés qu'elles leur attribuaient. Telles, par exemple, le bouillon blanc, la douce-amère, la jusquiame, la belladone, la benoîte, etc... etc...

Mais, dominant toute leur pharmacopée naturelle ou diabolique, il y avait les frictions, « les passes magnétiques », qui n'ont jamais rien eu de surnaturel et qui n'en sont pas moins d'une incontestable puissance curative, comme nous le verrons plus tard, dans la seconde partie de cette étude.

Pour en revenir au Sabbat, contre lequel les écrivains religieux ont tant récriminé, ce n'est donc qu'un incident politique dans l'histoire de la Sorcellerie; et le Diable qu'on y invoquait, ne devint affreusement noir que du moment où des seigneurs, et même des gens d'Église, s'y glissèrent. Alors ces réunions, où primitivement l'on conspirait, se transformèrent en orgies, et la sorcière, qui présidait, se mit à l'unisson de la licence générale.

Il n'entre point dans notre cadre de décrire les turpitudes engendrées par la présence simultanée, sur un terrain devenu neutre, des tyrans et des tyrannisés ; des auteurs spéciaux les ont relatées dans tous leurs détails repoussants, avec plus d'éloquence peut-être que de véracité, et la statuaire naïve, — et sceptique tout à la fois, — de l'époque en a reproduit des scènes hideuses à la porte et jusque dans l'intérieur des cathédrales. Il était de mode de mettre ou de voir le Diable partout en assaut contre Dieu.

On le voyait notamment — par le seul sens de la foi bien entendu — rôder, à l'heure du crépuscule, dans les environs des cimetières, autour des fontaines, aux abords des forêts, dans les lieux déserts ou marqués par quelque événement sinistre ; on le logeait dans certaines plantes, certains arbres, certaines fleurs aux formes ou couleurs fantastiques, dans le corps d'animaux velus, tels que boucs, chiens, chats, renards, loups, etc... ; on le faisait rugir comme le lion, bramer comme le cerf, mugir comme le bœuf, hululer ainsi que la chouette ; on le représentait, tantôt sous la forme d'un dragon, d'un serpent, d'un cheval noir, d'un sanglier ou d'un pourceau ; tantôt, sous celle d'un brillant cavalier, d'un mendiant, d'un beau jeune homme ou d'un vieillard décrépit ; tantôt, encore, sous l'apparence charmeresse d'une hétaïre antique, ou d'une gaupe impudente ; voire, parfois, sous celle d'une béguigne confite en dévotion, mais sans rosaire à la main, ni à la ceinture, parce que cet objet de piété, croyait-on, avait la vertu de l'horripiler et de le mettre en fuite, sans autre exorcisme.

Il se nommait Légion : tous les génies, dieux, demi-dieux de l'antiquité, avaient été diabolisés. Les uranies, les naïades, les napées, les oréades, les hamadryades, les dryades, les sirènes, les harpies, les furies s'étaient transformées en mauvais anges et, par opposition aux neuf ordres des bons, dominant toute cette engeance maudite, déchaînée par le catholicisme contre la pauvre humanité, Lucifer s'en prenait orgueilleusement à Dieu lui-même, pour le supplanter dans le culte qui lui est dû.

En un mot, deux puissances formidables, selon la théodicée, prônée alors, se disputaient l'empire des âmes : l'œuvre de Dieu pouvait être mise en échec par l'œuvre de Satan !... Aussi, les premiers siècles de l'Église, et tout le moyen âge, — se répercutant en cela jusqu'à Louis XIV — sont remplis des échos de la lutte entre le bien et mal et même la mêlée y devient parfois si embrouillée, qu'on ne distingue plus de quel parti, « Dieu ou le Diable » sont réellement les combattants.

Les persécutions religieuses, contre le péché « d'hérésie » augmentèrent considérablement le nombre « des sorciers et des sorcières », ou des gens réputés tels. Du reste, il fallait peu de chose pour mériter l'ignominie de la qualification et les conséquences qu'elle entraînait : les inquisiteurs partageant avec les dénonciateurs les biens des coupables, on trouvait des coupables partout.

Les procès d'hérésie se faisaient contradictoirement, on y entendait des témoins à charge et à décharge ; dans les accusations de sorcellerie, les débats pouvaient avoir lieu à huis clos, en présence des juges seulement. Ceux-ci, enfermés avec l'accusé, lui tendaient toutes sortes d'embûches et tenaient à honneur de ne point le laisser échapper.

Le moindre indice était recueilli comme une preuve valable et, quand les perfidies de l'interrogatoire, la recherche brutale et inconvenante des stigmates diaboliques sur tout le corps du patient et les tourments de la question n'avaient pu amener l'aveu, on avait recours, pour le forcer, à toutes les horreurs de l'*In pace*.

Il n'y a donc pas lieu de s'étonner qu'à l'aide de ces procédés féroces on ait trouvé tant de gens passibles du fagot pour méfaits de sorcellerie, que l'on ait allumé, contre « la Démonialité », presque autant de bûchers que contre l'hétérodoxie.

Du reste, l'ignorance ou la perversité des juges corsait volontiers l'accusation par l'adjonction des deux délits : le sorcier était reputé hérésiaque, et la révolte contre l'Église entraînait la prévention d'Occultisme.

Ainsi, par exemple, Jeanne d'Arc fut condamnée comme « menteresse, pernicieuse, abuseresse, blasphémeresse de Dieu, invocateresse des diables, schismatique, hérétique, etc, » a être « brûlée toute vive, parce qu'elle n'avait point voulu avouer. » Quand le patient se repentait, on l'étranglait « par faveur », avant de le brûler.

Ainsi, encore, les Vaudois, les Camisards subirent la persécution, non seulement comme sujets « rebelles à la volonté du Roi, en matière religieuse », mais comme artisans de l'Occulte, en qualité de « fatuaires, nécromans, sorciers. »

Nous pourrions multiplier ces citations à l'infini ;

les deux précédentes et celle qui suit suffisent à notre tableau.

Selon Pierre de l'Estoile, il y avait en France, du temps de Charles IX, trente mille personnes adonnées à « la pratique des sortilèges ».

Il faut ajouter que l'exemple partait de haut. La reine mère Catherine de Médicis s'occupait de « Magie » et elle avait pour maîtres, ou pour auxiliaires, des hommes comme le médecin Auger Ferrier, qui croyait à l'influence astrale sur les destinées humaines, et le prêtre florentin, Côme Ruggieri, devenu le plus expert de son temps en l'art d'envoûter et de composer des philtres.

A ce compte, pensera-t-on, les sorciers étant si nombreux, le diable — puisque diable il y avait! — appelé par les uns, invoqué par les autres, violenté ou sollicité par la formule cabalistique, ne devait guère avoir de répit et l'incantation devenait pour lui une véritable torture? Point. Si nous nous rapportons aux démonologues, Satan avait, en ce temps-là, le don d'ubiquité; dans la seconde il était là et partout, et puis, sous ses ordres, évoluaient une multiplicité de génies, ses subalternes, séquelle damnée, malfaisante comme lui, et, comme lui, ennemie de Dieu et des hommes.

D'abord lui-même se centuplait : il était, tour tour, Lucifer, Bélial, Asmodée, Béelzébuth, Schammaël, Béhémoth, Astaroth, Mammon, Méphisto, etc., etc.; comme tel, il inoculait l'orgueil, la cupidité, le libertinage, la haine; il dévastait, calomniait, persécutait, obsédait, épouvantait; comme tel, il faisait revenir les morts, apportait les épidémies, les famines, excitait les guerres et prenait un « corps aérien » pour apparaître, à l'heure de minuit, aux carrefours des routes, sous les fontaines ombragées, autour des sépulcres, à l'entrée des cavernes, ou dans la profondeur des bois pour proposer et signer des pactes.

Sous ses ordres, il y avait les faux dieux du paganisme, les Esprits de Python, les génies des enchantements et des prestiges, les Fées, les Vampires, les Farfadets, les Korigans et — malédiction spéciale ! — les « Incubes » et les « Succubes », démons impurs qui provoquaient les cauchemars et cherchaient à surprendre jusqu'à l'innocence des saintes personnes abritées dans les cloîtres.

La célèbre Mélusine était une « succube », c'est-à-dire un démon femelle. L'Anté-Christ naîtra d'un « incube » et d'une femme. Et, si nous en croyons le R. P. Sinistrari d'Anémo, ancien Consulteur au Tribunal Suprême de la sainte Inquisition à Rome, Romulus, Platon, Alexandre le Grand, Scipion l'Africain, César-Auguste, Merlin l'Enchanteur, Martin Luther, etc., seraient le résultat d'un commerce analogue. Le R. Père appuie son opinion du témoignage de Tite-Live, Plutarque, saint Jérôme, Suétone, etc., et fait cette mention particulière pour Merlin l'Enchanteur, « que sa mère était une religieuse, fille de Charlemagne ». Il soutient aussi, d'accord en cela avec le concile de Nicée, avec saint Augustin, saint Thomas d'Aquin et de nombreux Pères de l'Église, « que les anges, bons ou mauvais, ont un corps fluide, à l'aide duquel ils se montrent parfois aux humains. » Nous ajouterons que c'est de ce corps, visible ou invisible à la volonté de son possesseur, que les théurges modernes, les spirites, font dériver tous les phénomènes matériels qui ont servi de base à leur doctrine.

Notre Consulteur nous apprend, en outre, que le démon dont il est fait mention dans la Bible, au livre de Tobie, comme ayant tué successivement les sept maris de Sarah, la fille de Raguël, était un « incube »; que, contre cette espèce de démons, il ne fallait pas recourir aux enchantements ni aux exorcismes, parce que, dans le premier cas, on commettait un péché mortel, et que, dans le second, on les trouvait généralement rebelles aux cérémonies et aux injonctions religieuses. Il y avait, pour se défendre contre leurs entreprises et les chasser des lieux qu'ils habitaient, des substances ou productions naturelles, comme le diamant, le jais, le jaspe, la verveine, la centaurée, le mille-pertuis, la peau de la tête du loup, de l'âne, du chien, etc.. Tobie écarta son rival « incube » de la chambre nuptiale, en grillant, sur des charbons ardents, le foie d'un poisson pêché dans le Nil.

Il y avait encore bien d'autres moyens, selon l'avis des démonologues, pour se garer de ces êtres malins, habitant l'air, l'eau, le feu, le centre de la terre, et d'autant plus importuns, qu'accepter leur concours, c'était risquer la mort, car le crime de démonialité était assimilé, par les inquisiteurs, au crime de bestialité, et réprimé par le feu.

Nous en avons présentement assez dit sur ce sujet, pour montrer la place que le « mythe diabolique » occupait dans la foi populaire, et pour être autorisé à conclure avec Michelet, que Colbert « ébranla Dieu lui-même » le jour où il élimina Satan, comme une quantité négligeable en matière de procédure.

———

Une fois le diable détrôné, le monde surnaturel se trouva presque vide; pourtant, la sorcellerie ne disparut pas complètement pour cela. Elle remonta vers les hauteurs de Magie ; Cagliostro procéda d'après la méthode d'Apollonius de Tyanes et le Voyantisme continua d'être exercé par les créatures spécialement organisées qu'on appelle aujourd'hui médiums.

La sorcellerie du moyen âge avait un double objectif. D'un côté, elle se faisait l'auxiliaire des sentiments de vengeance et des représailles à exercer contre un ennemi socialement hors de la portée du consultant : de là, les maléfices, ou la partie vraiment diabolique de l'œuvre, puisqu'elle allait, à l'occasion, jusqu'au crime. D'un autre côté, elle s'appliqua à alléger les maux qui affligent l'humanité, particulièrement la maladie et la misère : de là, l'empirisme médical et les recherches de l'alchimie, nommée aussi le « Grand Œuvre », car on y avait pour objectif la transmutation de vils métaux en or vierge et la découverte d'une panacée universelle.

L'homme, le sorcier, s'occupa spécialement d'alchimie. Il avait l'ambition de devenir puissant par la richesse et Mammon demeura son cacodémon familier. Quant aux sorcières, peu d'entr'elles franchirent les pratiques de la théurgie élémentaire; la vaticination, les charmes et les breuvages, voilà le *summum* de la science en Occulte, pour celles qui en savaient réellement quelque chose.

Lorsque la justice mettait la main sur un sorcier ou une sorcière, le diable, tout puissant qu'il fût, ne pouvait plus rien pour les sauver, affirment des légendes du temps.

Et ces maudits qui, l'instant d'avant, avaient « le mauvais œil », exerçaient toutes sortes de prestiges, de fascinations ; qui pouvaient donner la lèpre ou la vermine, jeter des sorts et même changer en loups des créatures humaines, devenaient d'une passivité telle que, pour échapper aux souffrances de la question, ils avouaient tout ce dont on les accusait et même davantage.

Ce sont ces aveux, il faut le reconnaître, qui grandirent aux yeux du vulgaire, les adeptes de la sorcellerie. Des gens capables de forfaits aussi monstrueux que ceux que l'Église, en particulier, leur imputait, semblaient hors de proportion avec le commun des mortels. On commençait par les redouter ; on prenait contre eux les précautions les plus minutieuses ; on se signait à leur passage, on portait des amulettes, on se crachait sur la poitrine, on lavait ses mains dans l'urine d'animaux, ou la sienne propre, pour se garer de leurs maléfices ou contrebalancer l'influence néfaste de leurs sorts ; on leur abandonnait tacitement telle ou telle partie d'enclos, de bois, de lande, de marécage, où, selon la chronique locale, ils se réunissaient la nuit ; enfin, tout d'abord, on les traitait comme des lépreux ou des pestiférés. Mais une occasion venait, tôt ou tard, où la réaction se produisait : ces réprouvés possédaient, croyait-on, des secrets pour guérir, ou rendre riche, et on en citait des exemples merveilleux ; nécessité ou curiosité faisant loi, on finissait par aller à eux.

On y allait par nécessité surtout, nous l'avons établi et nous le répétons. Dans son lot de misères, sans cesse aggravées, Jacques Bonhomme ne trouvait par ailleurs aucune oreille sympathique, pour écouter ses doléances et ses récréminations. Les nobles seigneurs, toujours en guerre ou en défiance les uns contre les autres, se tenaient pour solidaires quand il s'agissait de le mâter, et sa vie ne comptait pas plus pour eux que son honneur.

Voici, à cet égard, une anecdote typique, prise dans le livre intitulé « *Dix ans d'Etudes historiques,* » par Augustin Thierry.

« Vers le milieu du XIV siècle, vingt chevaliers anglais, revenant ensemble des guerres de Flandre, traversaient la France pour se rendre en Aquitaine. Arrivés près de Meaux, ils rencontrèrent, sur leur passage, une de ces troupes de paysans qui se soulevaient contre les maîtres du sol, pour les contraindre à la justice. Les nobles anglais, au lieu de passer outre, se crurent obligés d'épargner aux seigneurs du lieu la peine de massacrer les serfs rebelles : ils s'élancèrent, avec leurs chevaux de bataille et leurs armures complètes, au milieu de ces hommes presque sans armes ; ils en tuèrent un grand nombre et poursuivirent leur route en se félicitant des beaux coups de lances qu'ils avaient faits *pour les dames.*

« Ainsi, malgré leurs querelles, les nobles de tous

les pays se croyaient frères et le gentilhomme était, avant tout, de la nation des gentilshommes. »

Le haut clergé s'était faufilé dans cette nation privilégiée et sa sollicitude ne s'étendait guère au delà du clergé subalterne enfoui dans les cloîtres, ou tenant le ministère des paroisses ; encore fallait-il que celui-ci, pour se maintenir en bonnes grâces, montrât, en toute chose du spirituel et du temporel, une docilité constante et un zèle très grand.

Notre « Révoltée » resta, elle, de la nation des misérables, du peuple des campagnes et du bas peuple des cités ; on lui reproche d'avoir exercé le sacerdoce du préjugé et du mensonge, au milieu d'une société ignorante et superstitieuse : c'est vrai. Mais sa clientèle trouvait auprès d'elle bon accueil et l'allégeance que donne l'illusion au milieu des réalités poignantes ; cette circonstance, selon nous, atténue singulièrement la critique qu'on peut faire de la sorcellerie.

L'illusion : maigre résultat en présence de toutes les formules abracadabrantes contenues dans les grimoires !...

« On n'obtint rien de plus, répondent les champions modernes de l'Occulte, parce qu'on avait déserté les arcanes de la Magie primitive, qu'on agissait d'intuition, de parti pris et sans études préalables... »

On devenait même sorcier, malgré soi « par le fait des hommes, » comme le démontre l'histoire, « ou par la malice de Satan », ainsi que le racontent des légendes.

« Par le fait des hommes » : il suffisait qu'un

ennemi allât vous dénoncer comme tel devant un tribunal ecclésiastique. L'accusation paraissait d'autant plus prouvée que l'accusé avait montré quelque faculté spéciale de tour de main dans son travail, d'indépendance dans son caractère, ou d'aptitude à s'élever au-dessus de la condition de ses pairs. Le besoin de cacher des fautes contre la moralité fit trouver des sorciers jusque dans le camp des persécuteurs eux-mêmes, et les fameux procès de Gauffridi (1610), d'Urbain Grandier (1632), du P. Girard et de La Cadière (1730), etc... n'auraient point d'autre origine.

Une nouvelle fantastique, intitulée : « *Claude et Guita* », va nous montrer comment, pour les gens naïfs, on le devenait « par la malice de Satan ».

Elle est précédée et suivie de réflexions philosophiques peut-être prématurées au point où nous en sommes dans notre esquisse de l'Occulte ; néanmoins, nous la publions telle quelle, laissant au lecteur la tâche d'y revenir, au moment opportun, s'il y trouve intérêt.

CLAUDE ET GUITA.

« C'était il y a bien longtemps.

» La science avait pour objectifs à cette époque la détermination de deux entités mystérieuses, deux termes prestigieux : Dieu et l'Or.

» Aujourd'hui, le premier terme s'oblitère au programme, Dieu devient, pour beaucoup de gens, une superfétation vieillie, et la rapacité générale s'en accroît d'autant. L'humanité demandera toujours la même somme de jouissances, et, quand celles de l'âme lui manqueront, elle les remplacera par les jouissances de la chair...

» Dieu et l'Or, forces génératrices du bien et du mal, ne se prouvent pas : ce sont des axiomes. L'analyse les présente toujours sous leur forme première, c'est-à-dire, ne procédant que d'eux-mêmes ; aussi, les philosophes du moyen âge, qu'ils s'occupassent de Dieu ou de l'Or, en arrivaient-ils tous au même résultat : le vertige et l'impuissance.

» Ils essayèrent, dans leur pensée, ou dans leur creuset, les combinaisons les plus bizarres, comme aussi les accouplements les plus logiques ; ils eurent l'ardeur des recherches jusqu'à l'héroïsme et la folie, mais ils ne définirent point Dieu, mais ils ne firent point d'Or.

» Louanges, cependant, leur soient accordées ! car en poursuivant de gigantesques chimères, ils recueillirent quelques parcelles de vérités.

» En méditant sur l'essence du Créateur, ils reconnurent la nécessité d'une transformation sociale, basée sur l'égalité des droits et des devoirs, et les notations de l'Alchimie, pour la transmutation des métaux, servirent plus tard à la Chimie.

» Louanges leur soient accordées ! comme à tous ceux qui apportent un peu de lumière à l'humanité, une atténuation à ses misères. Ce n'est point ainsi que l'entendait la sainte Inquisition ; pour elle, tout chercheur pouvait devenir un novateur dangereux : au bûcher ! le doctrinaire qui osait contredire la moindre de ses affirmations, ou politiques ou religieuses ; sur le chevalet ! le chimiste, comme coupable de promiscuité avec Satan...

» Et bientôt, sur le compte de la victime, quelque histoire fantastique s'improvisait pour donner raison à ses bourreaux.

———

— » Combien as-tu de piécettes en ton escarcelle ?
— Pas plus, hélas ! que dans le creux de ma main que voici.
— » Tant pis ! car, vois-tu, Claude, je t'eusse aimé jusqu'à demain.
» Ce bref dialogue pourrait se commenter en plusieurs tomes ; la moralité en sortira aussi évidente en quelques pages.
» Claude était féru d'amour pour Guita, la fille aux yeux langoureux ; mais celle-ci, une Bosnienne, ne souriait qu'à beaux écus comptants.
— » Bonsoir, dit-elle, en repoussant la main que Claude lui tendait.
— » Cruelle ! soupira-t-il, et il s'en retourna tristement chez lui, en maugréant contre son escarcelle vide.
» Claude était un jeune bachelier de vingt ans, peut-être déjà très docte en fait de science, certainement fort naïf auprès des courtisanes.
» Il n'avait encore ébauché aucun amour, lorsque, pour son malheur, il rencontra Guita.
» En rentrant, Claude dégrafa son escarcelle, la jeta sur la table avec une parole malséante, puis se déshabilla et se coucha sans prier.

» Quiconque s'endort ainsi, sans remercier ou invoquer la Providence, court le risque des suggestions du Maudit : toute la nuit, Claude rêva des charmes de Guita et, à son réveil, son amour était devenu de la démence.

— » Par l'enfer! disait-il, c'est grand dommage que mon sommeil ne se soit point prolongé. Il n'existe, au ciel, ni sur terre, rien d'aussi adorable que Guita et je donnerais mon éternité pour que mon rêve s'accomplît pendant un an !...

» Ce fut là l'unique prière de Claude à son réveil.

» Il se leva, comme il s'était couché, comme il avait dormi, en pensant toujours à Guita ; et, après s'être habillé, il prenait, inconsciemment et par habitude, pour l'attacher à sa ceinture, son escarcelle trop souvent inutile à son gré, quand, soudain, deux pièces d'or s'en échappèrent et roulèrent sur la table.

— » Deux pièces d'or ! !... d'où viennent-elles ?...

» Peu lui importe après tout ; il les ramasse avec une joie frénétique et il court frapper à la porte de Guita.

— » J'ai de l'or! lui crie-t-il.

— » De l'or !... répond-elle, tu es jeune, tu es beau, tu es glorieux... viens gentil Claude, je t'aime !...

» Les baisers achetés sont comme les souffles des zones torrides : ils brûlent le sang, au lieu de le rafraîchir. Au bout d'une année, la jeunesse de Claude s'était toute flétrie ; une caducité précoce stygmatisait son esprit et son corps.

» Toute cette année, il n'avait songé qu'au plaisir ; une main mystérieuse renouvelait, chaque nuit, et sans qu'il en prît garde autrement que pour les offrir à Guita, les deux pièces d'or dans son escarcelle.

— » Je donnerais mon éternité pour un an de l'amour de Guita, » avait-il dit autrefois dans un langage impie et évocatoire : au bout de l'an, jour pour jour, son escarcelle se retrouva vide.

» Alors, sans plus lui témoigner le moindre attachement, et comme on éloigne un importun, la courtisane congédia le bachelier.

— » Il ne me reste plus qu'à mourir, conclut celui-ci ; et, d'un pas rapide, prenant la rue qui mène au fleuve, il allait, la tête perdue et le cœur oppressé, noyer son désespoir, quand un inconnu, passant près de lui, en sens inverse, le heurta violemment et le fit trébucher jusqu'à terre.

— » Brutal ! cria Claude en se relevant tout en colère et courant après lui, la rue n'est donc point assez large ?...

— » Moins large, jeune homme, que le fleuve n'est profond. Songes-y bien ! répondit l'inconnu en l'interrompant du geste et de la voix.

— » Qu'est-ce à dire ?

— » Que tu me dois sept cent trente pièces d'or et que je ne te permets pas de mourir, avant de me les avoir rendus.

— » Qui donc es-tu ?

— » Reviens ce soir dans la chambre que tu quittas, il y a une année, pour l'antre de Guita, et tu l'apprendras. En attendant, voici deux pièces d'argent pour terminer gaiement la journée.

» Et, sur cette conclusion, l'inconnu continua sa route.

» Tel un homme, clamant la soif, serait abasourdi, si on lui jetait inopinément un sceau d'eau sur la tête en lui criant : « Bois ! » tel fut Claude en cette occurrence.

» Il sembla qu'un coup de foudre l'avait stupéfié : il regardait, immobile, la bouche ouverte, l'œil fixe et les pouces au creux de la main, son créancier qui s'éloignait.

» Les passants, qui le virent ainsi, se détournèrent de lui, jugeant qu'il devenait frénétique.

— » Bast ! se dit-il, après qu'il eut repris l'équilibre de ses idées, le pire qui puisse m'arriver, c'est d'avoir affaire à messire Satan lui-même. Que pourrait-il me demander, de mon corps ou de mon âme, qui ne soit point déjà à lui ? Donc, je ne risque rien, et j'irai au rendez-vous. En attendant, voici de quoi être aimé d'elle quelques heures encore. »

» Et, tout en faisant résonner dans le creux de sa main les deux pièces d'argent, il rebroussa chemin jusqu'à la demeure de Guita.

» La nuit est venue, toute pleine d'ombres et de terreurs, comme la conscience des impies et des libertins.

» Aussi, malgré l'assurance habituelle à son âge,

malgré sa résolution d'en finir au besoin avec la vie, Claude tremble, en allant au rendez-vous.

» Il gravit, avec hésitation, l'escalier rude qui mène à sa chambre d'autrefois et le cœur lui défaille, quand il heurte à la porte.

» C'est que le remords est un fâcheux compagnon, pour s'engager dans l'imprévu ; la mémoire de ses fautes, sa lâcheté à réagir contre sa passion pour une créature indigne, accable le bachelier.

» Son créancier mystérieux vient lui ouvrir.

— » Par Hermès ! dit-il, tu es en retard... Il paraît que tu te complais fort en la compagnie de Guita ?

— » Hélas ! répond Claude, le condamné que la mort attend, ne s'arrache qu'avec peine aux ténèbres de sa prison.

— » Mais, qui te parle de mourir ? c'est, décidément, une sotte idée qui s'est emparée de ton esprit. Songes-y bien : un chrétien mort, vaut moins qu'un chien vivant... — Il ne dépend que de toi d'exister encore fort longtemps, et de jouir de tous les plaisirs. Sieds-toi là ; je vais t'expliquer comment.

» Et l'inconnu désigne la place que Claude prenait autrefois, quand, les deux coudes sur la table et la tête entre les mains, écolier studieux, il méditait sur l'enseignement de ses maîtres ès sciences.

» Puis, encore, l'inconnu va refermer et vérouiller en dedans la porte restée entre-bâillée après l'entrée de Claude.

» Pendant ce temps, et d'un coup d'œil rapide, celui-ci fait l'inventaire de ce qui l'environne.

» C'est toujours le même ameublement ; chaque

objet occupe la même place ; la même lampe à crémaillère est accrochée au même clou à la poutrelle du plafond ; il croirait presque qu'il n'a jamais abandonné sa chambre, tant l'ordre présent lui en est familier...

» Seul, un petit Christ en cuivre, autrefois attaché au mur, à la tête de son lit, a disparu, ainsi que le rameau de buis qu'on renouvelait chaque année à Pâques fleuries.

» Une courte inscription, en caractères hiéroglyphiques, remplace ces objets de piété, et ce changement seul, ainsi que la présence de l'inconnu qui vient s'asseoir à la table en face de lui, rappelle à Claude qu'il doit satisfaire à une redoutable échéance.

— » Je te disais donc, reprend l'inconnu, qu'il ne dépend que de toi d'être heureux. — Que te faut-il pour cela ? » Devenir riche ; avoir beaucoup d'or ?

— » Oui, beaucoup d'or ! répète Claude, dont la pensée retourne à Guita, beaucoup d'or !

— » Et en plus de l'amour, tu pourras acheter la considération et la puissance ; le veux-tu ?

— » Oui, coûte que coûte, je le veux.

La réponse est formelle, pourtant l'inconnu exige un autre engagement.

— » J'ai trouvé l'équation de l'Or, dit-il ; et je vais t'associer à ma découverte ; auparavant, affranchis ton esprit et ton cœur du plus immense de tous les préjugés : Renie Dieu !...

« Sur le chemin du crime, une légère barrière ralentit, un instant, la marche de Claude : son jugement se révolta.

» Ce serait absurde, dit-il, de témoigner contre ma propre raison. De toutes mes études philosophiques, j'ai conclu à l'existence de Dieu et ne puis, par conséquent, le nier. Mais, ajouta-t-il aussitôt, si je ne puis le nier, je veux du moins le blasphémer, le maudire — et, en fait, je lui insulte dans son incarnation humaine !... Cela suffit-il pour devenir riche?

» La physionomie de l'inconnu avait pris une expression indéfinissable, tenant à la fois de la joie, de la douleur et de la haine ; de la haine, surtout, car il répondit en serrant les dents :

» — Non, cela ne suffit pas. Il faut joindre l'action à la parole. Romps bras et jambes à ce Christ, puis nous le jetterons au creuset : c'est le premier acte de l'opération hermétique qui nous donnera de l'Or.

» Et il montre l'image de l'Homme-Dieu, autrefois à la tête du lit de Claude, que celui-ci, présentement et sans le savoir, foule aux pieds sous la table...

» En ce moment aussi, la porte de la chambre est violemment heurtée à l'extérieur et, sous l'effort d'une pression continue, elle cède.

» Ce sont les chevaliers du guet qui font irruption.

» Ils ont vu la fenêtre éclairée longtemps après l'heure du couvre-feu ; ils se sont mis en embuscade et deux ombres fantastiques, projetées sur la muraille de l'autre côté de la rue, leur ont décelé quelque mystère.

» Le crime de sacrilège est flagrant : Claude et son compagnon sont des Iconoclastes ou des Nécromans ; la prison les réclame, le bûcher les attend...

» On se précipite sur eux, on les entrave de liens solides, comme deux bêtes malfaisantes, et, jusqu'au jour, on les maintient à leurs places respectives dans le silence le plus absolu.

» Quand les juges enquêteurs, appelés par le capitaine du guet, virent l'inscription qui avait remplacé le Christ à la tête du lit de Claude, ils se signèrent profondément et frissonnèrent de même, car ils ne purent la déchiffrer, preuve évidente qu'elle était abominable !...

» Aussi le jugement fut-il rendu de toute urgence et en toute sagesse. »

» Il porta que, « vu son grand âge, le complice de Claude était condamné seulement à l'amende honorable et au bûcher.

» Quant au bachelier, comme il était en pleine vigueur, et pouvait subir une expiation plus longue, et, partant, plus exemplaire, « il ferait amende honorable, serait flagellé publiquement, rompu aux quatre membres, boirait le vin d'amertume et périrait sur la roue, avant d'être brûlé !... »

» Ce jugement mit l'épouvante et la consternation dans l'âme de Claude et il demanda miséricorde. Mais ce furent des paroles vaines : le jugement reçut exécution.

» Pour l'inconnu, il avait entendu sa condamnation sans sourciller et la suite démontra qu'il n'avait rien à redouter.

» Lorsqu'au jour choisi, on ouvrit la géhenne, pour mener les deux coupables au supplice, on n'y trouva plus que Claude : l'inconnu avait disparu, en laissant après lui une odeur de damné.

» Les récits du genre de celui qui précède émanaient évidemment du besoin que l'intolérance éprouve toujours de justifier ses actes.

» L'Inquisition, pour se débarrasser des savants, des chercheurs, les représentait comme esclaves de passions indomptables et comme auxiliaires de Satan.

» Si l'Athéisme pouvait prévaloir, il mènerait au cabanon les déistes et improviserait aussi des légendes, pour surprendre l'acquiescement du vulgaire. »

Nous sommes initiés maintenant aux raisons qui firent trouver un nombre si prodigieux de sorciers et de sorcières par les tribunaux laïques et religieux avant le sage édit de Colbert, et nous pouvons affirmer que ce nombre eût diminué, dans une proportion considérable, si l'on n'avait admis à la qualification d' « *occultistes* », que ceux qui la méritaient réellement.

En effet, sur cent sorciers, ou gens réputés tels, deux ou trois à peine étaient assez instruits pour lire ou épeler le grimoire fatidique; tous les autres, qui « vaticinaient ou ensorcelaient, » avaient recours à une foule de pratiques indignes du nom de « Magie » pris dans cette acception primitive : « science. »

Le procédé habituel de ces derniers consistait en un accouplement, bizarre et incompréhensible, de mots baroques et de faits hétérogènes, où le ridicule s'alliait au monstrueux, et par lequel, dans leur idée de révolte contre Dieu, pris comme le principe du bien, ils croyaient naïvement provoquer l'aide de Satan, la générateur du mal...

Voici une de leurs recettes appelées « cabalistiques. »

Elle ne pouvait apporter évidemment aucune amélioration dans la santé ou la fortune de personne, mais elle pouvait, par contre, mener au bûcher jusqu'aux témoins qui, ayant surpris un coupable la mettant en œuvre, n'allaient point le dénoncer aussitôt à la vindicte des gouvernants.

« Voulez-vous composer un produit merveilleux, aussi propre à guérir n'importe quelle maladie qu'à donner la malemort à votre ennemi ?

» Prenez crapauds, couleuvres, lézards et insectes les plus laids qu'il soit dans la contrée. Écorchez crapauds, couleuvres et lézards avec vos dents; puis placez-les, de compagnie avec les vilains insectes, dans un pot de terre tout neuf, sur l'extérieur duquel vous aurez préalablement peint, avec votre sang, une tête de bouc, image de Satan.

» Joignez-y des membres d'enfant nouveau-né et point baptisé, et de la cervelle de cadavre recueillie dans la sépulture chrétienne. Faites bouillir le tout, avec de l'eau bénite, et répétez, au cours de l'opération, les blasphèmes les plus virulents que vous saurez contre Christ, Vierge et Saints. Allumez grand feu d'abord, puis continuez petit feu, jusqu'à complète évaporation des parties aqueuses. Broyez-le résidu, en vous servant d'une tête de mort, celle d'un ecclésiastique de préférence, en guise de mortier, et d'un tibia comme pilon. — Humectez finalement, pour obtenir consistance d'onguent, avec du jus de Mandragore et tenez l'amalgame, jusqu'à l'occasion de vous en servir, dans un lieu secret, entre deux feuilles arrachées subrepticement au Missel de la paroisse, endroit du Canon de la Messe. »

De pareilles formules prêtent à rire de nos jours où le scepticisme envahit les cœurs et les intelligents ; où toute croyance, qui ne se démontre pas comme un théorème géométrique, est ridiculisée. Nous haussons les épaules quand nous lisons, dans les vieux auteurs, des récits concernant la lycanthropie, le mauvais œil, l'ensorcellement, la démonialité, ou les différents moyens de divination, par l'anneau, (Dactyloscopie), la baguette (Rhabdoscopie), le crible (Coscinoscopie), l'eau (Hydroscopie), les entrailles (Hiéroscopie), le feu (Pyromancie), le front (Métoposcopie), les génies (Daimonoscopie), la main (Chiromancie), les cartes (Cartomancie), les songes (Onéirocritie), etc., etc ; pourtant, il ne faudrait pas oublier, dans notre vanité moderne d'esprits forts, que les préjugés sont d'essence humaine et que, généralement, l'un chasse l'autre.

Pour avoir allégeance à ses maux, le menu du peuple n'a plus recours à l'incantation ; il se détourne même des pratiques purement religieuses, qui avaient, tout au moins, l'efficacité de le porter à la résignation, par l'appât d'une vie future ; mais les fatuaires sont toujours là qui l'appellent, le sollicitent ; pour avoir changé le nom de leur « Sorcellerie » en celui, plus euphonique, de « Sociologie », ils n'en continuent pas moins à le leurrer d'espoirs irréalisables, à le griser de phrases alambiquées !...

Est-ce à dire qu'il faille s'abandonner passivement à toutes les misères et ne point chercher à corriger la fortune adverse? Du tout. Seulement, entre le fatalisme énervant, qui conduit à l'anéantissement moral et physique, par la doctrine du « laisser-faire », et le nihilisme brutal, prétendant détruire tout, pour tout reconstruire sur des bases à déterminer ultérieurement, il y a place pour un moyen terme, beaucoup plus fécond.

Il consiste à étudier avec soin ce que les novateurs, — chaque période séculaire a les siens —, apportent de salutaire et d'immédiatement réalisable en leurs théories et à s'en servir, non pour bouleverser en entier, mais pour améliorer progressivement l'organisation sociale édifiée. Cela est d'ailleurs tellement élémentaire qu'il nous semble rééditer une maxime politique à la façon de la Palisse et nous ne trouvons d'excuse à notre naïveté que parce que nombre de prédicants peuvent encore, aujourd'hui, préconiser un tout autre moyen sans être hués par l'auditoire.

Il pourra se faire alors, — il se fera certainement, — que des parcelles de vérité sortiront du milieu des erreurs à éliminer, — ainsi l'Astronomie et la Chimie, sciences exactes, sont issues de l'Astrologie et de l'Alchimie, — et qu'en poursuivant cette chimère : « la perfection sociale », nous atteignions cette réalité : « le mieux ».

Dans tous les cas, et comme conclusion à ce qui précède depuis les premières pages de ce livre, indulgence aux sorciers et aux sorcières du moyen âge et des autres époques! Historiquement parlant, ils furent, de gré ou de force, sciemment ou à leur insu, les champions les plus actifs, et souvent héroïques, de ce principe méconnu ou transgressé : la solidarité humaine.

« Trompé pour trompé, il valait encore mieux que le peuple le fût par ses prêtres que par les « mécréants du forum » ou « les psylles errants! » s'écrient, en dernier retranchement, les détracteurs de l'Occulte. On nous permettra de conserver un avis diamétralement opposé et de passer outre, en regardant, comme toujours néfaste, l'intrusion religieuse dans la politique.

―――

Le diable, détrôné par l'édit de Colbert, s'est réfugié « dans les petits métiers (spiritisme et tables tournantes), où il gagne sa vie », dit Michelet, à la fin de l'introduction à son livre « La Sorcière ».

C'est en effet la forme actuelle par laquelle l'Occulte se manifeste le plus activement : mais, contrairement à l'affirmation de Michelet, nous ne pensons pas qu'il y ait corrélation intime entre la démonologie ancienne et le spiritisme contemporain, tout au moins dans le sens philosophique.

Les phénomènes magnétiques de suggestion, d'anesthésie, de superesthésie, de double vue etc., constatés aujourd'hui en physiologie et en psychologie; les faits de tables tournantes, de meubles déplacés sans contact, d'écriture directe, de guérisons ou de maladies subites, etc... sont similaires à ceux provoqués ou exploités par les théurges anciens;

mais les conséquences que les spirites en déduisent, et l'origine qu'ils leur assignent, ne sont plus diaboliques. On en jugera, en toute évidence, dans la seconde partie de notre étude, après les quelques pages qui suivent concernant spécialement l'*Alchimie*.

CHAPITRE VI

L'ALCHIMIE.

Des siècles entiers, des fortunes considérables et de brillantes intelligences se sont épuisés à l'assaut du Grand-OEuvre, dans l'une ou l'autre illusion de son double but.

Parmi les philosophes hermétiques, — ainsi on appelait es alchimistes, — quelques-uns opéraient en évoquant l'aide du Diable, et ne répugnaient pas, le cas échéant, à descendre jusqu'aux crimes les plus atroces : « comme, dit-on, le meurtre de jeunes enfants, lorsqu'ils jugeaient ces crimes nécessaires au succès de leurs expériences ». Mais, il faut le reconnaître, c'étaient là de rarissimes exceptions : la plupart des alchimistes se confinaient, inoffensifs, dans la solitude du laboratoire, s'anéantissaient à déchiffrer l'imbroglio des formules transmises par leurs devanciers, ou innovaient de laborieux amalgames dans le règne minéral et dans le règne végétal : voilà tout.

Cette classe de chercheurs infatigables, toujours déçus, souvent désespérés, et se reprenant toujours à leur idéal : faire de l'or et prolonger la vie humaine au delà de toutes limites; cette race d'illuminés, de fous savants, est venue jusqu'à nous. —

C'est dans les lettres intimes d'un alchimiste contemporain, que nous avons puisé nos maximes et les détails pratiques concernant le « Secret des secrets. »

Déclarons, avant d'aller plus loin, que notre auteur est mort à la peine, jeune encore et complètement ruiné par les dépenses qu'il fit pour alimenter ses creusets et donner corps à ses conceptions.

La pauvreté fut d'ailleurs le sort générique des alchimistes, et il faut reléguer dans le domaine légendaire, fabuleux, ces histoires que l'on raconte d'hommes devenus riches et puissants uniquement par l'art d'Hermès Trismégistrès, le législateur du Grand-Œuvre.

Nous serons bref, en nos citations, dans la crainte qu'elles ne deviennent fastidieuses : pourtant, nous en donnerons assez, pour bien faire saisir toute la patience et toute la naïveté des alchimistes.

Commençons :

— « Pour pénétrer le sens mystique des fictions, des allégories et des paraboles contenues dans l'Histoire Sainte, il faut nécessairement être versé dans l'étude des sciences occultes dont la Numérale fait partie. (Saint-Augustin, *de Doct. Christ*, lib. II.)

» C'est aussi dans ce sens qu'il faut comprendre les paroles de Jésus-Christ : Ne vous attachez pas à mes paroles, mais à leur véritable sens, car la lettre tue et l'esprit vivifie. »

« Les religions, toutes les mythologies, la Genèse, l'Ancien et le Nouveau Testament ne sont que des allégories du Grand-OEuvre, lequel a servi de base à l'établissement de toutes ces doctrines ou religions.

» Notre-Dame de Paris a été construite par des possesseurs de la science hermétique, lesquels trouvaient, sur le coteau Montmartre, la matière première qui servait de base à la transmutation des métaux.

» Lorsqu'on veut approfondir les auteurs hermétiques, on est obligé d'apprendre le langage particulier de chacun et c'est ce qui rend la lecture de leurs livres si pénible, si diabolique. L'un ne vous parle de l'OEuvre que sous la figure des sept Planètes et du Soleil et de la Lune; un autre, sous celle des douze Travaux d'Hercule, du fameux voyage des Argonautes ou du siège de Troie ; un troisième met en scène douze grands dieux mâles et femelles, etc...

» Les auteurs chrétiens en parlent sous le rapport du Verbe de Dieu, de son Unité triple, de Jésus-Christ et des douze Apôtres, etc... Chacun d'eux dit la vérité, sans doute, mais elle est plus cachée dans leurs écrits qu'au fond d'un puits.

« Je n'ai jamais voulu lire les Cagliostro, ni les Gabarrus, ni *aucuns* charlatans de cette force: ce ne sont que des escrocs et des misérables dignes de tous les mépris des honnêtes gens et des sages alchimistes. Mais je possède environ soixante auteurs philosophiques qui tous marchent sur les traces d'Hermès, de Moïse, de Pythagore, de Platon, de Socrate, d'Aristote, d'Hippocrate, de Galien, etc... Et je suis parvenu, à force de les lire et de les relire, à débrouiller, *en partie*, le langage énigmatique, hiéroglyphique et parabolique dont ils se servent pour cacher leur science aux méchants.

« En trois mots, comme en trois cent mille, cette science, ou art, se réduit à ces trois points :

1° Extraire, de la matière première, l'*Esprit 1er sulfureux*.

2° Extraire, du mercure vulgaire, l'*Ame sulfureuse*.

3° Extraire, de l'or vulgaire, le *Corps sulfureux*.

» *Quatre mille neuf cents* volumes d'auteurs hermétiques, publiés ou manuscrits, sont tous d'accord sur ce point.

» La grande, l'unique difficulté est de trouver la matière première, matière non spécialisée, c'est-à-dire n'appartenant encore à aucun des trois règnes de la nature, et dont Dieu se servit pour former les mondes.

» Certains philosophes disent qu'elle est vile et commune, qu'elle se trouve partout ; d'autres, au contraire, affirment qu'elle est assez rare et qu'on ne la trouve que dans les lieux déserts et stériles, quand il n'a ni plu, ni gelé pendant la nuit.

» Elle serait un produit nocturne des influences de la terre en conjonction avec les influences astrales ; elle n'a de végétation que pendant quelques heures de la nuit ou du point du jour ; au lever du soleil, elle est déjà entièrement disparue, parce que l'effet du jour ou de la lumière est de lui faire perdre l'existence ou de la spécialiser. — Telle, par exemple, était la manne qui servit à nourrir les Hébreux dans le désert, qu'il fallait recueillir avant l'aurore et conserver dans des vases bien clos et dans l'obscurité...

» Une fois en possession de cet *agent unique*, le principe et la fin matérielle de tout, si l'on est assisté de Dieu et que l'on travaille sans sophistication, on peut atteindre au but que l'on poursuit. »

Nous ne suivrons pas l'auteur dans les soixante et quelques pages qu'il consacre à décrire, — « compendieusement » dit-il ! — ce que pourrait bien être, comme consistance et comme forme, la matière première « non encore spécialisée », c'est-à-dire n'appartenant à aucun des trois règnes de la nature, dont Dieu se servit pour former les mondes, et dont l'Alchimiste extrairait l'or vierge et, en plus, une « panacée universelle » contre les maladies et la mort.

Il nous importe peu aussi d'apprendre comme quoi, « l'ayant reconnue », il faut la recueillir avec telles et telles précautions, par une nuit noire, afin que la lumière de la lune ne la « spécialise point... »

Mais, supposons pour un instant, l'*agent unique* en notre possession et voyons si ce qui nous reste à faire est plus compréhensible que ce qui vient d'être relaté. En un mot, initions-nous, si possible, à l'un des nombreux procédés du Grand Œuvre.

— « Il doit se modeler sur l'œuvre de Dieu, décrit par Moïse dans la Genèse. En voici le tableau comparatif:

1ᵉʳ Jour. — La terre était informe et toute nue : l'Esprit de Dieu était porté sur les eaux. — Il sépara la lumière d'avec les ténèbres.	1ᵉʳ Travail. { Extraire de la matière initiale l'*Esprit universel* premier.
2ᵉ Jour. — Dieu fit le firmament au milieu des eaux. — Il sépara, avec le firmament, les eaux du dessus d'avec les eaux du dessous. — Il donna au firmament le nom de ciel.	2ᵉ Travail. { 1° Faire le levain philosophique. (Ce levain consiste dans l'union d'une partie de l'Esprit sur trois parties de mercure.) 2° Faire la pâte. — Elle consiste à jeter sur le levain deux parties d'Esprit premier et six parties de mercure. 3° Faire cuire le tout ou dissoudre, afin d'en retirer l'*Esprit second mercuriel*.
3ᵉ Jour. — Dieu sépara l'élément aride, la terre, d'avec les eaux sous le ciel. — Puis il commanda à la terre de produire les herbes et les plantes toutes portant graine pour se reproduire chacune selon son espèce.	3ᵉ Travail. { Prendre une partie de cet Esprit second ; l'unir avec trois parties d'or que l'on abreuvera, un peu plus tard, de deux parties de l'Esprit premier. On retirera de cette mixtion le mercure philosophique ou *Esprit troisième*.
4ᵉ Jour. — Dieu fit le soleil, la lune et les étoiles.	4ᵉ Travail. { Faire cuire cet Esprit troisième ou mercure philosophique. — Dans la cuisson on voit toutes les couleurs se succéder les unes aux autres : trois sont dominantes et durent longtemps. — La première est le noir le plus intense ; la deuxième, une blancheur éclatante ; la troisième, le rouge couleur de pourpre tyrienne ou de pavot des champs (coquelicot.) On a alors le *soufre rouge* incombustible ou médecine bonne pour le corps humain. Voilà pour la santé, mais ce n'est pas assez pour les richesses. (Le soufre rouge, c'est le soleil. — Le soufre blanc, c'est la lune, lorsqu'on ne veut

5ᵉ Jour. — Dieu dit : Que les eaux produisent des animaux vivants qui nagent dans les eaux et des oiseaux qui volent sur la terre, sous le firmament du ciel.	5ᵉ Travail.	Fermentation de cette médecine. On prend : 1 partie de cette médecine. 4 parties d'or. et 8 parties de l'Esprit second. Total. . 13 On fait dissoudre le tout et l'on a la *médecine universelle* propre aux trois règnes de la nature et à la transmutation métallique. — Un grain peut être projeté sur dix de métal; mais cela ne suffit pas.
6ᵉ Jour. — Dieu fit l'homme et la femme à qui il donna puissance sur toute la création et leur commanda de croître et multiplier.	6ᵉ Travail.	Multiplication de la pierre ou médecine. — On prend une partie de cette pierre ; on jette dessus deux parties de l'Esprit premier ou second. — On fait cuire et un grain en transmue cent de métal. On répète l'opération trois ou quatre fois, et sa force sera de 1,000, 10,000, 100,000, etc., tant qu'on voudra.
7ᵉ Jour. — Sabbat.	7ᵉ Travail.	Celui du repos : l'alchimiste jouit de son travail.

NOTA. — « Les chimistes ne connaissent que les feux de calcination et de destruction, les feux de forge; les alchimistes, au contraire, ne font usage que des *quatre de feux nature*, dont le plus fort est la chaleur d'un homme qui est en fièvre. — Ces quatre feux sont aussi *l'un des grands secrets de l'alchimiste.* »

L'auteur cité, — (M. Sainte-M..., une brillante intelligence, nous en avons pu juger dans son intimité), possédait-il le secret des « quatre feux de nature? » découvrit-il la matière initiale, d'où extraire « l'Esprit universel »... « l'âme du monde », comme il dit encore au cours de ses lettres? Il est permis d'en douter, puisque, hélas! répétons-le en guise de conclusion, sa fortune et sa santé sombrèrent dans le chaos des formules et l'inutilité des expériences!

FIN DE LA PREMIÈRE PARTIE.

DEUXIÈME PARTIE

L'OCCULTE A L'ÉPOQUE MODERNE

CHAPITRE PREMIER

DES PHÉNOMÈNES DU SPIRITUALISME

Nous avons établi précédemment que la sorcellerie n'avait été qu'une dégénérescence, qu'une oblitération du grand art de la Magie ; que l'Occulte fourvoyé, rabaissé à la proportion d'un pis aller, d'un expédient, s'émiettant, se perdant en une foule de pratiques, plus ou moins naïves, révoltantes, criminelles, insensées, saugrenues, n'était plus, en quelque sorte, que la parodie de ce qu'il fut aux temps antiques, alors qu'il avait pour adeptes des mathématiciens, comme Théogène, des thaumaturges, comme Apollonius de Tyanes, des gouverneurs d'Etats, comme Auguste, des empereurs philosophes, comme Julien l'Apostat; alors qu'il dominait les événements et l'humanité et que ses initiés étaient, tout à la fois, les plus honorés et les plus sages des hommes. Nous prouvions, en résumé, que, généralement, les sorciers furent aux mages, aux théurges, ce que les empiriques sont aux savants, et nous laissions pressentir qu'une rénovation pourrait venir, par le fait des pratiquants modernes, disciples de Swédemborg, de Mesmer, de Fourier, d'Allan Kardec, etc., lesquels provoquent couramment des phénomènes analogues, similaires à ceux que l'on appelait autrefois des miracles, phénomènes qui n'ont jamais cessé d'être du domaine naturel, ainsi que l'établissait l'ancienne philosophie hermétique, ainsi que le professent les Spirites, artisans modernes de l'Occulte.

Sous cette dénomination de « Spirites », nous comprenons, avec intention, tous ceux qui croient à la possibilité des manifestations de l'âme humaine, en dehors des lois physiologiques reconnues. Ainsi, nous appelons « spirite » un magnétiseur qui explique le phénomène de la vue à distance, de la claire-vue (et il nous semble impossible de l'expliquer autrement) — par la théorie du dédoublement de son sujet, comme aussi le théosophe, — qu'il croie ou non à la réincarnation, — qui prétend avoir pour auxiliaires des Esprits ambiants.

Il existe, à vrai dire, entre les uns et les autres, « Swedemborgiens, Mesmériens, Fouriéristes, Kardécistes, Théosophes, etc., des divergences d'opinions très grandes, surtout comme conséquences doctrinales; mais, sur le point capital, « la manifestation matérielle de l'Esprit », ils sont tous d'accord, pour l'admettre comme possible. Ils forment ainsi une secte nombreuse dans l'innombrable foule des « spiritualistes », terme générique qui désigne tous ceux qui veulent que l'homme soit, au moins, une dualité, « corps et âme », et qui a pour opposite le « matérialisme », la plus anti-sociale, la plus funeste de toutes les conceptions. Ici, dans le matérialisme, pas de but final particulier, et, logiquement, point de devoirs, ni de critérium, sinon que dans la nécessité matérielle, les appétits natifs de l'individu ; point d'envolées au delà du présent et la société, non moins logiquement, y devient l'ennemie, quand elle fait obstacle aux désirs même les plus brutaux..... Pour les spiritualistes, au contraire, la vie actuelle, avec tous ses déboires, ses luttes, n'est que le vestibule d'un devenir ultérieur, en harmonie avec les mérites ou les démérites de chacun vis-à-vis de soi et vis-à-vis de la société. La croyance à l'âme est le levain de la vertu.

On peut dire des spirites que ce sont des spiritualistes renforcés : non seulement ils admettent l'hypothèse de l'âme distincte du corps, mais encore ils prétendent qu'elle conserve son individualité et qu'elle peut se communiquer à nous par delà la tombe. Et ils fournissent, à l'appui de cette dernière assertion, de nombreux faits qui paraissent la confirmer.

« Comme tout effet a une cause, tout *effet intelligent* doit avoir une *cause intelligente* » : voilà, en deux lignes, toute l'économie du système philosophique des Spirites. Quand ils se trouvent en présence d'un de ces phénomènes que la science actuelle constate, sans pouvoir les expliquer, phénomènes de divination, de vision dans l'ordre intellectuel, ou phénomènes mécaniques, contraires à la loi de gravitation, de pesanteur, dans l'ordre physique, ils concluent à l'intervention occulte d'un ou de plusieurs « désincarnés. »

Ils appellent de ce nom ceux qui ont quitté, « momentanément », la vie corporelle et attendent, dans l'espace, « l'erraticité », l'occasion de se « réincarner », soit sur notre globe terrestre, soit sur l'une des myriades de planètes qui peuplent l'univers. C'est, affirment-ils encore, par des migrations successives et inéluctables, que l'âme acquiert d'abord la conscience de son individualité, puis de son libre-arbitre et qu'elle monte, volontairement, d'un pas plus ou moins accéléré, vers la perfection. Or, comme la perfection de Dieu est absolue, sans bornes, et celle de l'âme toujours limitée, quelque grande qu'on la suppose, il en résulte que l'âme peut monter, et montera éternellement vers Dieu, sans jamais l'égaler.

« Explication naïve ou spécieuse, s'écrient les sceptiques, et qui n'a même point le mérite de la nouveauté ! » Effectivement, la doctrine de la réincarnation date de la plus haute antiquité et nous savons que Pythagore l'enseignait six siècles avant l'ère chrétienne. Il affirmait, pour exemple, avoir assisté au siège de Troie, en la personne et sous le nom d'Euphorbe, sept cents ans avant d'être devenu Pythagore.

Empédocle, né à Agrigente, ville de la Sicile, dans le cinquième siècle avant Jésus-Christ, disait :

« J'ai paru successivement sous la forme d'un jeune homme, d'une jeune fille, d'une plante, d'un oiseau, d'un poisson. Dans une de ces transmigrations, j'errai quelque temps, comme *fantôme léger*, dans le vague des cieux ; mais bientôt je fus précipité dans la mer, rejeté sur la terre, lancé dans le soleil, relancé dans le tourbillon des airs... »

Donc, en résumant, comme suit, la théorie de l'évolution humaine : « Naître, mourir, renaître encore et progresser sans cesse, telle est la loi », Allan Kardec, le chef de l'école moderne des Spirites, s'est conformé aux principes de la métempsycose grecque, avec cette différence essentielle, toutefois, que, contrairement à ce qu'enseignaient Pythagore et ses disciples, il affirme que l'âme arrivée à l'humanité n'en peut plus déchoir pour rentrer dans le corps des animaux, des plantes ou des minéraux. « L'âme, dit-il en substance, peut rester stationnaire, se réincarner dans une condition plus misérable, socialement parlant, si elle a démérité ; mais elle ne descend plus au-dessous de l'humanité, une fois qu'elle y a atteint. »

Au reproche de naïveté, les Spirites répondent par une nomenclature de gens illustres qui ont appartenu anciennement à leur école et ils donnent des noms de savants et d'écrivains contemporains, en possession de la renommée, qui croient à la persistance de l'âme individuelle et affirment, ou ont affirmé, leur foi dans l'existence et l'activité d'un monde extra-terrestre.

Passons rapidement, avec eux, à travers l'histoire: Boudha; Zoroastre, Hermès, Confucius introduisent dans leurs enseignements philosophiques et religieux le principe de l'intervention des Esprits bons et mauvais dans les affaires humaines; Socrate prétend avoir des rapports fréquents avec un génie qui lui apparaît et le conseille; Platon admet la pluralité des existences; Hésiode, Plutarque racontent des faits d'apparitions; le Christ parle d'anges intermédiaires entre Dieu et l'humanité; Mahomet reçoit directement les préceptes du Koran de génies descendus exprès des cieux; saint Augustin entend des voix mystérieuses; Jeanne d'Arc a des visions; Giordano Bruno, le moine émancipateur, maintient, jusqu'au bûcher inclusivement, ses théories sur la réincarnation; Swedemborg, l'illustre savant suédois, confère avec des âmes qui ont déjà vécu sur la terre, etc., etc.

De nos jours, ou près de nous, W. Crookes, Cox et Wallace de l'Académie royale de Londres; Zœllner, Weber, Th. Fechter en Allemagne, Vanderyst en Belgique; Tallmadge et le juge Edmonds, en Amérique; Fourier, Lacordaire, V. Hugo, Camille Flammarion, Vacquerie, Ch. Fauvety, Maurice Lachâtre, Eug. Nus, René Caillé, Victor Meunier, Sardou, etc., en France, tous hommes de génie, de savoir ou d'observation, ont fait acte d'adhésion publique, par l'écriture ou la parole, au principe de la réincarnation, ou affirmé la possibilité de communiquer avec les morts.

Voici, à cet égard, plusieurs citations:

« Les divers phénomènes que je viens attester »

(phénomènes de spiritualisme) « sont si extraordinaires et si complètement opposés aux points de croyance scientifique les plus enracinés — entre autres l'universelle et invariable action de la force de gravitation, — que même, à présent, en me rappelant les détails de ce dont j'ai été le témoin, il y a antagonisme, dans mon esprit, entre ma raison qui dit que c'est scientifiquement impossible et le témoignage de mes deux sens, de la vue et du toucher, (témoignage corroboré par les sens de toutes les personnes présentes), qui me disent qu'ils ne sont point des témoins menteurs, quand ils déposent contre mes idées préconçues.

» Supposer qu'une sorte de folie ou d'illusion vienne fondre soudainement sur toute une réunion de personnes intelligentes, saines d'esprit partout ailleurs, qui sont d'accord sur les moindres particularités et détails des faits dont elles sont témoins, paraît plus incroyable que les faits mêmes qu'elles attestent...

» Une question importante s'impose ici à notre attention: *Ces mouvements et ces bruits sont-ils gouvernés par une intelligence?* » (Il s'agit, comme nous le verrons plus tard, de coups frappés dans les meubles et les murs et de mouvements d'objets inertes, sans le contact de personne) — « Dès le premier début de mes recherches, j'ai constaté que le pouvoir qui produisait ces phénomènes, n'était pas seulement une force aveugle, mais qu'une intelligence le dirigeait ou du moins lui était associée...

» Cette intelligence est quelquefois d'un caractère tel qu'on est forcé de croire qu'elle n'émane *d'aucune*

… » Nous t'aimons en toi-même, *en ton âme indestructible*, car nous espérons te retrouver un jour *sur une terre nouvelle* et poursuivre, avec toi, ces conquêtes vers l'infini, à peine entrevues en cette médiocre existence si éphémère et si rapide... » (Camille Flammarion, Extrait de son article nécrologique sur un savant, Ch. Boissay, mort à la fleur de l'âge.)

… » Il y a cent ans aujourd'hui un homme mourait. Il mourait immortel…

… » Le jour où l'amnistie sera proclamée, je l'affirme, là-haut, *dans les étoiles*, Voltaire sourira… » (V. Hugo. Discours à l'occasion du centenaire de Voltaire.)

… » Quant à l'existence des Esprits, je n'ai jamais eu cette fatuité de race qui décrète que l'échelle des êtres s'arrête à l'homme; je suis persuadé que nous avons au moins autant d'échelons sur le front que sous les pieds et je crois aussi fermement aux esprits qu'aux onagres. Leur existence admise, leur intervention n'est plus qu'un détail: pourquoi ne pourraient-ils pas communiquer avec l'homme par un moyen quelconque et pourquoi ce moyen ne serait-il pas *une table?* »

« Des êtres immatériels ne peuvent faire mouvoir la matière ; mais qui vous dit que ce soit des êtres immatériels ? Ils peuvent avoir un corps aussi, plus subtil que le nôtre et insaisissable à notre regard, comme la lumière l'est à notre toucher... » (Auguste Vacquerie, — *Les Miettes de l'Histoire*).

―――

..... « *J'ai entendu et fait parler des tables.* Elles m'ont dit des choses assez remarquables sur le passé et le présent.

» Quelque extraordinaire que cela soit, c'est pour un chrétien, qui croit aux Esprits, un phénomène très vulgaire et très pauvre.

» De tout temps il y a eu des modes, plus ou moins bizarres, pour communiquer avec les Esprits.

» Seulement, autrefois, on faisait mystère de ces procédés, comme on faisait mystère de la chimie.

» La justice, par des exécutions terribles, refoulait dans l'ombre ces étranges pratiques. Aujourd'hui, grâce à la liberté des cultes, et à la publicité universelle, ce qui était secret est devenu une forme populaire.

» Peut-être aussi, par cette divulgation, Dieu veut-il proportionner le développement des forces spirituelles au développement des forces matérielles, afin que l'homme n'oublie pas, en présence des merveilles de la mécanique, qu'il y a deux mondes inclus l'un dans l'autre : *le monde des corps et le monde des esprits...* » (Lacordaire, — *Extrait de sa correspondance avec madame de Swetchine*).

Dans les citations qui précèdent, il est bien question d'Esprits s'occupant matériellement de choses humaines, mais, demandera-t-on, comment sait-on que ces Esprits sont des âmes de « désincarnés »? Pourquoi ce monde, « inclus » dans le nôtre, selon l'expression de Lacordaire, aurait-il avec nous autre chose de commun que son activité hostile ou favorable? Qui prouve, en un mot, qu'il ait appartenu à l'humanité?

Ce sont les Esprits eux-mêmes qui, interrogés sur leur nature et leurs conditions d'existence, s'attribuent cette origine, désignent les différents emplois qu'ils ont tenus sur la terre et, parfois, ceux auxquels ils aspirent ou se préparent, en vue d'une prochaine réincarnation. C'est donc réellement avec « nos morts » que nous entrons en communication, répondent les Spirites. Et, en cela, ils ont avec eux la tradition des âges.

Aussi loin, effectivement, que nous remontons dans l'histoire philosophique des peuples, nous y trouvons la croyance fortement établie qu'on peut, moyennant certaines pratiques préalables, entrer en relation directe avec les morts. Née dans les temps où elle n'avait pas de contrepoids dans les sciences exactes, encore inexplorées, cette croyance a franchi les systèmes religieux les plus différents; le monothéisme et le polythéisme l'ont également consacrée, et elle est venue jusqu'à nous, et persiste malgré le scepticisme inoculé à haute dose contre le « merveilleux », par les écrivains railleurs du dix-huitième siècle et les efforts des athées ou des matérialistes de l'époque présente.

La cause de cette pérennité, à part les systèmes philosophiques et religieux, se trouve encore, pour beaucoup de personnes, dans un sentiment de fidélité pieuse et de tendre affection pour les êtres disparus : on se résigne difficilement à une séparation éternelle, absolue. Dans la douleur, on nourrit sa pensée d'intimes souvenirs ; on s'exalte par le calme et l'ennui de la solitude, et il arrive un moment où, le regard voilé par les larmes, on a pu s'abstraire du présent pour revivre complètement dans le passé.

C'est le moment psychologique de la vision. Pour quelques instants, l'être chéri renaît : on le revoit confusément tel qu'on l'avait connu et aimé; on entend sa voix murmurer les appellations familières ; on le ressaisit tout entier, jusqu'à ce qu'une distraction importune efface l'image subjective, et remplace l'illusion consolante par l'amertume, le désespoir de la réalité.

Ce n'était, supposons-nous, qu'une illusion ; mais elle a jeté dans le cœur navré un ferment de foi d'où sortira la consolation. « Si cela pouvait être que l'on revoie réellement ses morts ! » murmure-t-on d'abord, avec un profond soupir; puis on songe que, après tout, rien ne prouve que la chose soit impossible. » De là à conclure pour l'affirmative, il n'y a qu'un pas.

Ainsi, une raison puissante qui amena jusqu'à nous la croyance aux apparitions et qui la maintiendra, sans aucun doute, dans les âges futurs, quand bien même l'investigation scientifique ne lui apporterait pas un tribut suffisant de certitudes ou de probabilités, c'est que l'humanité a un besoin instinctif et invincible de continuer activement son affection au delà de la tombe. Ici, les questions de sentiment priment le fait : l'amour et l'amitié dominent la théorie du néant.

Si les adeptes du Spiritisme ont pour eux la tradition de tous les temps et de toutes les latitudes, ils se recommandent également de la méthode expérimentale, et ils rééditent, à cette occasion, une pensée de Bayle, le précurseur de Voltaire, et un aphorisme de l'illustre astronome français, Arago.

— « Ne rien croire, ou croire tout, c'est, à égal degré, l'indice d'un faible esprit ou d'une conscience qui s'éteint. » (Bayle)

— « En dehors des mathématiques pures, il ne faut jamais prononcer le mot *impossible*. » (Arago)

Avant de juger, par un examen détaillé, si le Spiritisme moderne a droit à la qualification de « science », comme le prétendent ses zélateurs, puisons, dans le livre de M. P. Christian déjà cité, les principaux détails d'une évocation selon les règles de la théurgie antique.

ÉVOCATION DES MORTS AIMÉS.

Pour que l'évocation réussisse, il faut l'accomplir dans un milieu convenablement préparé, à une époque déterminée et à l'aide de rites dont l'efficacité est en raison directe de la foi religieuse qui anime l'évocateur. La chambre, conservée ou rétablie dans le même état qu'au moment où l'être cher mourut, et le jour anniversaire de sa mort sont l'endroit et l'époque où l'on opérera avec le plus de succès.

Outre les pratiques rituelles, il y a aussi des règles morales indispensables : l'affection qui unit à la personne regrettée doit être pure et désintéressée comme celle qui unit les père, mère, enfant, frère, sœur, époux et épouse; il faut, de plus, avoir la conscience en repos, réparer préalablement ses torts envers le prochain et pardonner à tous ses ennemis.

Si le lieu pris pour l'évocation n'est point l'appartement même du défunt, il faut, de toute nécessité, qu'il y ait similitude de grandeur, d'ameublement et d'orientation entre celui que l'on choisit et le premier.

On en masquera les fenêtres par des planches d'olivier bien jointes; le plafond, les murs et le plancher seront revêtus d'une tenture de soie vert émeraude que l'évocateur attachera lui-même avec des clous de cuivre, sans recourir à aucune main étrangère, lui seul devant pénétrer dans ce lieu réservé, appelé Oratoire.

Il faut recueillir ensuite les objets qu'affectionnait

la personne aimée, surtout ceux qui ont reçu ses derniers regards. On les rangera dans l'ordre qu'ils occupaient au moment de la mort.

A défaut de ces objets, on se procurera un portrait en pied de la personne vêtue comme aux derniers jours de sa vie. S'il n'en existe pas, on en fera faire un de souvenir, assez ressemblant comme aspect général. On adossera ce portrait au mur du côté de l'Orient, on le recouvrira d'un voile de soie blanche et on le surmontera d'une couronne composée avec les fleurs que préférait le défunt.

Devant le portrait, un autel en marbre blanc sera dressé; quatre colonnettes, terminées en pied de taureau, le supporteront.

Sur la table de l'autel, une étoile à cinq pointes, formée de lames de cuivre très pur, devra être incrustée et, au centre, on placera un réchaud, également en cuivre, ayant la forme d'une coupe et contenant des fragments desséchés de bois d'aulne et de laurier.

Près du réchaud, on placera une navette pleine d'encens; sous l'autel, on étendra la peau d'un agneau mâle, blanc et sans tache, sur laquelle on aura dessiné préalablement une seconde étoile à cinq branches avec les couleurs suivantes : bleu céleste, jaune d'or, vert émeraude et rouge pourpre.

On disposera, en outre, au milieu de l'Oratoire, un trépied en cuivre de forme triangulaire, et soutenant un réchaud semblable à celui de l'autel, dans lequel on mettra des fragments très secs de bois d'olivier; près du mur, du côté du Midi, un haut candélabre destiné à porter un cierge de cire blanche très pure qui éclairera seul le mystère de l'évocation; enfin, du côté de l'Occident, c'est-à-dire faisant face au portrait, un dais, drapé de soie vert émeraude, et reposant sur deux colonnettes triangulaires, faites en bois d'olivier et revêtues d'une feuille de cuivre.

C'est sous ce dais, ouvert du côté de l'Orient et fermé, en forme de tabernacle, sur les autres faces, que se produira l'apparition.

M. P. Christian fournit encore une multiplicité d'autres détails pour l'ameublement de l'Oratoire; mais nous abrégeons et passons à l'évocateur.

Tous les préparatifs terminés, il s'impose une retraite de vingt et un jours : trois fois sept, nombres sacrés.

Pendant ce temps, il doit éviter de donner, à qui que ce soit, aucune des marques d'affection qu'il accordait au défunt; il ne peut faire qu'un repas vers le milieu du jour, repas composé, de pain, vin, racines et fruits, et il est obligé de se maintenir dans une chasteté absolue d'actes et de pensées.

Ces trois conditions sont indispensables au succès de l'évocation.

Chaque jour, avant minuit, il revêt un costume consacré : robe de soie bleu d'azur et attachée avec des agrafes en cuivre dans chacune desquelles est enchâssée une émeraude, tiare fleuronnée d'un cercle formé de douze émeraudes et d'une couronne de violettes, souliers bleu d'azur, etc., etc.; puis, à minuit sonnant, il entre dans l'Oratoire, portant dans la main droite un cierge allumé, et de l'autre, un sablier.

Le cierge sera placé sur le candélabre, le sablier

sur l'autel pour marquer, chaque nuit, le temps consacré à la méditation devant le portrait de la personne aimée.

Après sa méditation, l'évocateur allumera à la flamme du cierge les petits fragments de bois d'aulne et de laurier que contient le réchaud placé sur l'autel, ensuite, prenant trois pincées d'encens dans la navette, il les jettera sur le feu, en prononçant ces paroles : « *Gloire au Père de la vie universelle, dans la splendeur des hauteurs infinies, et paix, dans le crépuscule des profondeurs sans fin, aux Esprits de bonne volonté.* »

Il répétera pendant vingt jours consécutifs, la même formule, après les mêmes cérémonies; le vingt et unième, à l'heure de son repas, il dressera dans l'Oratoire une table recouverte d'une nappe de lin, parfaitement blanche et qui n'ait jamais servi. Il y posera deux coupes en cuivre, un pain entier et un flacon de vin très pur.

Le pain sera rompu et non coupé; le vin sera partagé entre les deux coupes. Il offrira la moitié de cette communion mystérieuse à la personne défunte et il mangera l'autre moitié, à la clarté unique du cierge placé sur le candélabre et en faisant face au portrait voilé. Puis il se retirera, en marchant comme les autres fois à reculons jusqu'au seuil, et il laissera sur la table le pain et le vin offerts.

Le soir, il reviendra. A l'heure sacramentelle de minuit, après avoir brûlé dans les deux réchauds du bois de cyprès desséché et jeté sur le feu de l'autel trois pincées d'encens; après avoir rendu grâces au *Père de la vie universelle*, il éteindra le cierge, s'agenouillera et, dans une obscurité complète, il adjurera mentalement, par sept fois différentes, la personne aimée de se montrer à lui...

Généralement, cette première évocation suffit.

Dans le cas d'insuccès, il faut la recommencer à l'anniversaire suivant, en y apportant plus de foi et de recueillement.

On la réitère, au besoin, la troisième année et c'est le terme définitif. Si l'apparition ne se produit point, alors, c'est que l'évocateur est dominé par quelque vice invétéré qui le rend indigne de la faveur qu'il sollicite.

Comme on vient de le voir, ce n'était point une besogne en l'air, et sans importance, que d'évoquer les morts de l'antiquité; il fallait s'astreindre à une foule de cérémonies circonstancielles et obéir à une multiplicité de prescriptions morales et physiques, capables de décourager les amants du merveilleux. Aussi, on comprendra mieux maintenant que les Mages n'aient admis à leurs mystères, comme nous l'avons dit, que les natures d'élite, des hommes ayant supporté les épreuves d'un interminable noviciat, d'une pénible et fastidieuse initiation, des caractères solidement trempés, que ni la crainte, ni le découragement ne pouvaient subjuguer.

En entrant dans les arcanes de l'Occulte, l'initié avait fait le sacrifice de sa vie et de sa liberté : rien d'humain ne devait plus le dominer.

Que de néophytes laissèrent à mi-chemin leur

santé et leur raison, pour s'être aventurés trop à la légère dans le labyrinthe du super-naturel !...

Le grimoire des évocateurs au moyen âge, rappelons-le aussi exagérant l'imbroglio du rituel antique, comportait une énumération rebutante de mots fatidiques et baroques, de faits et de gestes extraordinaires, auxquels le vulgaire et même la majorité des pratiquants ne comprenaient rien, sinon qu'ils avaient dû être enseignés par Satan lui-même. Voilà pourquoi on ne mettait en pratique les indications du grimoire qu'en tremblant, comme sous le coup d'une mauvaise action...

De nos jours, suivant les auteurs spirites, la relation entre les « incarnés » et les « désincarnés », — les vivants et les morts, — est de beaucoup plus facile : on n'y court plus le risque de sa santé et de sa raison comme autrefois.

Il suffit, par exemple, que quelques personnes, *dont un médium au moins*, se réunissent autour d'une table, sur la surface supérieure de laquelle elles posent les mains légèrement et, après quelques instants passés dans un *pieux recueillement*, la manifestation se produit.

Ici deux questions se posent tout naturellement auxquelles nous allons répondre, d'après l'enseignements d'Allan Kardec, le véritable législateur du Spiritisme.

Première question : Qu'est-ce qu'un médium ?

Médium est un mot latin qui signifie *milieu, intermédiaire*.

On appelle médiums « les personnes accessibles à l'influence des Esprits et plus ou moins douées de la faculté de recevoir et de transmettre leurs communications. »

Or, comme les rapports occultes peuvent s'établir d'une infinité de manières, on a subdivisé et classé les médiums selon la nature spéciale de leurs facultés.

Il y a les *médiums à effets physiques*, qui provoquent des phénomènes matériels, tels que des bruits ou frappements dans les murs, des apparitions, des déplacements d'objets sans contact, des apports, etc.; les *médiums sensitifs*, qui ressentent, par une vague impression, la présence des Esprits; les *médiums auditifs*, qui entendent les voix des « désincarnés », tantôt claires, distinctes, comme celles des personnes vivantes, tantôt comme des susurrations intimes dans leur for intérieur; les *médiums parlants* et les *médiums écrivains*, qui transmettent, par la parole ou l'écriture, et toujours avec un passivité complète, absolue, les communications d'outre-tombe; les *médiums voyants*, qui, à l'état de veille, voient les Esprits; les *médiums musiciens*, les *médiums dessinateurs*, les *médiums poètes*, les *médiums guérisseurs*, etc..., dont les noms désignent suffisamment la faculté dominante.

Cette faculté de servir d'intermédiaire entre vivants et morts, s'appelle « médiumnité ». C'est un don naturel. Elle est plus ou moins complète au point de vue de la précision et de la régularité; mais elle peut se développer, s'amoindrir ou se perdre, par l'usage qu'on en fait.

Remarque capitale, qui nous est suggérée par ce que nous avons vu souvent, et par l'intérêt tout particulier que nous portons à la cause du Spiritisme : la médiumnité n'étant ni un métier, ni un talent acquis, ne doit point devenir vénale ; ceux qui s'en servent dans un but mercantile la prostituent et méritent de la perdre, ce qui arrive généralement d'ailleurs.

Nous pourrions citer quelques exemples typiques de vrais médiums passés dans le camp des dupeurs, pour avoir prétendu battre monnaie avec les manifestations d'Esprits ; mais, ce serait entrer dans une voie où l'impartialité de l'analyste courrait le risque de s'amoindrir.

Nous préférons passer outre en disant, sans nommer personne, que le temps nous semble venu, pour tous les Spirites sincères, de chasser les vendeurs du temple ou de s'en écarter, s'ils veulent que le public leur accorde enfin l'attention et l'estime auxquelles ils ont droit.

Seconde question : Pourquoi une table plutôt qu'un autre meuble ou un objet quelconque?

Il faut bien le reconnaître, l'interrogation est, ici, plus spécieuse que précise : si au lieu d'une table, on eût pris l'habitude d'un autre meuble, les contempteurs du Spiritisme auraient demandé de même : Pourquoi cet autre meuble ? pourquoi tel objet, plutôt que tel autre ?

« La première raison pour laquelle nous avons choisi une table dans les séances de manifestations physiques, répondent les Spirites, c'est parce que, de toutes les pièces constituant le mobilier de nos habitations, elle est la plus usuelle. Nous nous asseyons à table pour les repas, les études, le travail, le jeu, la conversation même ; c'est le meuble le plus apparent et autour duquel on peut se grouper en plus grand nombre et le plus commodément. »

Un autre motif vient de ce que le phénomène des tables « tournantes » et « parlantes », connu de toute antiquité, (Tertullien le signale en ses écrits), ayant repris faveur dans les salons, il y a une quarantaine d'années, Allan Kardec l'étudia minutieusement et en fit le point de départ, non d'une doctrine absolument nouvelle, puisque on a toujours cru aux Esprits, mais d'une transformation complète pour la foi des spiritualistes.

Après lui, ses continuateurs conservèrent la « typtologie », — (du grec *typto*, coup, et *logos*, discours) — par la table, comme un des moyens élémentaires de converser avec les « désincarnés » et, en même temps, des plus concluants pour affirmer leur présence.

Il n'a, aux yeux des fervents, qu'un seul défaut : la lenteur et la brièveté des communications que l'on obtient par des coups frappés; entre Spirites convaincus, on a plus volontiers recours aux « médiums écrivains » ou aux « médiums inspirés » qu'aux « typtologues »,

Aucune méthode absolue n'existe d'ailleurs pour provoquer l'intervention des Esprits et la table n'est qu'un accessoire utile : *l'indispensable est le médium.*

Avec un bon médium, l'objet le plus insignifiant peut devenir un truchement fidèle et c'est ainsi, si en croyons des attestateurs sérieux, que des corbeilles et des planchettes se sont transformées en sténographes de l'erracité ; que des ardoises, superposées intimement, se sont recouvertes, sur les faces intérieures, tantôt d'hiéroglyphes ou d'écriture vulgaire, tantôt de dessins ou de figures géométriques; que des instruments de musique, enfermés dans des boîtes ou sous des châssis, ont soupiré les airs les plus suaves; que des murailles, pleines et solidement édifiées, ont gémi!...

» *Nihil novi sub sole!* — Rien de nouveau sous le soleil, s'écrient ici les sceptiques avec un haussement d'épaules significatif : dans l'antiquité aussi les murs rendaient des oracles et les pierres parlaient...! ce qui n'a pas empêché les Sibylles, les Pythonisses et les Magiciens de disparaître devant l'indifférence ou l'incrédulité générale. »

— « Vraiment non, il n'y a rien de nouveau en ces phénomènes, disent à leur tour les Spirites : ils n'ont rien que de très naturel et, partant, ne doivent former le monopole d'aucun lieu, ni d'aucun temps. Puisqu'ils sont aujourd'hui, c'est qu'ils ont dû être toujours; et, s'ils n'ont point sauvé du mépris les hiérophantes et les devins, c'est parce que ceux-ci voulaient les faire servir à la compression de l'humanité. Notre doctrine, au contraire, a pour but essentiel l'affranchissement des corps et des âmes, à tous les degrés de l'échelle sociale. Certes! ils ne sont pas nouveaux les phénomènes provoqués par les médiums; mais comme la faculté est intermittente et que les médiums cités en voulaient vivre toujours, comme un phénomène payé devient obligatoire, quand ils ne pouvaient le produire, ils le simulaient. De là, le discrédit qui atteignit les théurges et même la théurgie antiques... »

Mais, laissons là cette dispute entre deux camps, dénigreurs et enthousiastes, disposés à exagérer la valeur de leurs arguments et venons-en aux dispositions nécessaires, indispensables, pour faire une évocation par la table.

DES TABLES TOURNANTES

En matière psychique, comme en physique et en chimie, il faut obéir aux règles édictées par l'expérience, remplir certaines conditions de temps et de milieu ; en un mot, il faut procéder avec méthode.

Vouloir, de but en blanc, sans préparation aucune, et dans le seul intérêt de la curiosité, se mettre en relation avec les Esprits, c'est s'exposer à perdre son temps inutilement, ou susciter des mystifications grotesques et decevantes.

Car, enseigne Allan Kardec, — et ceci est capital — les Esprits sont d'autres nous-mêmes, accessibles à la sympathie ou au dédain; comme nous, ils ont leur libre arbitre, et tout appel fait dans de mauvaises conditions, n'a aucune influence sur les bons. Les méchants sont plus enclins à se communiquer pour nous duper.

Au renouveau des manifestations, (il y a, avons-nous dit, une quarantaine d'années), on se figura qu'un être, par cela même qu'il était Esprit, devait avoir la science infuse, la suprême sagesse. Cette grave erreur a donné lieu à bien des mécomptes. Ainsi des personnes ont joué à la Bourse d'après les indications de la table et se sont ruinées avec la collaboration des Esprits. Ce qui prouve, enseigne encore A. Kardec, *que l'homme ne doit jamais faire abstraction de sa propre expérience*, même quand il croit avoir affaire à des auxiliaires bien intentionnés.

Voici maintenant un extrait textuel du *Livre des Médiums* relatif à la pratique des tables tournantes.

— » Pour la production du phénomène, l'intervention d'une ou plusieurs personnes douées de la faculté médianimique est nécessaire. Le nombre des coopérants est indifférent, si ce n'est que, dans la quantité, il peut se trouver quelques médiums inconnus. Quant à ceux dont la médiumnité est nulle, leur présence est sans résultats, et même plus nuisible qu'utile par la disposition d'esprit qu'ils y apportent souvent.

» Les médiums jouissent, sous ce rapport, d'une puissance plus ou moins grande, et produisent, par conséquent, des effets plus ou moins prononcés; souvent une personne, médium puissant, produira à elle seule beaucoup plus d'effet que vingt autres réunies; il lui suffira de poser les mains sur la table pour qu'à l'instant elle se meuve, se dresse, se renverse, fasse des soubresauts, ou tourne avec violence.

» Il n'y a aucun indice de la faculté médianimique : l'expérience seule peut la faire reconnaître.

» Lorsque, dans une réunion, on veut essayer, il faut tout simplement s'asseoir autour d'une table et poser à plat les mains dessus, sans pression ni contention musculaire.

» Dans le principe, comme on ignorait les causes du phénomène, on avait indiqué plusieurs précautions reconnues depuis inutiles ; telle est, par exemple, l'alternance des sexes ; tel est encore le contact des petits doigts des différentes personnes, de manière à former une chaîne non interrompue. Cette dernière précaution avait paru nécessaire, alors qu'on croyait à l'action d'une sorte de courant électrique ; depuis, l'expérience en a démontré l'inutilité.

» La seule prescription qui soit rigoureusement obligatoire, c'est le recueillement, un silence absolu, et, surtout, la patience, si l'effet se fait attendre. Il se peut qu'il se produise en quelques minutes, comme il peut tarder une demi-heure ou une heure ; cela dépend de la puissance médianimique des co-participants.

» La forme de la table, la substance dont elle est faite, la présence des métaux, de la soie dans les vêtements des assistants, les jours, les heures, l'obscurité ou la lumière, etc., sont aussi indifférents que la pluie ou le beau temps. Le volume de la table y est seul pour quelque chose, mais dans le cas seulement ou la puissance médianimique serait insuffisante pour vaincre la résistance. Dans le cas contraire, une seule personne, un enfant même, peut faire soulever une table de cent kilogrammes, alors que, dans des conditions moins favorables, douze personnes ne feraient pas mouvoir le plus petit guéridon.

» Les choses étant dans cet état, lorsque l'effet commence à se manifester, on entend assez généralement un petit craquement dans la table ; on sent comme un frémissement qui est le prélude du mouvement ; elle semble faire des efforts pour se démarrer, puis le mouvement de rotation se prononce ; il s'accélère au point d'acquérir une rapidité telle que les assistants ont toutes les peines du monde à la suivre. Une fois le mouvement établi, on peut même s'écarter de la table qui continue à se mouvoir en divers sens sans contact.

» Dans d'autres circonstances, la table se soulève et se dresse, tantôt sur un pied, tantôt sur un autre, puis reprend doucement sa position naturelle. D'autres fois, elle se balance en imitant le mouvement de tangage ou de roulis. D'autres fois, enfin, mais pour cela il faut une puissance médianimique considérable, elle se détache entièrement du sol, et se maintient en équilibre dans l'espace, sans point d'appui, se soulevant même parfois jusqu'au plafond, de façon à ce qu'on puisse passer dessous ; puis elle redescend lentement en se balançant comme le ferait une feuille de papier, ou bien, tombe violemment et se brise, ce qui prouve, d'une manière patente, qu'on n'est pas le jouet d'une illusion d'optique.

» Un autre phénomène qui se produit très souvent, selon la nature du médium, c'est celui de coups frappés dans le tissu même du bois, sans aucun mouvement de la table ; ces coups, quelquefois très faibles, d'autres fois assez forts, se font également entendre dans les autres meubles de l'appartement, contre les portes, les murailles et le plafond. Quand ils ont lieu dans la table, ils y produisent une vibration très appréciable pour les doigts, et surtout très distincte, quand on y applique l'oreille. »

Ajoutons, pour compléter les renseignements qui

précèdent, que, d'après certaines conventions établies au commencement des séances entre les auditeurs, les coups frappés *dans* la table, ou *par* la table, désignent, par leur rang ou leur mode, telle ou telle lettre de l'alphabet; qu'on inscrit ces lettres, au fur et à mesure, dans l'ordre où elles sont données et qu'on arrive ainsi à former des mots et des phrases qui constituent la « *communication typtologique.* »

Quant à la médiumnité indispensable chez l'un au moins des assistants, ajoutons aussi qu'elle n'est à aucun degré facultative : si on ne l'a point, ni ne l'acquiert, quand et comme on veut, on n'est pas toujours maître non plus de ne pas l'exercer lorsqu'on la possède.

L'histoire des demoiselles Fox, que nous donnons en ses parties les plus intéressantes, parce que, au dire des Spirites, les faits qui s'y trouvent relatés, forment le point de départ d'une série, permanente depuis lors, de « manifestations spontanées », se produisant sur tous les points du globe, pour infliger « *un démenti palpable* » aux négations désespérantes du matérialisme, et « *prouver* » que le grand principe de la solidarité humaine est vrai jusque par delà la tombe ; l'histoire des demoiselles Fox, trouvons-nous, démontre la sujétion du médium par rapport à l'Esprit.

Dans le livre fort attachant où nous la puisons, (*Choses de l'autre Monde*, par Eugène Nus), cette histoire a pour titre :

« *Un Esprit frappeur en Amérique.* »

« En décembre 1847, une famille, du nom de Fox,

vint demeurer dans le village d'Hydesville (comté de Waine en Amérique.) Cette famille était composée du père, M. John Daniel Fox, de mistress Fox, la mère, et de trois filles, dont les deux plus jeunes, Marguerite et Kate (Catherine), étaient âgées, la première, de quinze, la seconde, de douze ans...

» Quelques jours après leur installation dans la maison qu'ils avaient achetée à Hydesville, des faits étranges s'y passèrent. Cela commença par des coups frappés qui semblaient généralement venir de la chambre à coucher, ou du cellier situé au-dessous.

» Madame Fox attribua d'abord ces bruits à un cordonnier, son voisin ; mais elle fut forcée de reconnaître que sa propre maison en recélait la cause, quand le mystérieux frappeur se mit à agiter les meubles et à imprimer des mouvements d'oscillation au lit dans lequel dormaient les enfants. Parfois, le bruit ressemblait à des pas sur le parquet ; parfois encore, les enfants se sentaient touchés par quelque chose d'invisible, semblable à une main froide, ou à un gros chien se frottant contre leur lit.

» En février 1848, les bruits devinrent si distincts et si continus, que le repos de la famille était troublé toutes les nuits. M. et madame Fox s'épuisèrent en vains efforts pour en découvrir la cause.

» Le vendredi, 31 mars, la famille se sépara plus tôt que de coutume, fatiguée des *troubles* de la nuit précédente.

» La mère avait bien recommandé aux enfants de dormir tranquilles et de ne faire aucune attention aux bruits accoutumés. Mais, comme pour narguer cette détermination, les coups frappés retentirent bientôt, plus forts et plus obstinés que jamais, rendant tout repos impossible.

» Les enfants appelèrent et se dressèrent sur leur lit pour écouter. M. et madame Fox, accourus au bruit, firent jouer, pour la centième fois, les fenêtres et les portes, afin de s'assurer que le tapage ne venait pas de là ; les coups frappés, comme par moquerie, imitaient le bruit produit par les volets qu'agitait M. Fox.

» A la fin, la plus jeune des filles, Kate, qui, dans sa naïve innocence, s'était familiarisée avec l'invisible frappeur, à tel point qu'elle s'amusait beaucoup plus qu'elle ne s'alarmait de sa présence, fit claquer gaiement ses doigts et s'écria :

— « Ici, monsieur Pied-Fourchu, faites comme moi ! » — L'effet fut instantané. M. Pied-Fourchu (le Diable, à ce qu'elle croyait), fit entendre les mêmes claquements de doigts et en nombre pareil.

» La mère, aussi émerveillée que sa fille, dit au frappeur mystérieux : — « Compte dix ! » — Il obéit.

— « Quel âge a ma fille Marguerite ? — Quel âge a Kate ? » — Il fut répondu correctement aux deux questions. »

Ajoutons, pour abréger, que le frappeur répondit à une foule d'autres questions destinées à établir son identité. Il fit connaître, en outre, qu'il se manifesterait également si des étrangers à la famille étaient présents. On alla chercher des voisins et, avec eux, les expériences se continuèrent toute la nuit.

Nous reprenons le récit :

« Un jour, un visiteur, le *très respectable ami*, Isaac Post, membre estimé de la société des Quakers, s'avisa de réciter à haute voix, l'une après l'autre, les lettres de l'alphabet, en invitant l'Esprit à désigner par des *rappings* (coups frappés), celles qui composaient les mots qu'il voulait faire entendre. L'expérience réussit. La communication sérieuse avec l'invisible, le « *spiritual telegrah*, » était trouvé.

» On remarqua encore que le phénomène se manifestait surtout en présence des demoiselles Fox, principalement de la plus jeune, miss Kate, et la *médiumnité* fut constatée.

» Grâce à la découverte de l'alphabet, par le *vénérable ami*, Isaac Post, le frappeur avait pu donner des renseignements sur sa personne, expliquer sa présence dans cette maison et les motifs du tapage obstiné qu'il y faisait.

» Il apprit à ses hôtes qu'il se nommait Charles B. Rosna, colporteur de son vivant, et qu'il avait été assassiné dans cette maison, pour son argent, et enterré dans le cellier. Il désigna même son assassin parmi les noms qu'on lui cita...

» On fit des fouilles dans le cellier. On y trouva de la chaux, du charbon, des débris de vaisselle, une petite touffe de cheveux, quelques os et un fragment de crâne, déclarés, par un chirurgien du lieu, avoir fait partie d'une charpente humaine.

» Preuve évidente, conclut madame Hardinge, (c'est l'auteur américain à qui Eug. Nus emprunta son récit), qu'un homme avait été enterré là, et que la chaux et le charbon, qui accompagnaient ces quelques débris, avaient été employés à faire disparaître cette mystérieuse inhumation. »

Nous ajouterons, en deux mots, que l'homme désigné par le frappeur, comme son assassin, avait quitté, depuis peu, le pays en y laissant une excellente réputation; qu'il y revint pour se justifier, lorsqu'il apprit l'accusation qui pesait sur lui, et qu'il ne fut point inquiété.

« Quoique pouvant désormais communiquer tout à son aise (grâce à l'alphabet), avec les habitants de la maison, l'Esprit n'en continua pas moins, et même redoubla son tapage nocturne.

» Les meubles furent remués plus que jamais, les portes ouvertes avec plus de fracas encore, des mains rudes et glacées étreignirent fortement les jeunes filles, et les couvertures de leur lit furent arrachées avec tant de violence, que mesdemoiselles Fox se virent contraintes, plusieurs fois, de quitter leur chambre et d'aller camper sur le gazon.

» On envoya Kate à Amsburn chez sa sœur aînée; mais les mêmes scènes se renouvelèrent avec Margaret (Marguerite).

» Enfin la famille n'y tenant plus, se décida à émigrer, et s'en fut demeurer à Rochester ».

Après quelques réflexions spéciales, nous l'y suivrons, avec M. Vanderyst, cette fois, un fervent de la première heure qui, en 1881, dans son journal *le Messager* publié à Liège (Belgique), traita longuement et expertement des phénomènes qui nous occupent.

INCONVÉNIENTS DE LA MÉDIUMNITÉ.

La médiumnité des demoiselles Fox, comme on le verra ci-après, faillit leur devenir fatale.

C'est qu'on n'est pas impunément, de gré ou de force, les avant-coureurs d'une réforme à opérer dans les mœurs ou les croyances, les promoteurs d'une doctrine se heurtant à des intérêts particuliers et déséquilibrant des théories admises depuis des siècles. On a contre soi tous ceux qui étayent leur puissance sur la doctrine ancienne, et, par surcroît, la gent moutonnière qui se complaît dans les préjugés, et que toute innovation déroute.

La cohorte des prédicants prit ombrage des phénomènes d'Hydesville et des savants athées, et des spiritualistes militants, ennemis irréconciliables jusque-là, s'unirent dans une croisade insensée contre les faits signalés.

Les savants, parce qu'ils ne pouvaient expliquer scientifiquement la médiumnité, la qualifièrent de *supercherie;* les exorcistes, religieux ou laïcs, se mirent en campagne, avec tout leur attirail d'objurgations, contre *la nouvelle Ruse de Satan.*

Mais rien n'y fit : les docteurs ès sciences, malgré les investigations les plus laborieuses, ne purent que constater la réalité de phénomènes qui dépassaient leur savoir, et il fut répondu par des *Amen* irrévérencieux à tous les anathèmes des exorcistes. Après eux, la foule inconsciente s'en mêla à son tour, et devint non moins hostile, non moins malveillante que ses guides.

Ainsi, dans la libre Amérique, où les sectes politiques, philosophiques et religieuses pullulent, dans ce monde nouveau, issu d'une révolte contre la tyrannie de l'ancien, on accueillit, avec une intolérence marquée, le Spiritisme naissant, et peu s'en fallut que la ville de Rochester renouvelât les pratiques de l'Inquisition contre deux pauvres jeunes filles, coupables seulement d'obéir à une mission qu'elles n'avaient même pas choisie. Car, il est juste d'y insister, les demoiselles Fox n'avaient rien fait d'elles-mêmes pour développer leur médiumnité si caractérisée ; bien plus, elles avaient quitté Hydesville, afin de se soustraire à la spontanéité de manifestations qui troublaient fâcheusement leur repos et celui de leurs parents.

Écoutons M. Vanderyst.

« A Rochester, l'Esprit du colporteur continua de se manifester. Bientôt la nouvelle en devint publique et provoqua un *tolle* général.

» Accusés d'imposture, et sommés de renoncer à leurs pratiques, M. et madame Fox refusèrent de se soumettre et furent chassés de leur église. Les adeptes qui se réunirent autour d'eux, furent frappés de la même réprobation. Les conservateurs de la *foi des aïeux* ameutèrent contre eux le populaire.

» Les apôtres de *la foi nouvelle* offrirent alors de faire la preuve de la réalité des manifestations, devant la population réunie dans la plus grande salle de la ville.

» On commença par une conférence où furent exposés les progrès du phénomène depuis le premier jour. Cette communication, accueillie par des huées, aboutit pourtant à la nomination d'une commission chargée d'examiner les faits. Contre l'attente générale, et contre sa propre attente, cette commission fut forcée d'avouer qu'après l'examen le plus minutieux, elle n'avait pu découvrir aucune trace de fraude.

» On nomma une seconde commission qui eut recours à des procédés d'investigation encore plus minutieux, fit fouiller et même déshabiller les médiums par des dames : toujours des coups frappés, des meubles en mouvement, des réponses à toutes les questions, même mentales; pas de ventriloquie, pas de subterfuge, pas de doute possible : second rapport, encore plus favorable que le premier, sur la parfaite bonne foi des Spirites et la réalité de l'incroyable phénomène.

» Il est impossible de décrire l'indignation qui se manifesta à cette seconde déception. Une troisième commission fut immédiatement choisie parmi les plus incrédules et les plus railleurs.

» Le résultat de cette investigation, encore plus outrageante que les deux autres pour les jeunes filles, tourna plus que jamais à la confusion de leurs détracteurs.

» Le bruit de l'insuccès de ce suprême examen avait transpiré dans la ville. La foule exaspérée avait déclaré que, si le rapport était favorable, elle *lyncherait* les médiums et leurs *avocats*.

» Les jeunes filles, malgré leur terreur (on s'épouvanterait à moins!), escortées de leur famille et de quelques amis, se présentèrent à la réunion et prirent place sur l'estrade de la grande salle, *tous décidés à périr, s'il le fallait, martyrs d'une impopulaire mais indiscutable vérité.*

» La lecture du rapport fut faite par un membre de la commission qui avait annoncé, lors de son élection, que, *s'il ne parvenait pas à découvrir le truc, ils se précipiterait lui-même dans la chute de Genessée...*

» *Sa conclusion fut, que lui et ses collègues avaient réellement entendu les coups frappés, mais qu'il était impossible d'en découvrir l'origine.*

» A peine eut-il achevé cette déclaration qu'un tumulte effroyable s'éleva, et la foule exaspérée allait se précipiter sur l'estrade, lorsqu'un *Quaker*, nommé Georges Willets, déclara que la troupe de ruffians qui voulait lyncher (pendre) les jeunes filles, ne le ferait qu'en marchant sur son corps. »

Nous trouvons dans le petit dictionnaire de P. Larousse cette notice sur les *Quakers* ou *Trembleurs* :

» Secte religieuse établie principalement en Angleterre et aux États-Unis. Réunis dans des salles dépourvus de tout ornement, les Quakers attendent avec recueillement l'arrivée de l'Esprit-Saint... Si l'un d'eux sent l'inspiration qui s'annonce par un *tremblement* de l'inspiré, il se lève, prend la parole et tous l'écoutent en silence.

« Les Quakers n'admettent aucun sacrement, ne prêtent pas serment et sont crus sur leur simple affirmation ; ils refusent de porter des armes, regardent la guerre comme une lutte fratricide, tutoient tout le monde, n'admettent aucune hiérarchie ecclésiastique et ne se découvrent jamais, même devant le roi. Ils se distinguent, en général, par la pureté de leurs mœurs, leur probité et leur philanthropie. »

Ce n'est pas sans intention que nous avons intercalé ici la définition du dictionnaire. Il nous semble qu'il y a, entre Quakers et Spirites, un degré de parenté très rapproché, et que les « Trembleurs » sont de la famille des *médiums auditifs*. Cette similitude est non moins grande dans les régions philosophiques. D'après ce que nous en savons, le spiritisme, comme le quakérisme, réprouve la guerre, prêche la fraternité universelle, enseigne le désintéressement, préconise la pureté des mœurs et n'admet d'autre suprématie que celle de la vertu.

Maintenant, en deux mots, achevons le récit :

L'intervention inopinée, si généreuse et si justifiée, de Georges Willets, arrêta les plus furieux. Aucun attentat ne fut commis contre les demoiselles Fox, et la foule s'écoula tumultueuse.

Moins d'un an après cette émeute à Rochester, c'est-à-dire vers la fin de 1850, le spiritisme moderne avait envahi quelques États de l'Union et il comptait à New-York de nombreux adeptes.

CONVERSIONS DE SAVANTS AU NOUVEAU SPIRITUALISME.

Les conséquences de la médiumnité des demoiselles Fox ont été si grandes pour la propagation du Spiritisme, que nous ne saurions trop insister, pour rendre notre étude historique complète, sur la vive opposition et l'incrédulité persistante que ces jeunes filles ont dû vaincre dans leur pays natal.

Finalement, elles ont pu faire mentir le dicton : « *Nul* n'est bon prophète en son pays »; mais, que de peines, de soucis, de constance, de risques de la vie même, de résignation, de dévouement, pour en arriver à ce résultat d'être considérées autrement que comme des aventurières !!...

« La presse, écrit M. Eug. Nus, trouvant la raillerie plus commode que l'étude, et peu disposée à soutenir des nouveautés qui peuvent nuire à l'abonnement, avait pris naturellement parti contre la doctrine naissante, et renchérissait, par ses sarcasmes, sur la réprobation dont les médiums étaient l'objet. »

Mais, par contre, quelques hommes en possession de l'estime et de la notoriété publiques, des écrivains, des orateurs, des magistrats, des *clergymen* s'étant trouvés, par hasard ou curiosité, en présence des phénomènes, et les ayant constatés, prirent fait et cause pour la nouvelle doctrine et répondirent aux sarcasmes par d'intéressants récits qu'ils signèrent de leurs noms respectés.

Nous signalerons, entre autres, « le juge Edmonds, *Chief-Justice* de la suprême Cour du district de New-York, où il avait été élu membre des deux branches de la législature et nommé président du Sénat; — sa conversion au nouveau spiritualisme fit grand bruit dans l'Union et lui attira force invectives des feuilles évangéliques et des journaux profanes.

N. P. Tallmadge, sénateur des États-Unis, ancien gouverneur du Wisconsin, prit la défense du juge Edmonds dans une lettre qu'il publia, et qui se termine ainsi : « Je le tiens, en outre, pour un homme profondément instruit, un jurisconsulte d'un esprit pénétrant et spécialement doué d'une rare faculté d'investigation ; sachant tout cela, j'en conclus que, s'il s'est déclaré partisan des manifestations spiritualistes, il y a, tout au moins, un sujet sérieux d'observations. »

Sous le patronage de M. Tallmadge, devenu lui-même spirite *après avoir observé*, une pétition couverte de quinze mille signatures, attestant la vérité des phénomènes, fut présentée, *aux très honorables membres du Sénat et de la Chambre des représentants des États-Unis, rassemblés en congrès*, à l'effet d'obtenir la nomination d'une commission de gens compétents, pour étudier la question de près et avec suite, et faire un rapport sur les résultats de l'investigation.

Mais, on le sait, les hautes assemblées, Sénats ou Académies, sont généralement réfractaires à ces sortes d'expériences : toute innovation est mal venue devant elles ; dans toute découverte, elles commencent par voir une hérésie scientifique ou philosophique qu'il faut étouffer. D'aussi loin qu'on étudie ces assemblées, on les trouve dominées par la routine, et le Congrès américain eut peur de se singulariser en faisant exception à la règle commune.

La pétition excita la verve gouailleuse de trois ou quatre « honorables » ; puis elle alla prendre place dans la crypte « des archives nationales », c'est-à-dire dans quelques cartons poussiéreux où elle est restée pour témoigner, dit madame Hardinge — (l'auteur américain déjà cité) — qu'il y avait, en avril 1854, au moins quinze mille personnes sur la terre, mieux renseignées sur la philosophie des sciences intellectuelles et des hauts intérêts de l'humanité, que leurs représentants élus. »

Une pétition semblable recevrait-elle, de nos jours, un plus digne accueil devant les Assemblées de notre pays, où l'on trouve des orateurs diserts pour toutes les questions, même les plus secondaires ou les plus embrouillées ? Hélas ! il est bien permis d'en douter, étant donné surtout que la meilleure des plates-formes électorales, c'est la parade du matérialisme ! !...

Quoi qu'il en soit, constatons que le dédain professé par les Chambres américaines envers les Spirites, n'empêcha pas leur nombre de s'augmenter rapidement et les quinze mille d'antan sont devenus aujourd'hui plusieurs millions.

Nous avons dit plus haut, en citant M. Eug. Nus, que la presse américaine s'était montrée généralement hostile et injuste envers les demoiselles Fox; il y eut pourtant quelques heureuses exceptions. Voici, par exemple, un article tout à fait remarquable et bienveillant du *Courrier des États-Unis*, numéro du 3 juillet 1852 :

— « Il se passe ici, et dans une grande partie de l'Amérique, des faits auxquels la presse doit une certaine attention.

» Si ces faits sont ce qu'ils prétendent être, ils annoncent une révolution religieuse et sociale, et ils sont l'indice d'une nouvelle ère cosmogonique. S'ils couvrent une déception, d'où vient l'imposture ? La contagion se répand d'une manière inexplicable, sans qu'il soit possible d'en saisir la cause ; c'est une hallucination qui s'empare de tout un peuple.

» Je parle des phénomènes connus sous le nom de communications spirituelles, ou manifestations des Esprits de l'autre monde. Je sais que ces paroles appellent un sourire de pitié sur les lèvres de ceux qui ne savent pas de quoi il s'agit ; mais, enfin, la folie, si folie il y a, s'empare des cerveaux les mieux organisés ; personne n'a le droit de se croire à l'abri du danger et quelques explications ne peuvent paraître superflues.

» Les demoiselles Fox sont ici depuis trois semaines. Tous ceux qui ont entendu parler des *spiritual raping*, savent que ces jeunes filles sont les premiers apôtres, apôtres parfaitement passifs et involontaires, selon toute apparence, de la révélation nouvelle. Il y a plus de quatre ans qu'elles jouent, ou qu'elles remplissent ce rôle.

Si ces deux enfants trompent le public, jamais plus hideuse imposture ne prit un masque plus trompeur. Du reste, ces demoiselles n'ont pas le privilège exclusif des phénomènes mystérieux; depuis six mois que le premier médium, ou intermédiaire spirituel, a paru ici, le nombre s'en est tellement multiplié, qu'on les compte aujourd'hui par centaines. Il y en a plus de dix mille dans les États-Unis.

» Aux yeux des personnes qui ont suivi ce développement extraordinaire, il ne peut plus être question de supercherie ni de magie blanche. Ceux qui repoussent l'intervention des Esprits, appellent à leur secours l'électricité et le magnétisme, pour expliquer ces incroyables nouveautés. Mais les théories les plus ingénieuses ne peuvent plus rendre compte de tout ce qui se passe, et l'hypothèse des Esprits est, jusqu'à présent, la seule qui paraisse répondre à toutes les difficultés.

» Il ne s'agit pas ici de prendre parti pour ou contre cette hypothèse, mais seulement de signaler les démonstrations publiques, et en quelque sorte officielles, auxquelles a donné lieu la présence des demoiselles Fox.

» Elles ont comparu dans l'amphithéâtre de l'École de médecine de l'Université du Missouri, devant une assemblée de cinq ou six cents personnes. Un ancien maire de la ville, connu par son opposition à la doctrine nouvelle, avait été nommé président de la réunion. Un comité d'investigation surveillait les expériences dirigées par le doyen de la Faculté, homme célèbre dans l'Ouest par sa science médicale et par son éloquence excentrique.

» On fit placer les jeunes filles sur la table de dissection, de manière à ce que leurs moindres mouvements ne pussent échapper à personne.

« L'assemblée muette contemplait ces deux gracieuses statues et la grande question de l'existence future était ainsi posée : *To be or not to be!*...

» Les bruits n'ont pas tardé à se produire, semblables à de légers coups de marteau frappés sur la table, et assez distincts pour être entendus dans une salle beaucoup plus vaste.

» Un dialogue s'est établi entre le doyen et les Esprits, ou du moins, l'un d'eux qui a répondu fort à propos aux questions scientifiques qui lui étaient adressées. Il est vrai que les réponses ne se faisaient que par *oui* ou par *non* et l'Esprit n'était pas un moindre personnage que Franklin.

» Du reste, il s'agissait moins de mettre à l'épreuve la sagacité des Esprits, que de vérifier la théorie électrique des *rappings*, théorie qui fait attribuer aux demoiselles Fox, par les médecins, une faculté analogue à celle des torpilles.

» On les a isolées sur des tabourets de verre, et les bruits ont continué à se faire entendre dans la salle au-dessous d'elles.

» Des expériences analogues ont montré que le galvanisme et le magnétisme n'étaient pour rien dans la production des phénomènes. Je ne parle ici que du magnétisme terrestre; quant au magnétisme humain, il semble être la dernière ressource de ceux qui ne veulent absolument pas se rendre aux Esprits.

» A l'air narquois, à la réputation de scepticisme du vieux professeur, on pouvait croire qu'il allait se faire un malin plaisir de démolir tous les échafaudages de la doctrine spiritualiste. Non.

» L'anatomiste est enfin sorti du domaine de la mort; le matérialiste de profession a proclamé sa croyance à l'immortalité de l'âme; le savant a déclaré qu'il croyait à la présence des Esprits et à leur communication par des moyens physiques...

» Je pourrais, ajoute le correspondant du *Courrier des États-Unis*, parler de phénomènes bien plus saisissants que ces bruits inexplicables, et qui semblent bouleverser les lois du monde matériel, mais j'ai voulu seulement signaler des faits que leur caractère authentique met au-dessus de tout soupçon, et surtout cette déclaration étrange et solennelle partie d'un des sanctuaires de la science au milieu du dix-neuvième siècle. »

EN ANGLETERRE.

A beau mentir qui vient de loin, dit un vieux proverbe ; toutes les histoires, retour d'Amérique, ont la propriété d'éveiller nos soupçons. Il fallut que le récit des phénomènes, dus à la médiumnité des demoiselles Fox, nous revînt par l'Angleterre, où elles se rendirent en dernier lieu, pour que nous y missions toute l'attention voulue.

Les faits, contrôlés et attestés par les savants d'Outre-Manche, ont servi de passe-port à ceux d'Amérique et le haut patronage de W. Crooks, l'illustre chimiste à qui l'on doit la découverte du *thallium* et les expériences sur la matière radiante, abrite désormais Marguerite et Kate (Catherine) contre toute accusation de supercherie.

M. W. Crooks n'est pas d'ailleurs le premier savant qui, dans son pays si positif, s'adonna à l'étude de la « *force psychique* » et ne crut pas déchoir à son titre de savant, en proclamant publiquement *qu'il croyait à ce qu'il avait vu.*

Croire, parce que l'on a vu, semble tout naturel : c'est, comme on répète vulgairement, la « foi de saint Thomas » ; elle ne mène pas au ciel par la voie la plus courte, en renversant les montagnes ; mais, par contre, elle ne subit plus de défaillance quand on l'a acquise et, pour continuer la comparaison, le Christ n'eût pas de disciple plus fidèle, après coup, que saint Thomas.

Pourtant, d'après nombre de critiques, la foi au Spiritisme — la plus raisonnable de toutes, parce que raisonnée, — ne serait autre chose qu'une névrose mentale et ils enverraient aux petites-maisons, si cela ne tenait qu'à eux, tous ceux qui ne nient pas *à priori*, de parti pris et en bloc, les phénomènes psychologiques. La raison vraie de leur irritabilité, c'est que les dits phénomènes dérangent des systèmes tout faits, dont ils tirent honneurs et profits.

Nous emprunterons encore, au livre de M. Eugène Nus, la boutade humoristique d'un savant, incontesté aussi celui-là, M. P. Barkas, membre de la Société géologique de Newcastle — (chef-lieu du comté de Northumberland, Angleterre) —, lequel, après s'être occupé pendant dix ans de la recherche ou du contrôle des phénomènes spiritualistes, les affirma « sincères et véritables. »

— « Hé ! lui répondit-on avec dédain, c'est *contradictoire aux connaissances acquises* et, partant, on ne peut y croire.

— » La belle raison, s'écrie M. P. Barkas. Nous ne devons croire, dites-vous, aucune chose qui ne soit point *d'accord avec nos connaissances acquises?*

» Alors le roi de Siam a raison quand il dit qu'il ne peut exister une chose pareille à la glace, car son *expérience acquise* n'a jamais apporté la glace dans la sphère de ses observations.

» Les philosophes du dix-septième siècle qui niaient la chute des aérolithes, étaient entièrement dans le vrai, car les aérolithes n'étaient jamais venus tomber devant eux et n'étaient pas en *accord avec leurs connaissances acquises*.

» Benjamin Franklin fut justement regardé comme un halluciné par le monde savant, quand il prétendit avoir soutiré l'électricité des nuages; un fou aussi, le docteur Harvey, avec sa théorie de la circulation du sang, tous les médecins sachant que c'était en *désaccord* avec le savoir acquis.

» Traverser l'Atlantique par la vapeur, contre vents et marées, insensé !... Communiquer de Paris à Londres en quelques secondes, allons donc !!!... Forcer le soleil de faire le portrait de quelque gamin malpropre qui s'asseoira devant une chambre noire, impossible!!!... Cela blesserait la dignité du soleil, et n'est pas en *harmonie avec nos connaissances acquises*.

Photographier et rendre parfaitement apparent et distinct sur un espace pas plus large que la seizième partie d'un pouce un paysage couvrant l'espace de plusieurs milles, ridicule !...

» Montrer mille animaux parfaits, nageant, plongeant, mangeant, jouant, dans la dixième partie d'une goutte d'eau, monstrueux!!!... *Ce n'est pas en accord avec nos connaissances acquises.*

» Voir et entendre une table répondre correctement aux questions, ou flotter dans l'air sans machine; entendre jouer des accordéons et des guitares sans musicien visible; apercevoir des mains prenant des crayons et écrivant des communications que l'on peut ensuite conserver et lire à son aise... folie ! *Ce n'est pas en accord avec nos connaissances acquises.*

Un éditeur du *North of england advertiser* aurait ainsi répondu, en l'an 1600, à tous les faits qui précèdent, et cependant, de tous ces faits, *les seuls* auxquels le même journal puisse, en 1861, faire la réponse *que ce n'est pas en accord avec les connaissances acquises*, ce sont ceux cités en dernier lieu, les phénomènes du spiritualisme. »

Conclusion de M. P. Barkas, après ses dix années de recherches patientes et laborieuses :

— « Les simples faits de tables frappant et se remuant, épelant les noms, indiquant l'âge, l'heure des montres ou le montant de l'argent qui se trouve dans la poche des assistants, etc., peuvent être expliqués, à la rigueur, par l'influence magnétique ou *hypnotique*, comme on la nomme maintenant. Mais comment expliquer les faits supérieurs qui se produisent fréquemment, tels, par exemple, que de donner le montant d'une série de pièces de monnaie qu'une personne remet à une autre, sans que ni l'une ni l'autre en sachent le compte; de communications écrites de diverses manières, sans que personne s'approche du crayon ou du papier; de livres feuilletés et d'importants passages indiqués, sans que nul touche les livres; de la production d'une musique très compliquée et parfaitement belle, sortant de pianos, de guitares et d'accordéons, sans que personne ait la main sur les cordes ou les touches.....?

« Ces faits, et d'autres de même espèce, prouvent l'existence d'agents invisibles et intelligents, d'une espèce quelconque. Je suis poussé à cette affirmamation par la circonstance que je n'ai pas été capable de trouver aucune loi physique ou psychologique qui rendît un compte satisfaisant de ces phénomènes.

« Qui peut déterminer les limites du possible, limites que la science et l'observation reculent chaque jour? Examinons, doutons, mais ne soyons pas assez hardis pour nier la possibilité de pareilles occurences. »

La conclusion de M. P. Barkas est fort sage; ni enthousiasme, ni dédain : voilà l'attitude qu'il convient de prendre dans la question générale de l'Occulte devenue, en ce point de notre étude, la question particulière du Spiritisme ; et cette nécessité d'une réserve prudente semblera plus évidente encore après l'exposé de ce qui se passa, il y a quelques années, à la Société dialectique de Londres.

THE DIALECTICAL SOCIETY.

La célèbre Compagnie, composée en grande partie d'hommes éminents, appartenant à la magistrature, au clergé, aux sciences, aux lettres, etc., afin d'anéantir ce qu'elle regardait comme un préjugé, « *les prétendus phénomènes spirites* » désigna une commission de trente-trois membres, au nombre desquels les plus ardents adversaires du surnaturel, et lui donna mandat de faire un compte rendu détaillé. Il n'y eut pas moins de quarante séances d'essais, d'épreuves, de contre-épreuves ; les recherches durèrent dix huit mois ; après quoi, la commission rédigea ce rapport :

« Messieurs,

» Votre comité, après avoir reçu les dépositions orales ou écrites d'un grand nombre de personnes qui ont décrit les phénomènes dont elles ont déclaré avoir fait l'expérience, convaincu qu'il était de la plus grande importance de *vérifier* les phénomènes en question, *par des expériences et des épreuves personnelles*, s'est divisé en sous-comités, ce qui a paru le meilleur moyen d'arriver à ce résultat.

» En conséquence, six sous-comités ont été formés.

» Tous ont envoyé des rapports d'où il résulte qu'une grande majorité des membres de votre comité sont devenus les *réels témoins* de diverses phases des phénomènes, sans l'aide ou la présence d'aucun médium de profession, quoique la plus grande partie d'entre eux aient commencé leurs investigations dans des dispositions d'esprit ouvertement sceptiques. Ces rapports, ci-joints, se confirment l'un l'autre en substance et *paraîtraient établir* les propositions suivantes :

» 1° Des bruits de nature très variée, provenant en apparence des meubles, du parquet, ou des murs de la chambre, accompagnés de vibrations qui sont souvent perceptibles au toucher, se présentent sans être produits par l'action musculaire ou par un moyen mécanique quelconque.

» 2° Des mouvements de corps pesants ont lieu sans l'aide d'appareils mécaniques d'aucune sorte, et sans un développement équivalent de force musculaire de la part des personnes présentes, et même fréquemment sans contact ou connexion avec personne.

» 3° Ces bruits et ces mouvements se produisent souvent au moment voulu et de la façon demandée par les personnes présentes, et, par le moyen d'un simple code de signaux, ils répondent aux questions et écrivent des communications cohérentes.

» 4° Les réponses et communications obtenues sont, en grande partie, d'un caractère trivial; mais, quelquefois, elles donnent des faits et des renseignements qui ne sont connus que d'une personne présente.

» 5° Les circonstances dans lesquelles les phénomènes se présentent sont variables. Le fait le plus saillant est que la présence de certaines personnes semble nécessaire à leur production et que celles d'autres personnes leur est généralement contraire; mais cette différence ne paraît dépendre ni de la croyance, ni de la non croyance aux phénomènes.

» Les témoignages oraux ou écrits reçus par votre comité, affirment, non seulement des phénomènes de même nature que ceux dont les sous-comités ont été témoins, mais, en outre, des phénomènes d'un caractère plus varié et plus extraordinaires, tels que :

» 1° Corps pesants s'élevant dans l'air, (dans certains cas des hommes) et y restant quelque temps, sans support visible ou tangible.

» 2° Apparitions de mains et de formes n'appartenant à aucun être humain, mais semblant vivantes par leur aspect et leur mobilité. Ces mains ont été quelquefois touchées et saisies par les assistants convaincus, par conséquent, qu'elles n'étaient point le résultat d'une imposture ou d'une illusion.

» 3° Exécution de morceaux de musique très bien joués sur des instruments, sans qu'aucun agent constatable eût joué de ces instruments.

» 4° Exécution de dessins et de peintures, produits dans un temps si court et dans des conditions telles que toute intervention humaine était impossible...

» En présentant leur rapport, les membres de votre comité, prenant en considération la haute réputation et la grande intelligence de la plupart des témoins des faits les plus extraordinaires, le degré de confirmation que donnent à leur témoignage les rapports des sous-comités, et l'absence de toute preuve d'imposture ou d'illusion pour une grande partie des phénomènes; de plus, ayant égard au caractère exceptionnel de ces phénomènes et au grand nombre de personnes de toutes conditions répandues sur toute la surface du monde civilisé, qui sont plus ou moins influencées par la croyance à leur origine surnaturelle et considérant, en même temps, qu'aucune explication philosophique n'en a encore été obtenue, les membres de votre comité se croient obligés de déclarer que, dans leur conviction, *le sujet mérite d'être examiné avec une attention plus sérieuse et plus minutieuse que celle qui lui a été accordée jusqu'à ce jour.* »

Pour qu'une réunion de chercheurs, nommés pour la plupart à cause de leur hostilité flagrante, aient formulé un rapport aussi favorable, il faut évidemment que la question en vaille la peine et que la production des phénomènes spirites soit autre chose qu'un désœuvrement malsain, comme l'écrivent encore chaque jour les fanatiques du matérialisme et ceux des religions révélées.

Au nombre des membres de la Société dialectique se trouvait le naturaliste anglais, Alfred Russel Wallace, l'émule et le collaborateur de Darwin ; au nombre des témoins entendus, figurent M. le professeur Auguste de Morgan, président de la Société de mathématiques de Londres, et le physicien M. C. F. Varley, ingénieur en chef des Compagnies de télégraphie internationale et transatlantique.

Voici l'avis de M. Auguste de Morgan :

« Je suis parfaitement convaincu de ce que j'ai vu et entendu d'une manière qui me rend le doute impossible. Les spiritualistes sont vraisemblablement sur la trace qui mène au progrès des sciences physiques ; les opposants sont les représentants de ceux qui ont entravé tous les progrès... »

M. Varley écrivit, en 1868, au célèbre professeur Tyndall, une lettre dont la substance est que, après toutes les précautions nécessaires pour déjouer la supercherie, il avait vu des meubles, (une table et un canapé) se mouvoir tout seuls, dans sa propre maison, en présence de M. Home, (médium à effets physiques), dont il tenait les jambes et les mains, reçu des communications intelligibles par des coups frappés, senti des invisibles tirer son habit, tantôt par le haut, tantôt par le bas, par devant ou par derrière, selon que, *mentalement*, il l'avait désiré...

Quant à M. Alfred Russel Wallace, vaincu par

l'évidence des faits, il fit sa profession de foi dans un livre intitulé : *Miracles and modern Spiritualism* d'où est extraite la page suivante :

— « Dans ce comité, ((celui de la Société dialectique), composé de *trente-trois* membres actifs, *huit* seulement crurent au commencement à l'existence de ces faits, et il n'y en avait que quatre parmi eux qui acceptassent la théorie spiritualiste.

» Dans le cours de l'enquête, *douze* des plus sceptiques devinrent convaincus de la réalité de plusieurs phénomènes physiques, en suivant les séances du sous-comité, et presque uniquement par la médiumnité des membres du comité. *Trois* membres, qui étaient auparavant incrédules, continuèrent leurs investigations en dehors de nos réunions, et, en conséquence, sont devenus spiritualistes. Nos propres observations, comme membre du comité le plus important et le plus actif, me conduisent à établir que *le degré de conviction* produit dans l'esprit des divers membres, *fut à peu près proportionné à la somme de temps et de soin apportée à l'investigation.*

» Ce fait, qui est constant dans toute investigation de ces phénomènes, est le résultat caractéristique de l'examen de tout phénomène naturel. L'examen d'une imposture ou d'une illusion a invariablement un résultat tout opposé : ceux qui ne font qu'une faible expérimentation étant trompés, tandis que ceux qui continuent avec persévérance finissent invariablement par remonter à la surface de l'imposture ou de l'illusion. S'il n'en était pas ainsi, la découverte de la vérité et la constatation de l'erreur deviendraient impossibles. »

Au total donc, conclurons-nous, vingt-quatre membres sur trente-trois, c'est-à-dire presque les trois quarts d'un comité de savants, choisis dans le sein d'une grave compagnie, parmi les plus hostiles aux « prétendus phénomènes du spiritisme », en reconnurent officiellement l'existence ou la possibilité, et même plusieurs d'entre eux, non les moins illustres, publièrent la relation détaillée de ce qu'ils avaient vu, bien vu.

Cet exemple, parti de haut, nous autorise, croyons-nous, à donner un aperçu de nos propres recherches et de nos constatations; non que nous prétendions, vis-à-vis du lecteur, à la même autorité que les Crooks, les Wallace, les Varley, etc., nous savons que « tant vaut la renommée, tant vaut la parole »; mais notre raison est qu'ayant vu et bien vu par nous-même, ou provoqué des phénomènes similaires, nous serons plus apte à les analyser pour les rattacher aux grandes lignes de l'Occulte.

A défaut de l'autorité du savant, nous donnons notre parole d'honnête homme pour affirmer que tout est vrai, de la première à la dernière ligne, dans les faits souvent incroyables qui vont suivre.

CHAPITRE II

EXPÉRIENCES ET CONSTATATIONS PARTICULIÈRES DE L'AUTEUR

Il faut avouer, tout d'abord, que notre confiance concernant l'honnêteté, la sincérité des expériences typtologiques ou autres, faites journellement par des médiums isolés, ou dans des groupes fondés *ad hoc,* ne s'est établie que lentement, laborieusement, le lendemain effaçant ce que la veille, la semaine et même tout le mois nous avait apporté de conviction. Aussi, en relisant les procès-verbaux de nos recherches et de nos démarches aux quatre coins de Paris et à la province, nous nous étonnons presque du bon vouloir constant, de la patience qui nous dominait alors, et nous reculerions, à coup sûr, devant les déceptions fréquentes et la monotonie d'une pareille investigation si, les connaissant, nous devions l'entreprendre aujourd'hui.

Voici, à vol d'oiseau, les aspérités de notre chemin de Damas, le diagramme écrit des hauteurs et des bas-fonds principaux, par lesquels notre foi est passée avant de se reposer, provisoirement, sur le principe de l'intervention des Esprits.

Nous disons « provisoirement », car cette foi est déterminée surtout par l'impossibilité où la science se trouve encore d'expliquer tous les phénomènes que nous avons vus; cesse cette impuissance, et nous abandonnerons volontiers l'hypothèse du supernaturel!...

Autre remarque, moins importante, mais que les convenances nous dictent.

Pour mieux préciser les rôles, ou actif ou passif, que nous avons tenus au cours des expériences relatées dans ce chapitre, nous emploierons le « *je* » et le « *moi* », pronoms haïssables, selon l'énergique expression d'un écrivain autorisé; mais, comme nous tenons à être bien clair et qu'ils nous en facilitent le moyen, nous demandons au lecteur de vouloir bien nous pardonner la forme égoïste du langage.

———

En l'année 1866, après la lecture rapide du *Livre des Esprits* qu'un ami, (« tombé spirite! » comme nous disions dans son entourage,) — m'avait prêté, j'allai à une séance d'évocation rue Duphot où, chaque soir, selon les racontars des affidés, les Esprits faisaient merveille... Cette-fois là, rien ne se produisit qu'une immense déception pour ceux qui étaient venus uniquement pour les désincarnés. L'assistance se composait pourtant, en majeure partie, de ferventes et même jolies spirites, et de quelques barbes grises, ou noires, à l'unisson du mysticisme féminin. Vraiment, il fallut que notre présence à nous, trois ou quatre sceptiques, — point hostiles cependant, — contaminât outre mesure la réunion! Les tables ne bougèrent pas, les murs ne craquèrent point, les instruments de musique demeurèrent obstinément silencieux et les crayons s'entêtèrent à ne tracer ni une lettre, ni un mot. « Les cornacs des Esprits » (l'expression est d'Oscar Commettant, l'un des sceptiques) eurent beau commander, ou supplier, rien n'y fit....

Conclusion :

A notre sortie, la plus gracieuse des habituées nous mit un plateau sur la gorge et nous invita, d'une voix enchanteresse, à verser notre obole « pour le culte des Esprits. » Les sceptiques, comparativement aux autres assistants, furent très généreux ; mais, le lendemain, furieux d'avoir perdu ma soirée, je publiai un article où spiritisme rimait avec charlatanisme... Et d'un!....

Quelque temps après, je fus entraîné à une des soirées fantastiques qu'un médium en vogue, M. Camille, donnait chez M. L..., artiste peintre, boulevard des Italiens, à Paris.

Là, on opérait dans l'obscurité complète. Entre autres résultats obtenus, voici les deux plus remarquables.

1° Les assistants formèrent la chaîne en rond, se tenant par les mains. Le médium était au centre, assis sur une chaise, bras et jambes liés, une guitare posée sur ses genoux.

On observa un silence absolu et, au bout de deux à trois minutes, la guitare voltigea par toute la salle, au-dessus des têtes, en émettant des sons plaintifs et laissant, après elle, une traînée phosphorescente.

Quand on refit la lumière, à l'instant où le phénomène cessa, le médium se trouvait toujours assis et lié au centre de la chaîne, la guitare sur ses genoux. Rien ne parut avoir bougé.

2° Je liai moi-même le médium sur sa chaise, avec une longue corde, de la façon qu'il me plût et qui me sembla la plus sûre. Puis, comme dans la première expérience, on éteignit les lampes, on se mit à la chaîne, et on garda le silence.

Au bout de une à deux minutes M. Camille demanda de la lumière et nous le trouvâmes complètement débarrassé de la corde. On recommença l'épreuve. Pour plus de sécurité, l'un des assistants, M. F..., prestidigitateur habile et, en ce temps-là, mon compagnon de recherches psychologiques, posa ses mains sur les épaules du médium et je gardai dans les miennes les deux bouts de la corde. Plus vite encore que la première fois, M. Camille fut délivré. Je n'avais point lâché les bouts de la corde et M. F... déclara que ses mains n'avaient point quitté les épaules du médium et qu'il n'avait constaté aucun mouvement chez celui-ci....

Nous n'avions, certes, mis la moindre complaisance en tout cela, pourtant une partie de l'assemblée nous regarda avec défiance, et nous eûmes même à nous défendre contre l'accusation de compérage.

Nous, compères !... qui aurions si bien voulu découvrir le truc et taxer M. Camille de mensonge ! Car il affirmait que c'étaient des Esprits qui étaient venus balancer la guitare au-dessus de nos têtes et dénouer la corde. « Occupation bien puérile ! » pour eux, pensais-je en moi-même, car je leur supposais une science et une sagesse sans bornes, ce qui, on l'a vu précédemment, est contradictoire à la doctrine des spirites.

La séance avait complètement réussi ; néanmoins je ne vis dans M. Camille autre chose qu'un habile opérateur, faisant, grâce à l'obscurité, des tours surprenants, comme ceux que les frères Davemport exécutaient au Cirque, en compagnie des clowns et des gymnastes. Je considérai ses admirateurs comme des gobeurs dont je ne devais pas grossir le nombre, et, comme il résumait à l'époque, pour Paris, la plus grande somme de persuasion qu'il fût possible de trouver chez un médium, je passai outre, sans admettre la collaboration des Esprits.

Et de deux !...

Cette fois, nous nous retirâmes sans qu'on nous demandât d'argent ; mais j'ai appris, plus tard, que M. L..., outre le prêt gratuit de son salon, payait M. Camille fort cher, pour que celui-ci vînt expérimenter sous son contrôle et celui de ses amis. Cela m'amène à compléter une réflexion déjà ébauchée précédemment.

Si je jouissais de quelque autorité dans un camp où, jusqu'ici, je n'ai pris d'autre position que celle d'un chercheur bénévole, j'adjurerais tous ceux qui plaident ou représentent la cause du spiritisme de veiller surtout à ce qu'on ne puisse raisonnablement leur supposer une arrière-pensée de lucre dans leur propagande.

Le dicton populaire : « Il faut que le prêtre vive de

l'autel » n'est point ici de mise, et quêter « pour le culte des Esprits », — que ce soit en tendant une bourse, un plateau, ou en sollicitant de grosses subventions ou des héritages, — équivaut, dans le public, à une spéculation de mauvais aloi, à une escroquerie.

Tout réformateur ou tout apôtre qui bat monnaie avec ses convictions philosophiques, éloigne des vérités qu'il prétend faire connaître et aimer.

Zélateurs spirites, médiums ou chefs de groupes, ayez toujours souci de la recommandation de votre maître : « Donnez pour rien ce que vous avez reçu gratuitement. » Ce n'est que par le désintéressement le plus absolu et le plus incontesté que vous triompherez des partis pris hostiles de quelques-uns et de l'indifférence du plus grand nombre.

Revenons à mes recherches.

Le zouave guérisseur faisait florès. J'entrai en relation avec lui, mais je n'eus point lieu de m'en féliciter longtemps. Il prétendait opérer par l'influence des Esprits, et, quand je risquai quelque objection, il s'emporta en insultes et en grossièretés dignes d'un bateleur à quia; pauvres arguments dans la bouche d'un apôtre.

J'écris « apôtre », car il se disait l'envoyé de Dieu pour « guérir les hommes physiquement, comme le Christ avait été envoyé pour les guérir moralement »!.... Bien des personnes se rappelleront cette phrase typique.

Je fus, il est vrai, témoin d'améliorations étonnantes survenues instantanément chez certains malades abandonnés des médecins. J'ai vu, entre autres cas, un paralytique que l'on apporta à dos de commissionnaire, parce qu'il ne pouvait plus remuer ni bras ni jambes, se mettre à marcher tout seul, sans soutien, ni béquilles... juste le temps de quitter la chambre du guérisseur, c'est-à-dire tant qu'il demeura en sa présence. La porte franchie, le malheureux retomba inerte et dut être remporté comme il était venu.

A entendre dire, aussi bien qu'à voir, les cures du fameux zouave n'étaient que des pseudo-guérisons, et ses clients retrouvaient invariablement, en rentrant chez eux, toutes les infirmités dont il les avait débarrassés chez lui, avec une en plus : le découragement.

En tous cas, il ne parvint pas à me guérir de ce qu'il appelait ma « cécité morale » et, à l'heure présente, je persiste à croire que le secret de son influence sur les malades résidait, non dans l'assistance des Esprits, comme il le prétendait, mais dans l'éducation déplorable dont il faisait montre. Il épouvantait ses clients par des regards furibonds, auxquels il adjoignait, à l'occasion, des épithètes salées.

Il était dompteur, peut-être, mais non point thaumaturge : c'est celui-ci que je cherchais.

Et de trois !...

Je pourrais fournir tout un volume de récits analogues aux trois qui précèdent, pour justifier ma longue prévention (de 1866 à 1876) contre les phénomènes spirites ; je pense que ceux-là suffisent pour bien marquer mon scepticisme initial et j'aborde, sans plus tarder, une série de faits plus récents qui m'ont contraint de réformer mon jugement.

———

Nous sommes au commencement de l'année 1876.

De multiples déceptions avaient émoussé mon zèle d'investigateur psychologue, et, depuis quelque temps, j'avais conclu que s'occuper du Spiritisme expérimental, c'était absolument perdre son temps.

Une circonstance, qui frise la fatalité, me remit activement à l'étude de la question. Pour des considérations de famille, je dus quitter le quartier que j'habitais alors, et j'allai m'installer dans un autre, aux antipodes du premier, où je me trouvai le voisin de madame Allan Kardec.

Nous entrâmes en relation sous les auspices d'un tiers, qui nous présenta ainsi l'un à l'autre : madame Allan Kardec, comme la continuatrice dévouée de l'œuvre de son mari défunt, et moi, comme un spirite inconscient. Il entendait dire par là que, d'ancienne date, il me connaissait une tendance visible à admettre le dogme de la réincarnation, lequel forme, comme on sait, la base essentielle de la philosophie spirite. Et, comme preuve il cita ces paroles que j'avais prononcées sur la tombe d'un collègue mort à la veille de recueillir le fruit d'un labeur opiniâtre dans le domaine de l'érudition : « Dieu ne serait pas juste, si tant d'efforts, tant de peines, tant de constance demeuraient inutiles; aussi nous avons la conviction que notre regretté collègue *revivra* dans une autre sphère, *où il portera tout son acquis moral et scientifique d'ici-bas.* »

Ma voisine était bien la personne la plus capable de me faire reprendre mes recherches interrompues, car elle avait la conviction aussi solide que sagace : point de cet enthousiasme maladif qui dépasse le but et exagère les minuties, pour en faire de grosses questions; point d'amour de ces banalités sentencieuses, en vers ou en prose, auxquelles se complaisent nombre d'illuminés, médiums ou non, qui prennent, comme vérités ou chefs d'œuvre inspirés, les divagations ou les enfantillages de cerveaux mal équilibrés; point, surtout, de ce zèle intempestif qui veut escalader les consciences, jette à tort et à travers, en toute occasion et hors de propos, les principes d'une doctrine, comme on secoue au vent, au risque d'aveugler quiconque passe, une poussière de nulle valeur.

Elle se laissait guider par la grande expérience que ses quatre-vingt-neuf ans lui avaient donnée, par la sage philosophie apprise à l'école du maître et de l'époux; elle jugeait froidement des faits et des gens, éliminait des phénomènes psychiques tout ce qui n'est pas absolument certain; gardait, avec un soin jaloux, la mémoire d'Allan Kardec, et s'éloignait scrupuleusement de toute entreprise ou de toute exhibition qui, sous le couvert de la doctrine, peut abriter des ambitions de renom et de fortune.

Aussi, il n'était point rare d'entendre les fanatiques du camp récriminer contre l'indifférence qu'ils lui supposaient et douter hautement qu'elle fût spirite.

Tiennent-ils encore le même langage depuis qu'elle leur a laissé, en mourant (janvier 1883), la presque totalité de sa belle fortune, pour continuer l'œuvre de vulgarisation entreprise par Allan Kardec? Il y a tout lieu d'espérer que non, et qu'ils lui rendront finalement la justice *d'accomplir ses vœux de fondations charitables*...

Point spirite!!... Madame Allan Kardec me prouva, par son exemple, qu'on pouvait l'être et conserver un parfait équilibre dans sa raison. Et je repris, d'après ses conseils, mes investigations d'antan.

Tout d'abord, afin de voir de plus près et de suivre régulièrement des séances expérimentales, j'entrai, comme membre actif, à la Société qui venait de se fonder, 5, rue Neuve-des-Petits-Champs, à Paris, pour l'Étude spéciale des Sciences psychologiques.

Mais, avant de relater les phénomènes dont j'y fus témoin, je dois mentionner trois soirées typtologiques que j'organisai chez moi, avec la collaboration gracieuse d'un médium aussi convaincu que désintéressé, madame M..., de la rue d'Estrées, à Paris.

Le succès des deux premières séances m'encouragea. A des questions *mentales*, la table, par des bruits ou des mouvements conventionnels, répondit avec exactitude chaque fois que *je connaissais moi-même la réponse à faire à ma question*. Dans le cas contraire, c'est-à-dire si je l'interrogeais sur une matière incertaine, elle répondait mal ou ne bougeait pas.

Alors cette idée me vint que *le médium réfléchissait ma propre pensée*; quant à mettre sur le compte d'un pur hasard les réponses satisfaisantes, je ne crus devoir le faire. On peut, à la rigueur, expliquer ainsi une ou deux réponses vraies sur vingt, mais quinze sur vingt, c'est autre chose que du hasard, on en conviendra.

Il y a mieux.

Au cours de la deuxième soirée, pendant que madame Allan Kardec interrogeait la table, moi, sans rien dire à personne, sans un geste qui pût donner un indice quelconque au médium, je sollicitai l'Esprit (?) présent de vouloir bien pousser le meuble vers moi, jusque dans le coin du salon où je me tenais.

La chose arriva aussitôt que pensée, avec une rapidité et une précision telles, que les mains du médium demeurèrent dans le vide et que je reçus, du bord de la table, un choc assez violent pour que j'en aie conservé le souvenir.

A ma troisième soirée, je convoquai quelques amis. Mais, pour eux, comme pour moi du reste, rien de valable ne s'y produisit, cela malgré le concours actif d'un médium Américain qui devait nous émerveiller tous!... Il ne réussit qu'à me faire prendre en pitié par mes amis et l'un d'eux m'envoya le lendemain le deuxième volume des *Etudes et Lectures sur les sciences d'observation et leurs applications* par M. BABINET.

Le signet était mis à l'article des « *Tables tournantes* »; j'en ai retenu ce qui suit :

Page 19. « Il ne reste d'obscurité que sur l'accord qui s'établit entre la pensée des opérateurs et les mouvements qu'ils impriment au corps mobile. Sous ce point de vue, les tables européennes sont bien plus curieuses que les grossiers frappements américains...

Page 51. » Il y a des coups frappés, qui répondent à des questions ou qui indiquent des lettres. Ces lettres forment un sens ; mais les morceaux d'éloquence ainsi obtenus sont peu élevés.

» Qui produit ces sons ? Le médium par la *ventriloquie*.

» Les tables se meuvent par l'imposition des mains suffisamment prolongée; mais elles ne peuvent se soulever sans être lancées, ni se maintenir en l'air en repos.

» Les indications de la table sont intelligentes, parce qu'elle répond sous l'influence intelligente des doigts imposés.

» Donc, *rien de surnaturel*, mais du curieux, du nouveau, de l'intéressant.

Pages 230 à 254. » Les tables se meuvent par la résultante des mouvements naissants (mouvements très énergiques à cause de leur brièveté comme étendue) imprimés par ceux qui imposent les mains.

» L'hypothèse d'une table se mouvant par le seul effet de la volonté du médium est absurde, comme serait absurde le miracle du mouvement perpétuel. »

A l'objection qu'on pourrait formuler ainsi : « Pourquoi alors les tables ne tournent-elles pas toujours quand on leur impose les mains, c'est-à-dire quand il y a des mouvements naissants très énergiques? », M. Babinet répond qu'il n'a pas à examiner cette question, mais bien celle-ci : « *Comment* » les tables se meuvent. Puis il révoque en doute les faits d'apparition, de divination, de révélations par l'écriture directe etc..., ou il les considère comme de la prestidigitation et du compérage.

C'est net, sinon juste.

Nier ne suffit pas pour éliminer un phénomène

et la méthode de M. W. Crookes, qui consiste à l'étudier, même quand il « n'est pas en rapport avec les connaissances acquises » semblera de beaucoup préférable.

Du reste, si on en croit certains spirites que je sais de bonne foi, M. Babinet serait revenu, sur la fin de sa vie, à d'autres sentiments; il aurait eu des preuves évidentes que ses explications ci-dessus n'expliquaient rien. L'ennui de les désavouer publiquement l'aurait seul maintenu dans une réserve obstinée qui n'avait plus rien d'hostile d'ailleurs.

Admettra, qui voudra, cette conversion du savant français; pour moi j'en parle sans y donner caution et la relègue dans le domaine de la légende.

Il y avait, d'habitude, trop de monde aux séances de la Société psychologique, pour que l'on pût se livrer à un contrôle suffisant des résultats obtenus ; partant de là, elles m'intéressèrent quelquefois mais sans ajouter jamais rien à ma conviction.

Jamais! c'est trop dire, car voici la relation d'expériences magnétiques — les premières que je rencontrai aussi bien réussies — qui me rendirent tout rêveur.

Je copie textuellement mes notes de ce jour-là, (23 juillet 1878).

— » M. J...., un opérateur âgé de 25 ans environ, met en état cataleptique un homme qu'il a choisi au milieu de l'assemblée et qu'il déclare n'avoir jamais magnétisé.

» Emission de fluide à distance : de quatre à cinq mètres; sous chaque jet, l'homme tressaille comme sous le coup d'une commotion électrique; finalement il s'endort — On lui met les bras en croix, la contracture se produit et ils deviennent rigides.

Simultanément, en un autre point de la salle, une dame endort une dame à l'aide de passes.

M. J... démagnétise l'homme et opère ensuite avec son sujet habituel, une jeune fille de dix-huit ans, fluette. Résultats vraiment merveilleux.

1º Catalepsie partielle : la moitié de la figure de la jeune fille est insensibilisée, tandis que l'autre moitié conserve son excitabilité.

2º Catalepsie totale : rigidité absolue — Les extrémités de la jeune fille reposent sur les bords de deux chaises écartées; le reste du corps, dans le vide, droit comme une planche, sans aucun mouvement apparent. Cela pendant plus de cinq minutes, montre en main.

3º Extase : positions et gestes du sujet tout à fait anormaux.

Ici, point de doute : expérience honnête, phénomènes réels. J'ai constaté que la supercherie est impossible.

Preuve plus évidente encore : l'opérateur, à la fin de la démonstration, croyait avoir complètement dégagé son sujet — La jeune fille retourne à sa place, mais, au moment de l'atteindre, elle tombe à la renverse tout d'une pièce!... Sa tête porte sur une des chaises qui avaient servi aux expériences et la dite chaise est projetée à plus d'un mètre. Epouvante générale!... La jeune fille semble morte; on s'empresse autour d'elle et c'est en tremblant que le magnétiseur, devenu livide, reprend les passes de dégagement.

Une personne, dans l'état normal, se fut grièvement blessée, peut-être même tuée...; la jeune fille revient à elle et déclare, en souriant, qu'elle ne se rappelle de rien, ni ne souffre point!?...

Remarques complémentaires:

1º Cet incident (écrivons « accident »), absolument imprévu, fut le fait capital de la séance.

2º Avec la jeune fille le magnétiseur ne s'est servi de passes que pour la dégager; son regard seul a opéré l'engagement.

3º Il paraît que, dans l'état de *charme* ou *hypotaxie*, le sujet ne résiste plus aux suggestions du magnétiseur. Celui-ci peut renverser tous les termes de la réalité et le sujet éprouve les impressions de la suggestion quelle qu'elle soit : insensibilité ou hyperesthésie. De là cette expérience, appelée électrique, par M. J....

En tenant les deux bouts d'une petite corde, « magnétisée *ad hoc* », la jeune fille, toujours endormie, tressaillait par secousses, comme si on l'eût réellement électrisée.

On apporta une machine d'induction, dont j'éprouvai la force par moi-même. — A demi-courant, je demandai grâce, ne pouvant plus résister. — On laissa le courant se développer en entier et on mit les deux poignées, correspondantes aux pôles, entre les mains de la jeune fille cataleptisée. Elle ne broncha pas plus que si on lui eût donné à tenir les bouts d'un simple ruban.

Oh! la puissance du regard! Comme on comprend bien, après cela, la fascination qu'exercent le serpent et l'oiseau de proie sur leurs pauvres victimes.

Celles-ci, devinant le sort qui les menace, voudraient fuir, mais elles ne le peuvent pas : un lien invisible les retient, d'autant plus difficile à rompre que la mort est rendue plus imminente par l'approche de l'ennemi!...

4e A l'issue de la séance, le magnétiseur et son sujet m'ont déclaré « avoir une foi absolue dans la vérité du Spiritisme. » Aveu bon à noter, car je connais nombre d'autre magnétiseurs qui n'y croient point du tout et rejettent l'hypothèse de l'intervention des désincarnés pour les phénomènes d'extase, de double vue etc...., qu'ils obtiennent. Ceux-ci, disons-le en passant, étaient généralement mal vus, voire mal accueillis à la Société des Etudes psychologiques : les portes de cette petite église s'ouvrent facilement pour les frères et sœurs en croyance et se ferment de même sur le nez des sceptiques. Il faut montrer une grande docilité pour rester de la maison.

Pourtant, on y fut d'abord moins rigoureux à mon égard, sans doute à cause de madame Allan Kardec ma présentatrice : on ne manœuvra pour m'écarter qu'au bout d'une année. Mais, alors, je passai au rang de gêneur terrible dont il fallait se débarrasser à tout prix.

Ce fut le directeur qui s'en chargea, à l'aide d'une bonne calomnie dont j'ai conservé la preuve écrite. Glissons sur ce fait personnel.

L'intolérance est loin d'être inconnue dans le camp spirite et, souvent même, elle s'exerce entre adeptes; eux aussi, comme les hiérophantes, pratiquent l'excommunication.

J'ai vu des questions de pure métaphysique soulever des tempêtes d'autant plus durables que la preuve du pour et du contre était impossible et, vingt fois, des chefs de groupes particuliers éveillèrent ma suspicion, en affirmant que ce que l'on faisait chez le voisin ne valait rien... Toutes choses, en un mot, éloignant au lieu de convaincre.

FRANÇOIS BERNY

Ma voisine s'étonnait de ce qu'elle appelait « mon obstination. » Je lui répondais invariablement que je n'obéissais à aucun parti pris et que, le jour où la présence d'un désincarné me serait démontrée, j'y croirais.

Ce jour arriva, ou, tout au moins, j'en jugeai alors et j'en juge présentement ainsi. Affaire au lecteu d'estimer si la démonstration suffit.

Ce jour-là, madame F..., un médium remarquablement doué, dont j'avais entendu parler dans quelques groupes d'études, vint en visite chez madame Allan Kardec comme je m'y trouvais moi-même et lui présenta son fils, un charmant bébé de dix à onze mois qu'elle tenait sur les bras. Madame F... était accompagnée par sa mère, personne de la plus haute respectabilité.

Nous passâmes au salon.

Tout naturellement, étant donné le milieu, après les compliments d'usage, on parla du Spiritisme et madame Allan Kardec raconta mon incrédulité incurable.

Je m'en excusai par différents motifs et surtout

par celui-ci : que tout ce que j'avais vu jusque-là n'était pas assez probant pour me faire admettre l'intervention des Esprits et que les phénomènes de la table pouvaient s'expliquer, au besoin, par une « action réflexe » de la pensée de l'interrogateur ou des assistants qui y imposaient les mains.

« Action réflexe ! voilà donc toujours le grand cheval de bataille de ceux qui, ne pouvant plus nier les phénomènes, ne veulent cependant point les attribuer aux Esprits, comme le faisait mon regretté mari, dit madame Allan Kardec. Cependant, ajouta-t-elle avec vivacité, soyez sûr qu'il ne se prononçait pas à la légère. — Tenez, pour vous en donner une preuve, voici ce qu'il écrivait dans un des numéros de notre Revue :

— » Si un effet insolite se produit, bruit, mouvement, apparition même, la première pensée que l'on doit avoir, c'est qu'il est dû à une cause toute naturelle ; il faut ensuite rechercher cette cause avec le plus grand soin et n'admettre l'intervention des Esprits qu'à bon escient. »

— « Vraiment, répliquai-je à mon tour, je trouve le conseil sage. Mais c'est précisément parce que je l'ai mis en pratique d'instinct, sans l'avoir lu, que je ne crois pas encore. Je ne me rendrai qu'à *bon escient.* »

Puis j'ajoutai, en manière de politesse, « que je me trouverais grandement obligé le jour où madame F... voudrait bien utiliser devant moi sa puissance médianimique, que l'on qualifiait d'extraordinaire.

— « Extraordinaire... non ! répondit-elle, mais suffisante, je l'espère, pour vous engager à persévérer dans vos recherches. »

J'entre dans tous les détails de cette première entrevue, pour montrer qu'elle n'avait rien de prémédité contre moi et que tout ce qui va suivre est absolument sincère. D'ailleurs, c'est par hasard, et en courant, que j'allai cette fois là chez madame Allan Kardec; madame F...., que je n'avais jamais vue, pour qui j'étais un inconnu, y vint non moins fortuitement, je puis l'assurer en toute sécurité de conscience.

Je lui proposai un rendez-vous à quelque temps de là.

— « Ma mère et moi nous pouvons présentement disposer d'une heure ou deux; si vous en aviez le loisir vous-même, nous pourrions essayer tout de suite, me répondit madame F... »

Cela me dérangeait fort : j'étais attendu autre part. Néanmoins, de crainte que l'occasion ne me manquât plus tard, je consentis à ce qu'on opérât tout de suite.

Madame F... me donna le choix sur le mode de communication: par la typtologie, l'écriture directe, la double vue, le verre d'eau, etc... etc..., car elle possède tous ces genres de médiumnité.

J'optai d'abord, pour les manifestations DANS la table.

J'indiquai, à cet usage, un énorme guéridon placé dans un coin du salon, et supportant un capharnaüm de livres, de brochures, de journaux, de fleurs et d'autres objets.

Objection de madame Allan Kardec qui, trouvant ce meuble trop lourd et trop encombré, propose de faire apporter d'une pièce voisine une table beaucoup plus légère.

Instantanément la méfiance m'envahit: je tiens bon pour le guéridon; en un tour de main, je le débarrasse et le passe au milieu du salon.

Madame F... donne son enfant à garder à sa mère; puis, prenant une chaise, elle s'assied auprès du meuble sur la surface supérieure duquel elle pose l'extrémité des doigts.

J'allais en faire autant, c'est-à-dire, m'asseoir en face du médium et imposer aussi les mains, comme on me l'avait toujours demandé jusque-là, dans les séances publiques ou privées où j'étais allé, mais madame F... me dit que c'était inutile, que son fluide à elle seule suffirait et qu'il valait mieux que je me tinsse à l'écart pour *bien* observer.

Au bout de quatre à cinq minutes, des craquements sonores se produisirent dans le guéridon, auxquels succédèrent des coups nettement frappés, selon le rhythme ou le nombre que je choisissais *mentalement*.

De même, *je pensai* à certaines lettres qui me furent exactement, et sans hésitation, indiquées par leur numéro d'ordre.

C'était merveilleux de précision ; mais, là encore, la théorie de « l'action réflexe » vint au secours de mon incrédulité : « Je sais ce que je veux et le médium répond à ma pensée. La double vue suffit; il n'y a nul besoin de l'intervention des Esprits. »

Après ces expériences, je demandai que l'on continuât avec des coups frappés, non plus DANS la table, mais PAR la table. *On* y consentit.

J'emploie, à dessein, le pronom indéfini. Ce n'était plus à madame F... que j'avais à faire, mais à la cause qui se servait d'elle, ou qu'elle supposait exister en dehors d'elle.

Ici, un phénomène va se produire, tel que je n'en avais jamais rencontré de semblable, et dont l'explication me paraît impossible en dehors du spiritisme.

J'avais pris l'habitude, en fréquentant les groupes d'études psychologiques, pour ne jamais demeurer au dépourvu ou faire des questions banales, d'inscrire, sur mon calepin, des notations particulières, touchant certains morts que j'avais connus, ou des points d'histoire ou de philosophie hors de la portée commune.

J'ouvris mon calepin et, cette fois, je choisis, pour l'évoquer, le nom d'un compatriote qui s'était suicidé.

Le guéridon, en se soulevant d'un côté et retombant avec bruit, indiqua fort bien la première lettre du nom de famille de mon défunt; mais je ne pus obtenir de même la première de son prénom.

Je demandai ensuite la cause de sa mort. On me répondit :

« Fièvre cérébrale typhoïde. »

L'erreur me sembla si évidente, que j'en conclus, de rechef, dans mon for intérieur, contre les médiums et la doctrine spirite, et que je dis à madame F..., un peu trop cavalièrement à ce qu'il paraît, « qu'il devenait inutile de continuer, parce que nous perdions notre temps. »

A peine eus-je formulé ainsi mon désappointement, qu'il y eut dans le guéridon un bouleversement général. Je craignis même, un instant, qu'il ne se brisât et madame Allan Kardec blâma mon obstination de l'avoir préféré à la table qu'elle proposait.

Le guéridon se soulevait tantôt d'un côté, tantôt d'un autre ; il allait, il venait, roulant à droite, à gauche, en avant, en arrière, faisant vacarme de craquements et de frappements tout à la fois.

Le médium aussi tressautait sur sa chaise et ne pouvait s'arrêter.

— « Ce sont, me dit madame F..., d'autres âmes qui s'emparent de la table et veulent se communiquer!... »

J'y voyais, moi, le prélude d'une fin de séance comme j'en avais tant vu, séance faite pour rebuter le chercheur le plus tenace et démontrer l'inanité des « prétendus phénomènes psychiques. »

Cependant les mouvements désordonnés cessèrent et le guéridon recommença l'indication de lettres, *sans autre évocation de ma part.*

Voici les huit premières dans leur ordre précis :

« F-R-A-N-Ç-O-I-S. »

« *François!* songeai-je encore en moi-même, prénom aussi banal qu'insignifiant! Qui, dans ses souvenirs, ne retrouve pas un parent ou un ami l'ayant porté?... Pourtant, j'y ajoutai, machinalement, par la pensée, le nom de famille d'un homme avec qui je m'étais trouvé en relations de travail et qui était mort depuis un an : L-A-B-R-O-U. »

Évidemment, d'après ma théorie (« l'action réflexe ») ma pensée, sollicitée par un prénom épelé au hasard, ayant fonctionné, un L, puis un A, puis un B, etc., allaient m'être indiqués, en conformité du ressouvenir provoqué en moi, et je n'en serais pas plus avancé, avec la grande médiumnité de madame F... qu'avec celles de cent autres cotées moins haut!...

Point du tout : voilà qu'en place des lettres attendues, viennent les suivantes : « B-E-R-N-Y. »

Ainsi, on avait dit : « François Berny »!... Je l'avoue, cette communication inattendue me frappa de stupeur. C'étaient les noms d'un brave homme que j'avais beaucoup aimé et fréquenté dans ma jeunesse et avec lequel, par raison de convenances, je cessai mes relations, parce que son fils m'avait desservi dans un cas fort grave.

Depuis la rupture, qui nous affligea tous les deux, et surtout depuis sa mort, que j'appris incidemment et qui remonte à l'année maudite 1870, je n'avais plus guère songé à François Berny.

Il ne figurait pas sur mon calepin et il était à mille lieues de ma pensée au moment de la séance que je décris. De plus, ni madame F..., ni sa mère, ni madame Allan Kardec, les seules personnes autres que moi présentes à cette séance, ne l'avaient connu, ni, même, n'en avaient entendu parler.

Comment expliquer alors que treize lettres aient été, correctement et sans hésitation, alignées pour reconstituer sa mémoire?

J'élimine d'abord, comme inadmissibles, l'hypothèse de la supercherie et celle du hasard : que l'on songe à toutes mes précautions et à la multiplicité des combinaisons possibles avec treize lettres, prises même au choix, parmi les vingt-six de notre alphabet.

Je ne puis davantage me raccrocher à ma vieille théorie : le médium n'a pas réfléchi ma pensée, puisqu'elle était tout autre ; le mot LABROU ne ressemble pas du tout à BERNY.

Reste donc l'explication des spirites : celle qui admet la possibilité des relations entre incarnés et désincarnés, les vivants et les morts. Vraiment, jusqu'à preuve du contraire, il me faudra la tenir pour bonne.

Il y a bien encore cette autre, qui met à l'actif de Satan « les prestiges » de l'Occulte.

— « Oui, disent certains adversaires du spiritisme, oui, la manifestation est possible, quand on évoque les morts; mais c'est Satan qui vient. »

Écoutons, là-dessus, un prince de l'Église catholique : Monseigneur l'Archevêque de Toulouse, dans son instruction pastorale pour l'an de grâce 1875.

———

— « Rien de plus louable que de secourir les morts, (par les prières et la messe); rien de plus païen que de les consulter...

» Si ce n'est pas le charlatanisme qui répond dans les séances de spiritisme, ce sont les démons...

» En faisant des évocations, on permet à des esprits impurs de prendre la place des évoqués, (c'est-à-dire d'un parent, d'un ami, d'un grand homme etc.) Avis conforme à celui de Tertullien.

» Loin de nous la pensée de nier la possibilité des communications entre le monde visible et le monde invisible... Il y en eut dans le passé... Mais c'était dans des conditions conformes aux enseignements de la foi et garanties par le contrôle infaillible de l'Église... Les spirites, au contraire, conversent avec le monde invisible au mépris des injonctions divines et de l'autorité ecclésiastique... Leur religion est celle de celui qui fut homicide dès le commencement du monde.

» Il peut donc être vrai que les esprits répondent aux interpellations d'un médium, parce qu'ils sont des intelligences ; il peut même se faire qu'ils répondent des choses élevées, parce que ce sont des intelligences supérieures. Mais il n'est pas possible qu'ils enseignent une science certaine, parce que ce sont des Esprits de mensonge, ni une science utile, parce que le caractère de la parole de Satan, comme celui de Satan lui-même, c'est la stérilité.

» Nécromanciens et sorciers furent les spirites du passé... Il (le spiritisme), devrait donc, comme toutes les institutions malfaisantes, être l'objet d'une surveillance active et *d'une énergique répression...* »

Ainsi, le doux archevêque fait appel au bras séculier, et il songe, avec regret et amertume, à l'impiété du temps présent qui ne permet plus, à l'autorité infaillible de l'Église, d'élever des bûchers contre les hétérodoxes.

C'était sans doute aussi le sentiment du pape Pie IX, qui dut se borner à fulminer, le 30 juillet 1856, un anathème tout platonique contre les pratiques du *somnambulisme* et de la *claire-vue!*...

Hé bien ! n'en déplaise au pape, aux cardinaux, à monseigneur de Toulouse et à toute la corporation sacrée, leurs raisons, pour maudire le Spiritisme, ne sont pas plus valables que celles données par les partisans du hasard, pour expliquer le phénomène de communications analogues à celle de *François Berny*.

En effet, si l'on passe en revue les points essentiels de la doctrine, telle qu'elle résulte notamment de l'enseignement d'Allan Kardec, on n'y trouve rien, absolument rien, que ne puissent admettre la conscience la plus timorée, la philosophie la plus scrupuleuse, dans la pratique comme en théorie. Et comme, plus ou moins volontairement, les uns par estime, les autres par impuissance d'innover, tous les prédicants spirites marchent dans le sentier du Maître, il en résulte, d'ensemble, un enseignement moral, fort bien équilibré, s'appuyant sur la responsabilité de chacun vis-à-vis de tous et vis-à-vis de soi.

Satan professant la [morale au profit de l'humanité (c'est le cas dans la grande majorité des communications écrites ou parlées, spontanées ou provoquées, que j'ai étudiées jusqu'à cette heure) : voilà une découverte par trop étonnante, pour qu'on l'admette sans réserve, que ce soit la tiare et la mitre qui l'aient faite! Satan préconisant la concorde, la charité, la prière, le repentir des fautes etc... ne serait plus lui-même, mais Jésus, Vincent de Paul, Lamennais, la Sagesse : une toute autre individualité que le « Génie du mal », que « l'adversaire de Dieu », que « l'ennemi de l'homme », comme on le considéra à toutes les époques où l'on admit son existence.

Revenons à notre séance.

Le temps me manquant, nous la terminâmes après la manifestation de François Berny. Je demandai à madame F.... de vouloir bien, une autre fois, tenter, en ma présence, de nouvelles évocations et me permettre d'y amener M. Ch. B., le plus sagace de mes amis.

Elle me le promit et je me retirai, en me remémorant, pour le consigner exactement dans mes procès-verbaux, tout ce que nous avions obtenu, c'est-à-dire en résumé succinct :

1° Des coups frappés dans la table ou guéridon, à différentes reprises, selon le nombre et le rythme que j'avais choisis moi-même *mentalement* : cela sans me mettre à la table, sans donner, à qui que ce soit, un indice de ma pensée ;

2° Après les coups frappés *dans* la table, une série d'autres frappés avec le pied de la table, encore selon le nombre et le mode que je désirais ;

3° La première lettre du nom d'un mort que j'avais évoqué mentalement, mais rien que cela d'exact, sous l'empire de mon évocation ;

4° Des mouvements fébriles chez un objet naturellement inerte ;

5° Treize lettres consécutives, pour nommer un défunt, connu de moi seulement, que je n'avais pas évoqué, auquel je ne pensais pas au moment de l'expérience et à qui je n'avais guère pensé depuis plus de dix ans.

Rappelons que le nom de famille fut amené aussi facilement que le prénom, bien que, par la pensée, j'appelasse des lettres toutes différentes : LABROU au lieu de BERNY ; circonstance que me porte à abandonner, comme insuffisante, ma théorie de « l'action réflexe. »

En ce temps-là, un certain M'. CAZENEUVE, « l'homme » le plus décoré des cinq parties du monde », comme on disait dans tous les journaux, annonça, *urbi et orbi*, qu'il allait donner, dans l'amphithéâtre de la Sorbonne, au bénéfice des Instituteurs de France venus à Paris dans un congrès pédagogique, une *grrande* séance de prestidigitation, au cours de laquelle il dévoilerait « que les merveilles spirites n'étaient que des farces. » Il affichait un si beau zèle, « contre le surnaturel et le merveilleux », un si grand désir d'en affranchir l'intellect de ses contemporains, que je ne crus pas commettre une importunité en lui adressant, par l'entremise d'un écrivain populaire, la relation qui précède et lui demandant la faveur d'une explication que je publierais dans un organe scientifique fort répandu.

Hélas ! le *grrand* adversaire de la « superstition spirite », le « dévoileur de trucs », ne me répondit pas, (par impuissance de le faire doctement, ai-je conclu); et, c'est dominé encore par le souvenir prestigieux de la médiumnité de madame F... que je reçus, à quelques jours de là, une invitation, du docteur son époux, pour assister à une série d'expériences intitulées :

« MANIFESTATIONS DE L'OCCULTE. »

Je n'eus garde d'y manquer.

Nous nous trouvâmes réunis, à l'heure indiquée, (9 h. du soir), une vingtaine de personnes, non compris les gens de la maison, plus une dame que j'appellerai « *le second sujet* » et qui sert habituellement aux expériences magnétiques du docteur F... Au nombre des vingt assistants, je remarquai particulièrement un savant russe, M. Aksakof, et trois médecins français. Le reste des invités comprenait quatre dames et douze messieurs, ceux-ci étrangers entre eux, et, comme tels, défiants en diable. Note moyenne de l'intelligence dans l'assemblée, celles du savant russe et des médecins mises hors pair : *encore au-dessus du commun.*

Nous eûmes, comme préambule, un discours du docteur F...

Il déplora, en termes inspirés, le discrédit où étaient tombées les sciences hermétiques, à la réédification desquelles cependant la société moderne, menacée de toutes parts, était pour le moins aussi intéressée que l'ancienne.

Sa conclusion fut à peu près celle-ci :

— « Après plus de vingt ans de recherches, j'ai retrouvé une partie des formules du Magisme et je vais, par elles, provoquer une série de phénomènes que vous contrôlerez comme il vous plaira.

» Ne concevez, je vous en prie, aucune prévention préalable à cause de signes ou paroles cabalistiques que vous me verrez employer. Vous les prendriez, si je ne vous avertissais, comme une simple mise en scène dont j'aurais pu me dispenser, tandis, au contraire, qu'ils sont rigoureusement obligatoires pour réussir d'après ma méthode.

» Il faut aussi, pour cela, des sujets spéciaux. On en rencontrait beaucoup dans l'antiquité; aujourd'hui, à cause de notre civilisation qui s'éloigne de plus en plus des vraies lois de la nature, ils sont extrêmement rares.

» J'ai eu pourtant la bonne fortune d'en découvrir deux. L'un possède une médiumnité très puissante et très diverse, ainsi qu'autrefois les Sibylles; l'autre est une Pythonisse. »

Son discours terminé, le docteur nous présenta ses deux sujets, deux dames, dont l'une, son épouse, (notre médium du précédent récit), remplit le rôle de Sibylle; puis il passa à la production des phénomènes.

Il nous commanda de choisir, entre nous, et d'inscrire sur une feuille de papier :

1° Le nom d'un mort que nous désirerions évoquer;

2° Une question scientifique ou philosophique à laquelle l'*Occulte* fournirait la réponse ;

3° Les noms d'un mets et d'une boisson.

Ensuite il quitta le salon qui, (détail bon à noter), était et demeura, toute la séance, parfaitement éclairé.

En l'absence du docteur, de sa Sibylle et de sa Pythonisse, sorties en même temps que lui, on inscrivit sur une feuille détachée, au moment même, du carnet d'un des assistants, les noms et la question qui suivent :

1° *Rossini;*

2° *En dehors de la matière y a-t-il un principe métaphysique? quel est-il?*

3° *Savarin* et *Amer Picon.*

C'est M. Aksakof, le savant russse, qui avait choisi.

Cela fait, je pliai *moi-même* la feuille de papier en forme de lettre et, pour éviter toute supercherie, je la cachetai de telle façon qu'on ne pût *naturellement* la lire sans briser le cachet; puis on rappela le docteur.

Il revint en compagnie du second sujet, la Pythonisse.

Celle-ci, en état de somnambulisme, s'assit sur une chaise, nous faisant face, et le docteur demanda la lettre.

M. Aksakof la lui remit.

Des mains du docteur, elle passa sans arrêt entre celles de la « voyante » qui, toujours endormie, se l'appliqua, d'un mouvement très lent, à l'occiput, au sommet de la tête, sur le front, et, enfin, sur le cœur, en articulant les syllabes d'une langue inconnue à nous tous, et au docteur aussi qui la considère comme devant avoir été la langue primitive de l'humanité.

Pendant ces agissements, le docteur alla chercher, dans une pièce adjacente, un hibou vivant qu'il posa sur la tête de la Pythonisse et une peau de serpent, qu'il lui enroula autour du cou ; après quoi, il lui reprit la lettre et, comme j'étais le plus rapproché, il me la donna, sans la garder, ni l'examiner plus qu'il ne l'avait fait précédemment.

Bientôt il y eut extase.

Le hibou fut retiré de dessus la tête de la « voyante » et celle-ci se leva de son siège. Toujours endormie, mais les yeux grands ouverts et fixes, elle marchait automatiquement vers un point du salon que marquait l'index du maître, quand, soudain, elle aperçut un spectre et se jeta contre terre en s'écriant : « Rossini !... »

Ensuite elle simula, devant nous, la mort de l'illustre compositeur. L'agonie, compliquée de spasmes effrayants, dura au moins vingt minutes, pendant lesquelles nous étions angoissés comme s'il s'agissait, non d'une représentation, mais d'une mort véritable. De fait, pour ceux qui, comme moi, assistaient la première fois aux « Manifestations de l'Occulte », il y avait de quoi frissonner.

C'étaient bien les plaintes, les soupirs étouffés d'une souffrance inénarrable et les mots inarticulés de la dernière heure que la Pythonisse laissait échapper ; sa respiration devenait de plus en plus courte ; des filets d'écume sanguinolente sortaient de sa bouche et ses mains se crispaient. Enfin, tout son corps eut un soubresaut violent, puis il se roidit !...

Nous fûmes invités à nous approcher, pour contrôler son état.

On constata la rigidité des membres et l'absence du pouls ; le cœur ne battait plus ; il n'y avait plus de souffle perceptible. Un miroir, mis sur la bouche de la patiente, ne se ternit pas, et on put lui placer sous les narines un flacon d'ammoniaque concentrée, sans qu'elle en éprouvât de gêne, sans qu'elle eût le moindre tressaillement. La vie était généralement suspendue en elle et son insensibilité dura au moins cinq minutes, après lesquelles le docteur fit emporter le pseudo-cadavre hors de notre vue.

A la Pythonisse succéda la Sibylle.

— Celle-ci survint dans le salon, vêtue comme une prêtresse de l'antiquité, et aussi en état de somnambulisme. Elle avait les yeux fermés, mais, malgré cela, sa démarche n'était point hésitante.

A son arrivée, le docteur la toucha d'une baguette aimantée, ayant la forme d'un serpent, et l'Esprit de Rossini s'incarna en elle : le phénomène de la manifestation du mort évoqué se continua.

La Sibylle nous parla en italien, puis elle alla s'asseoir au piano dont elle toucha d'une façon merveilleuse. Ensuite, elle écrivit couramment et correctement, c'est-à-dire avec toutes les notes et tous les signes nécessaires, une composition musicale pour quatre vers qu'on lui dicta dans l'assemblée ; tout cela, les yeux constamment fermés, et avec une perfection vraiment digne de Rossini dont, détail remarquable, elle avait pris le faciès.

Cette seconde partie de l'expérience théurgique durait depuis une demi-heure, quand la Pythonisse réapparut et s'adjoignit à la Sibylle. Elle tenait dans chaque main un serpent vivant qui formait spirale autour de l'avant bras ; un troisième s'enroulait autour de son cou.

Et toutes deux, Sibylle et Pythonisse, sans la domination du docteur, continuèrent à nous émerveiller.

Ici, un des assistants posa une question.

— » Pensez-vous, docteur, que ce soit réellement défunt Rossini qui ait impressionné vos sujets ?

— » Evidemment, c'est bien son spectre que ma Pythonisse a vu et c'est bien son Esprit, ou son âme, comme vous voudrez l'appeler, qui inspira ma Sibylle.

— » Alors, vous êtes Spirite?

— » Oui, en tant qu'il s'agit d'affirmer la possibilité des manifestations d'outre-tombe. Mais la grande différence entre nous, c'est que les Spirites restent subordonnés aux Esprits qu'ils évoquent, lesquels montrent plus ou moins de bon vouloir, viennent ou ne viennent pas à leur appel, tandis que moi, me plaçant dans les conditions nécessaires, et employant les formules du Magisme, *je les force toujours à venir.* »

A l'unanimité nous étions convaincus de la bonne foi du docteur : personne n'éleva d'objections contre l'absolu de sa réponse.

Ces phénomènes se passaient vers la fin de 1878. Depuis, les expériences d'hypnotisme des docteurs Charcot et Dumontpallieren ont amené d'analogues chez des névropathes de leur clientèle. Ils ont voulu aussi que quelques-unes de leurs malades devinssent insensibles partiellement ou complètement, prissent des attitudes anormales, perdissent la notion du réel, pour tomber sous l'empire de la suggestion, et ils ont réussi.

Trente ans avant eux, le docteur Th. Puel était entré dans la même voie avec un plein succès. Mais je ne sache pas que leurs essais aient été au delà de la perversion du jugement et du goût de leurs sujets : ceux-ci ont pu boire de l'eau claire pour du champagne, de l'alcool ou du poison, voir tout autre objet ou toute autre personne que la réalité, concevoir des remords violents pour des crimes imaginaires...; le merveilleux de ces perturbations n'approche pas de celui de la réponse que l'Occulte fit à notre question philosophique.

Le docteur F..., on se le rappelle, me passa la lettre tout aussitôt qu'il l'eut reprise à la Pythonisse. Je vérifiai que les cachets en étaient demeurés intacts et la mis dans ma poche d'où elle ne sortit plus qu'à la fin de l'épreuve. J'ajouterai, par surcroît d'explication, que, depuis le moment où M. Aksakof s'en dessaisit jusqu'au moment où je la reçus, je ne la perdis point de vue, ce qui me porte à affirmer que, *certainement*, ni l'opérateur, ni son sujet ne l'avaient lue par le moyen des yeux.

Donc, en résumé, point de supercherie dans le libellé de la question, à moins de supposer (hypothèse absurde !), que le savant russe qui l'avait choisie était d'accord avec le docteur F... pour nous circonvenir, se moquer de nous; point de supercherie non plus dans la transmission de la lettre et, par conséquent, impossibilité d'expliquer ce qui suit par les raisons ordinaires.

On avait ainsi formulé la question :

« En dehors de la matière, y a-t-il un principe métaphysique ? Quel est-il ?

» Voici comment et ce que répondirent la Pythonisse et la Sibylle.

La première s'assit sur un trépied recouvert d'une peau de Python et de là, tout en caressant ses serpents, dont les têtes se tendaient menaçantes vers nous, ou remontaient vers son visage, cherchant sa bouche, la « Pythie », comme la nommait encore le docteur, dictait, « dans la langue primitive », des mots que personne ne comprenait, excepté la Sibylle qui, toujours en état de somnambulisme, les yeux clos, les traduisait en français, par écrit.

Détail à noter : les deux sujets, une fois réveillés, ignorent aussi la signification du langage mystique et, même, la Pythonisse ne sait plus le parler.

Ce qu'elle dicta.

D'abord et *textuellement* notre question ; puis cette réponse :

« En dehors de la matière, il y a l'intelligence au moyen de laquelle elle s'évolue. Ce qui aide à l'évolution de l'intelligence, c'est l'Esprit. »

La plupart d'entre nous, il faut l'avouer, ne saisirent pas bien la signification de ces lignes; mais l'intérêt du phénomène, comme on va le voir, réside en dehors du logogriphe philosophique. Il est dans la faculté qu'eut la Pythonisse de lire une lettre sans l'ouvrir et dans cet autre fait incroyable : la Sibylle avait reçu une feuille blanche (tous les assistants purent le vérifier), et quand elle cessa d'écrire, non seulement nous trouvâmes notre question reproduite en tête de la dite feuille, mais, circonstance stupéfiante ! cette question était écrite de la même main et disposée de la même façon que dans l'original. Ainsi, par exemple, le mot métaphysique ayant été coupé en deux et mal orthographié, la copie sibylline comportait la même coupure et la même faute.

C'était à ce point conforme sur la lettre et sur la feuille qu'après comparaison le premier rédacteur se demanda s'il n'avait point fait quelque décalque, en même temps qu'il écrivait la question. — On reconnut bientôt que cela ne se pouvait : il n'avait arraché qu'une seule feuille du carnet et il l'avait appuyée, pour écrire, sur le marbre nu de la cheminée, au-dessous d'une lampe.

Comment la réduplication s'était-elle produite ?

A part l'explication du docteur, « par l'Occulte » je ne vois pas trop celle que l'on pourrait fournir. Or, croire, dans ce cas, à l'Occulte, c'est se conformer à l'enseignement des Spirites.

La troisième expérience correspondit au numéro 3 de la lettre, dont l'opérateur et ses sujets devaient encore ignorer le contenu, attendu qu'ils s'étaient éloignés pendant que nous contrôlions et commentions le précédent phénomène.

Cette troisième expérience ne mérite d'ailleurs qu'une esquisse fort brève : les faits qui s'y produisirent ne sortent pas du cadre de ceux que l'on voit généralement dans des séances purement magnétiques.

La Pythonisse, débarrassée de ses ophidiens familiers, « toujours en puissance de l'Occulte », reprit place dans un fauteuil que le docteur F... lui indiqua d'un geste impératif. Puis elle chanta, ou mieux psalmodia, dans la langue primitive « les tourments de la faim ».

C'était tout à fait monotone, comme musique et consonnance, mais les gestes et la physionomie de la famélique marquaient une grande souffrance.

— « Voici de quoi manger », lui dit le docteur.

Et, dans ses deux mains qu'elle a rapprochées et qu'elle tend, il fait le simulacre de mettre quelque chose.

Aussitôt l'expression de sa figure se modifie complètement : la satisfaction s'y peint en place de la détresse. La Pythonisse porte ses mains à sa bouche et mâche à vide avec gloutonnerie.

— « Vous trouvez donc bien bon ce que l'on vous a donné ? » demande l'un des assistants.

— « Oh ! oui, répond-elle sans perdre de temps et avec une conviction comique; oh ! oui... *C'est du Savarin.* »

Après cela, elle réclama à boire.

Nouveau simulacre du docteur. La Pythonisse croyant tenir une coupe pleine l'approche de ses lèvres avec avidité; mais, au même instant, elle fait une affreuse grimace et ouvre la main toute grande, pour laisser choir contenant et contenu.

— « Hé bien ! quoi ? » lui demande-t-on encore.

— « Pouah ! s'écrie-t-elle avec dépit, on m'a donné de l'*Amer-Picon* tout pur !... »

De la même façon, et selon nos désirs manifestés à voix basse ou par écrit, le docteur versa différentes autres boissons, notamment du champagne, dont elle se grisa à plaisir. Et c'est en titubant, par suite de toutes ces libations imaginaires, que la Pythonisse quitta définitivement le salon.

La soirée se termina par le phénomène « *de la transmission de pensée* ».

Madame F..., dont la médiumnité est si remarquable, à qui je devais déjà la communication concluante de FRANÇOIS BERNY, et qui venait de nous charmer tous en tenant l'emploi de Sibylle, nous démontra, « par des faits », que les négateurs de parti pris, au sarcasme facile, sont pour le moins aussi inconsidérés de hausser les épaules, quand on parle de Spiritisme devant eux, que certains naïfs peuvent l'être, en admettant tout sans contrôle.

On ferma le piano ; madame F... posa sur le couvercle l'extrémité de ses doigts et, une ou deux minutes après, des craquements sonores et intelligents se produisirent.

Je les appelle « intelligents », parce qu'ils répondirent exactement, comme nombre ou comme rythme, à la volonté alternative et secrète de chacun des assistants.

Pour mon compte, je pensai, mon tour venu, à une marche vive et rapide qui se répercuta nettement dans la charpente du piano.

Or, comme personne n'avait quitté sa place pour renseigner le médium, comme les frappements voulus au troisième rang des spectateurs furent exécutés aussi ponctuellement que ceux du premier rang, j'en conclus, avec raison je crois, que le phénomène de « la transmission de pensée » est chose possible, conclusion que je rééditerai plus tard, en analysant une des séances de magnétisme du professeur Donato.

Pour le présent, je quitte les arcanes de l'Occulte, en exprimant le regret de ne pouvoir, par discrétion, désigner autrement que par une ténébreuse initiale le savant et courageux médecin qui osait affronter, devant des confrères et un auditoire sceptique, le ridicule dont on couvrait encore ceux qui se livraient aux études psychologiques.

Un jour viendra, et ce sera bientôt, je l'espère, où lui aussi jugera opportun de rassembler et de publier ses notes : alors on verra, encore mieux qu'ici, parce que le docteur à une connaissance plus approfondie de la question, combien les phénomènes pathologiques, dont on mène présentement grand tapage, sont demeurés les mêmes que ceux des disciples de Mesmer ou de l'ancienne Théurgie et il prouvera que, en matière d'innovations, on a changé des noms et voilà tout!...

UNE SÉANCE MÉCANIQUE. — TABLE TOURNANTE

Depuis longtemps déjà, M. Ch. Boissay, — jeune érudit enlevé, trop tôt, hélas! à la science et à notre amitié, — m'exprimait le désir d'assister à une séance intime de Spiritisme, pour examiner le fait des tables tournantes, rien qu'au point de vue mécanique.

— « Car, disait-il, toutes les communications philosophiques ou autres obtenues dans les réunions où je suis allé, furent d'une banalité telle qu'il me répugne d'en provoquer de nouvelles et qu'elles m'ont conduit à ce point de douter qu'il y ait quelque chose de sérieux en tout ce qu'on raconte.

« Précisons :

« Je voudrais voir si réellement les tables se meuvent, tournent, par la seule imposition des mains d'un ou plusieurs médiums, c'est-à-dire sans le moindre effort volontaire ou inconscient de ceux-ci, et je voudrais le voir dans un milieu indépendant, où toute espèce de contrôle me fût permis. »

Cette demande m'embarrassa un peu d'abord. La grande difficulté était de trouver un médium assez dévoué à la cause, et assez sûr de lui-même, pour consentir à quitter son groupe habituel, et venir tenter l'épreuve sur un terrain inconnu, en présence d'un étranger hostile et suspectant, *a priori*, sa bonne foi.

Madame F... à qui j'en avais parlé à l'issue de la séance FRANÇOIS BERNY, accepta et je lui adjoignis M. Berceot, médium typtologue que j'avais rencontré à la Société des Études psychologiques de la rue Neuve-des-Petits-Champs, et dont la bonne foi m'avait paru parfaite.

Nous choisîmes, comme lieu d'expérimentation, le salon d'une dame appartenant au monde musical et scientifique, point médium par elle-même, mais toute dévouée à la cause du Spiritisme, grande admiratrice d'Allan Kardec qu'elle avait beaucoup connu et qui traduisait ses sentiments de vénération pour le Maître, en entourant sa veuve d'une affection filiale.

Mon ami eût préféré un milieu, sinon plus hostile, mais, disait-il, « un peu moins imprégné de bon vouloir »; cependant, par la nature même des expériences, sa conviction put se former en toute sécurité. D'ailleurs le caractère bien connu de notre hôtesse la mettait à l'abri de toute suspicion, même d'indulgence partielle, pour un médium douteux. — C'est dire que, quoique fervente, elle nous laissa libres d'agir en sceptiques.

Nous usâmes de la permission.

Une lourde table en chêne massif, pouvant donner place à dix personnes, devant laquelle madame F... s'assit toute seule et sur laquelle elle posa légèrement les mains, commença par faire entendre des bruits sonores, craquements et coups frappés, puis roula en décrivant, comme pour s'essayer, de nombreux zigzags et, finalement, une courbe d'un rayon aussi grand que le permettait l'étendue du salon.

Le médium se trouva associé à ces évolutions, tout en restant sur sa chaise : celle-ci glissait sur le plancher dans le même sens et avec la même rapidité que la table.

— « Tâchons de la maintenir en place », me proposa mon ami.

Et, lui et moi, nous unîmes nos efforts sans y parvenir. Pour réussir mieux, je m'appuyai des mains et des genoux sur la surface supérieure de la table : littéralement je montai dessus, espérant la paralyser par mon poids, 90 kilog. au minimum... Je n'arrivai ainsi qu'à me faire voiturer à travers le salon, d'une façon aussi comique qu'imprévue, et je ne pus descendre que quand madame F..., retirant les mains, la table cessa de courir.

Comme contrôle, nous examinâmes aussitôt la table dans tous les sens, la sondant de l'œil et du doigt : rien de suspect. Nous cherchâmes ensuite à nous rendre compte de la force qu'il fallait dépenser pour la faire avancer et reculer.

Je plaçai mes mains exactement au point où madame F... avait mis les siennes : environ aux deux tiers du rayon, en partant du centre. — Dans cette position, tout en m'arc-boutant solidement des pieds et des reins, bien encore qu'elle ne supportât plus de surcharge, j'eus une peine infinie à la déplacer de quelques centimètres dans le sens de l'avant.

Pour la ramener vers moi, je dépensai une énergie égale : le bois sifflait sous la pression de mes doigts, mais ceux-ci, glissant sur une surface unie, je n'obtins aucun mouvement rétrograde.

M. Ch. Boissay, (se défiant même de moi !,) essaya à son tour.

Il eut encore moins de succès : quelques efforts qu'il fît, dans un sens ou l'autre, en avant comme en arrière, la table demeura fixée au sol. Il en conclut que madame F..., dont la constitution apparente décèle plutôt la faiblesse que la vigueur musculaire, disposait ou d'un truc que nous n'avions su découvrir, ou de cette force neurique connue seulement par ses effets dans le magnétisme animal, ou de l'aide des Esprits, comme elle nous l'affirmait avec l'accent et la simplicité d'une véritable conviction.

Après cela, nous en vîmes à l'expérience des coups frappés *par* la table.

Ici la médiumnité de madame F... demeura partiellement en échec : il y eut de violents craquements et des coups frappés *dans* la table ; parfois on entendait comme un feu roulant de *rappings*, mais elle ne put obtenir qu'elle se levât d'aucun côté.

Nous demandâmes à M. Berceot, qui, jusque-là, n'avait fait que regarder, de s'adjoindre à madame F...

— « J'ai l'intuition que nos fluides se contrarieraient, répondit-il. — Laissez-moi me mettre seul à la table et, avec l'aide de Raymond, j'y parviendrai, je pense, quoiqu'elle soit bien lourde.

— « Raymond !? »

— » Oui. L'Esprit que j'évoque d'habitude en pareil cas.

— » Qui était-il ? Que faisait-il dans son existence terrestre.

— » Je n'en sais absolument rien. Un jour, il se manifesta spontanément par la typtologie. Depuis lors, j'ai souvent recours à lui.

— » Eh bien ! dis-je, que Raymond soit le bienvenu !

— » Surtout, pas de phrases ! uniquement des faits », ajouta mon ami, se cantonnant dans le programme qu'il avait tracé.

M. Berceot prit la place de madame F... et, moins de cinq minutes après, la table se soulevait lentement par le côté opposé au sien, puis retombait d'un seul coup, et si lourdement que le plancher trembla sous nos chaises et que les portes et fenêtres en furent ébranlées.

Intervention de la maîtresse de céans : le propriétaire habite la maison, et, si Raymond continue un pareil vacarme, elle aura congé au terme !... Sans doute l'Esprit a reconnu la justesse de l'observation : la table se soulève à nouveau, cette fois, brusquement, mais pour s'abaisser avec une lenteur telle qu'elle arrive à reposer sur le plancher sans aucun bruit. Et le mouvement de bascule se renouvelle à satiété, dans les mêmes conditions.

Était-ce aussi par le moyen d'un truc que M. Berceot opérait ? Nous ne le découvrîmes point davantage. Ce qu'il y a de certain, dans sa position, il ne pouvait, par lui-même, développer une force suffisante pour soulever la table d'aucun côté.

Il était resté assis et il posait ses mains à vingt centimètres du centre.

J'essayai, à nouveau, de faire la même chose : je n'y parvins pas. Pourtant, j'étais debout et pesai de toute mon énergie à l'extrême bord de la table.

J'ajouterai que M. Berceot, comme madame F..., comme tous les médiums en général, est d'une complexion délicate, et que la somme de tous ses efforts n'équivaut pas ordinairement aux deux tiers de la mienne.

Il fallut se rendre à l'évidence. Malgré ses préventions, M. Ch. Boissay admit comme réel le phénomène des « tables tournantes ».

Mais à quelle cause l'attribuer ? Evidemment elle se trouvait ailleurs que dans l'action immédiate du médium : nos efforts, à nous, demeurés impuissants, même réunis, le prouvaient.

La théorie de M. Babinet, — (par l'énergie et la coordination des mouvements naissants, etc.) nous sembla inadmissible; inadmissible aussi la supposition que l'on se moquait de nous, et que la table comportait quelque mécanisme secret. Nous l'avions trop bien auscultée, pour que cette supercherie nous échappât.

Fallait-il tenir compte de l'explication fournie par nos médiums, tendant à établir qu'un fluide, émané d'eux et utilisé par les Esprits, était le principe initial et essentiel des mouvements constatés? Si celle-ci n'était point la bonne, elle avait, tout au moins, une apparence raisonnable.

Qu'on en juge :

Pendant que la table, toujours sous l'influence de

M. Berceot, émettait une série de craquements sur un rythme indiqué, j'y posai aussi les mains pour aider, en apparence, à la manifestation ; en réalité, avec le désir secret, la ferme volonté de l'entraver.

Aussitôt les craquements cessèrent. — Étonnement de M. Berceot.

Madame F... se joint à nous : le mutisme continue.

Je retire les mains : tout de suite, le phénomène reprend.

On renouvelle l'épreuve.

M. Berceot opère seul : craquements. Madame F... seule : mouvements oscillatoires. Nous nous associons tous les trois : plus rien. Je me retire : tout recommence.

Et il en arriva de même quand, au lieu de poser les mains sur la table, je les mis sur les épaules des médiums.

Ne semble-t-il pas qu'il y eut vraiment, comme ils le prétendaient, une émission de fluide que j'absorbais ou détournais ?

Autre remarque. Pendant ce temps, j'éprouvais dans les mains, et par tout le corps, des démangeaisons intolérables. Elles cessèrent en même temps que l'embargo mis par ma volonté sur le phénomène. Quand mon désir fut à l'unisson de celui des médiums, je n'exerçai plus aucune influence : la manifestation se produisit avec, ni plus, ni moins d'intensité que si j'en étais resté simple spectateur.

EXPÉRIENCES DE MAGNÉTISME.

C'est par la théorie des fluides aussi que la plupart des magnétiseurs expliquent l'influence qu'ils ont sur leurs sujets.

Je vais, pour clore l'exposé de mes observations particulières, entrer dans le détail d'une représentation magnétique donnée par le célèbre Donato, aux membres de la presse scientifique, dans le courant de l'année 1881.

Pour nombre de personnes, Magnétisme et Spiritisme sont deux choses absolument distinctes, étrangères même l'une à l'autre : beaucoup croient au premier, qui se gaussent volontiers des spirites.

Eh bien ! à mon humble avis, ces rieurs ont tort. Je reconnais qu'on peut être magnétiseur et nier l'âme ou l'Esprit; mais il n'en est pas moins vrai de dire que certains phénomènes magnétiques, comme l'extase et la double-vue, si on veut les raisonner, entraînent, actuellement, vers les frontières du Spiritisme.

Ainsi, ce fait, par exemple, que j'avais déjà vu vingt fois et que je produisis moi-même, il y a quelque temps, dès la deuxième magnétisation d'un sujet.

Celui-ci tomba dans un sommeil lucide et je lui commandai de m'apprendre ce qui se passait, à l'instant même, chez un de mes parents, habitant à trente lieues de là et chez qui il n'avait jamais mis le pied.

Non seulement les indications qu'il me donna, vérifiées ultérieurement, se trouvèrent exactes; non seulement il décrivit avec une précision remarquable la maison où je l'avais envoyé et que je connaissais bien, mais encore il me fournit des détails topographiques que j'ignorais. Ainsi, il me signala l'existence d'un kiosque édifié depuis peu au fond du jardin de mon parent, et dont je n'avais jamais entendu parler.

« Or, disent les disciples de Swédemborg et d'Allan Kardec, puisque le corps du sujet est à plusieurs lieues de la scène qu'il raconte, il faut donc qu'une partie de lui-même, subtile comme la pensée, s'en détache et aille faire l'enquête ordonnée par le magnétiseur. Cette partie subtile, c'est l'âme ou l'Esprit. Et, puisque le phénomène du dédoublement s'opère pendant la mort apparente, le sommeil; puisque l'âme peut agir alors en dehors des organes corporels, pourquoi n'en serait-il pas de même après la mort réelle? Pourquoi, demeurant agissante et individuelle, ne pourrait-elle se manifester en empruntant, momentanément, tout ou partie des organes d'un médium? »

— « Le raisonnement, objectera-t-on, n'est pas absolument rigoureux. En admettant, comme prouvée, la faculté de voir à distance, on peut lui assigner une toute autre origine que la séparation provisoire, plus ou moins complète, entre un corps engourdi et une âme hypothétique; on peut ne voir là qu'un pur effet d'ondes lumineuses, ou la conséquence d'un état pathologique inexplicable, comme la majeure partie des exceptions. »

J'en conviens. Mais, tel quel, le raisonnement des

Spirites a son laisser passer devant beaucoup d'intelligences, et les phénomènes d'extase et de double vue amènent de nombreuses recrues à leur doctrine.

La plus sage, en tout cas, étant de réserver son jugement, « jusqu'à plus ample informé », comme on dit en matière de chicane, je me conforme à l'avis et aborde, sans autre préambule, les expériences de *M. Donato*.

1° Il a successivement annihilé devant nous la volonté de six sujets, pris dans le sexe fort, et cela à tel point qu'ils ne pouvaient plus détacher leurs regards du sien et qu'ils le suivaient, de leurs personnes et ponctuellement, dans toutes ses circonvolutions. Ils ne pouvaient ni marcher, ni s'asseoir, ni se relever, ni faire un geste ou un mouvement, quand il le leur interdisait, bien que, parfois, sous l'excitation de l'assemblée, ils essayassent réellement de s'affranchir de sa sujétion.

2° Il leur imposa l'obligation de répéter, en même temps que lui, toutes ses actions et toutes ses paroles, et il leur perturba l'entendement jusqu'à leur faire perdre la mémoire des nombres, oublier leurs propres noms et même leur sexe.

L'un d'eux berçait un manchon, croyant que c'était un enfant; un autre buvait l'eau claire pour du champagne; une troisième dévora une pomme de terre crue, pensant manger une poire succulente. Et, pour arriver à ces étranges perversions de leurs idées et de leur goût, il n'avait fait que les regarder fixement, l'espace d'une demi-minute.

3° A l'aide de quelques passes, il communiqua alternativement, à l'un, la sensation du chaud et du froid intenses, à un autre, une insensibilité telle qu'on pouvait le pincer, et même lui piquer le bras, sans qu'il témoignât la moindre souffrance. Il paralysa ou contractura leurs membres pour les empêcher de marcher ou de frapper, leurs muscles linguaux pour leur imposer le mutisme absolu. En un mot, par un seul geste, un simple regard, M. Donato mettait l'embargo sur toutes les facultés vitales de ses sujets..

C'était merveilleux, comme résultat et comme rapidité d'exécution; aussi la grande majorité des assistants prodiguait ses bravos enthousiastes, quand une dernière expérience les rendit unanimes.

Il posa la main, l'espace d'une seconde, sur le front du plus sensible de ses sujets, un jeune homme de dix-huit à vingt ans et celui-ci tomba à la renverse en état de catalepsie générale. Alors, (quelque chose d'analogue mais de moins complet a été décrit), on le plaça entre deux chaises écartées, la tête appuyée sur les bords de l'une et les pieds sur les bords de l'autre. Le reste du corps demeura dans le vide et deux personnes s'assirent dessus, leurs pieds quittant le sol, et pendant plus d'une minute, sans que la rigidité cessât.

Puis encore on donna aux bras et aux jambes du cataleptisé des positions si difficiles et si pénibles que l'acrobate le plus accompli n'aurait pu y tenir.

Cinq minutes après, un attouchement et quel-

ques souffles du magnétiseur sur le visage du jeune homme remettaient celui-ci dans son état normal.
— Il n'avait nulle souvenance ni fatigue de ce qui s'était passé.

Evidemment la force physique ou physiologique, comme on voudra l'appeler, du magnétisme était démontrée; mais n'y avait-il bien que cela et ne pouvait-on point aussi conclure à l'existence d'une force psychologique dans quelques-uns des phénomènes que nous avions vu?

Telle était la question qui me préoccupait personnellement et je demandai à M. Donato, au moment où il enlevait la mémoire de son nom à l'un de ses sujets, s'il ne lui serait pas possible, par le même moyen, c'est-à-dire par sa seule volonté, de lui en imposer un autre, expérience que j'avais vue réussir ailleurs, et que l'on désigne, dans le langage magnétique, sous ce titre : « *La Transmission de la Pensée* »

— « Vous avez été circonvenu par des charlatans !... » me répondit aigrement M. Donato. Puis il ajouta, en me foudroyant du regard et haussant le diapason de sa voix : « La transmission de la pensée n'existe pas autrement que par la duperie, moi, je ne fais que des expériences sérieuses !... »

C'était net ; mais, le surlendemain, M. Donato me fournit lui-même un démenti à son assertion si cavalière, et si peu polie pour d'autres magnétiseurs. Voici ce que je lus dans les bonnes pages d'un livre qu'il préparait, et qu'il m'envoya en communication :

TRANSMISSION DE LA PENSÉE

— « Un jour, à Paris, M. Aksakof me demanda une séance intime. J'acceptai, comme toujours, de même que j'ai répondu depuis à l'appel de MM. Victor Meunier et C. Flammarion.

» M. Aksakof ne m'avait pas prévenu de ce qu'il désirait obtenir. Je m'attendais à devoir reproduire mes expériences ordinaires.

» Quand il revint pour la séance, il me demanda toute autre chose que ce que je fais d'habitude.

» Si je rappelle cette circonstance, c'est qu'elle a une importance qui n'échappera à personne.

» En effet, M. Aksakof me demanda des transmissions de pensée, expérience que je ne faisais jamais ni publiquement, ni en séance privée.

» Peu de temps après, M. Flammarion m'en demanda aussi inopinément. Je tentai l'expérience pour satisfaire une curiosité toute scientifique, et *toutes les transmissions de pensée* qu'on exigea *réussirent*.

» Si cette expérience m'eût été habituelle, l'on aurait pu supposer, à la rigueur, une entente, une télégraphie secrète entre mon sujet et moi-même.

» Mais, sans parler des précautions minutieuses qui furent prises pour empêcher tout subterfuge, — on me demanda à brûle-pourpoint des expériences nouvelles; je me refusai d'abord à en faire l'essai, puis, après des instances réitérées, je consentis à les tenter, et si elles ont réussi, *c'est presque malgré moi*.

» Je n'y ai mis aucun amour-propre; c'est sans orgueil et même sans plaisir que je constate ma *complète réussite*, parce que je sais qu'il me sera impossible de contenter constamment tout le monde et surtout de me satisfaire toujours moi-même dans cet ordre de phénomènes aussi fugaces qu'éminemment curieux. »

Il semble que nous voilà loin de la négation si absolue que M. Donato fit à ma question et, bien des fois, depuis lors, je me suis demandé à quel mobile il obéissait, en lançant une accusation de charlatanisme contre des confrères qui, la plupart, pour être moins brillants que lui, n'en obtenaient pas moins des phénomènes « éminemment curieux. »

Le portrait moral de M. Alexandre Aksakof, conseiller d'État de Sa Majesté l'Empereur de Russie, faisait partie des bonnes pages reçues. Il est si bien en conformité de mon sentiment sur la valeur de notre co-invité aux « Manifestations de l'Occulte » chez le docteur F..., que je n'hésite pas à le citer textuellement en entier.

— « M. Aksakof, homme de grande distinction, érudit, savant, noble de caractère, d'un esprit élevé, et d'un rare bon sens, se passionne volontiers pour la science psychique,

» Comme tant d'autres esprits éminents, désespéré sans doute de ne trouver qu'un vide immense au bout des études officielles et courantes, il s'est acharné à explorer les arcanes de l'être humain, cherchant le creuset où s'élaborent nos pensées, épiant les manifestations les plus dissimulées de l'âme, sondant cette sublime inconnue pour lui arracher son secret, s'efforçant de découvrir le moteur occulte qui nous anime, les forces mystérieuses qui engendrent la vie, les liens énigmatiques de nos communications mutuelles, de nos affinités réciproques et de nos constants rapports avec la puissance suprême, avec l'éternel levier du monde.

» Pour s'arracher aux platitudes, aux redites, aux vulgarités habituelles, faut-il donc être un insensé?

» S'il fallait en croire certains perroquets qui se prennent volontiers pour des aigles et, depuis leur naissance, répètent machinalement ce qu'ils entendent dire; s'il fallait s'en rapporter à l'incorrigible moutonnaille, tous les esprits élevés qui, sortant des ornières de la routine, marchent ou suivent des voies nouvelles, seraient des esprits abusés ou absurdes.

» Non, ne vous en déplaise, messieurs les rempailleurs d'erreurs antiques, non, non, les magnétiseurs ne sont pas des insensés.

» Ce qu'ils sont? Des hommes qui voient distinctement ce que vous êtes inaptes à soupçonner.

» Et vous, vous êtes des aveugles qui niez la lumière qui les éblouit. Toutes leurs démonstrations restent vaines en présence de votre infirmité. Toutes les clartés ne réussissent pas à dissiper l'obscurité profonde qui vous enveloppe.

» Est-ce à eux de perdre la vue, pour devenir incrédules à leur tour? N'est-ce pas plutôt à vous de guérir? Vous n'êtes point incurables, heureusement.

» M. Aksakof est une intelligence ouverte à toutes les idées de progrès, mais il s'applique plus spécialement aux recherches psychiques. Il est dénué de tout parti pris. Le disciple de personne. Très éloigné d'être ce que l'on appelle crédule. C'est un chercheur, un investigateur. Est-il supranaturaliste avec Sartorius, Harms, Tholuck, Hengstemberg? Je l'ignore, mais, à coup sûr, si c'est un théologien, sa magnétologie est exempte de toute théologie.

» M. Aksakof m'a paru être, non seulement un observateur sagace, mais aussi un enquêteur sévère et, le dirai-je, un caractère défiant.

« Dans la seule conversation que nous eûmes ensemble, il pesa chacune des paroles que je prononçais, les tournant et les retournant, et n'abandonnant une idée qu'après l'avoir absolument *épluchée.* »

Évidemment les lignes qui précèdent ont été dictées par l'enthousiasme d'un apôtre qui, après avoir violenté l'indifférence ou l'hostilité générale, rencontre un homme de valeur qui lui accorde une sympathique attention. — Pour que l'exemple, parti de haut, devienne contagieux, M. Donato malmène les opposants et les incrédules.

Cette façon véhémente de procéder ne lui est point particulière et je ne la souligne que pour arriver à cette constatation (incidente d'ailleurs à notre étude), que presque tous les magnétiseurs se montrent impatients devant les objections qu'on leur fait. Il semble que l'habitude de dominer leurs sujets leur enlève la juste notion du libre arbitre départi à l'humanité, et ils prétendent forcer les convictions autant par la parole que par leurs phénomènes. C'est là une grave erreur qui tient le public en garde contre eux et dont ils feront bien de se corriger, s'ils veulent qu'on les prenne au sérieux comme ils le méritent.

Examinons maintenant, en abrégé, les expériences de transmission de pensée demandées par M. Aksakof et dont lui-même a écrit une relation pour la *Chaîne magnétique*, journal spécial des plus intéressants.

D'abord cette partie du préambule :

— « Il est connu qu'un des aphorismes les plus prônés de la physiologie moderne est que *l'activité psychique ne dépasse pas la périphérie des nerfs*. Si donc on pouvait démontrer que la pensée humaine n'est pas circonscrite au domaine du corps, mais qu'elle peut le dépasser, agir à distance sur un autre corps humain, se transmettre à son cerveau sans aucun procédé visible ou reconnu, et être reproduite par la parole, le mouvement ou tout autre moyen, — cela serait un fait immense devant lequel la physiologie matérialiste devrait s'incliner et dont la psychologie et la philosophie devraient s'emparer pour donner un nouvel appui, un nouveau développement à leurs spéculations métaphysiques. Ce fait, le magnétisme humain l'établit sous bien des formes et par bien des procédés. »

« Ce fait » M. Aksakof le voulut présenté « à sa plus simple expression, par un procédé tout aussi concluant que facile à reproduire pour toute personne s'occupant du magnétisme. »

Première expérience. — M. Donato a endormi son sujet, mademoiselle Lucile.

Il s'éloigne d'elle et vient s'asseoir près de M. Aksakof qui lui passe une carte en le priant de faire faire à mademoiselle Lucile, *uniquement en la regardant*, le mouvement qu'il y avait indiqué. La carte portait ces mots : « Étendre le bras gauche. » — M. Donato se lève et se tenant immobile à distance de son sujet, il le regarde fixement. Au bout d'un instant, le bras gauche de celui-ci se détache lentement de son corps, s'étend et reste dans cette position jusqu'à ce que l'opérateur aille le remettre dans sa position naturelle.

Deuxième expérience. — Mademoiselle Lucile est toujours endormie.

On lui recouvre la tête et le visage d'un mouchoir épais, apporté par Aksakof, et dont les bords lui retombent jusqu'aux épaules. M. Donato agit comme précédemment, c'est-à-dire à distance, sans gestes, ni paroles. Le mouvement indiqué sur une deuxième carte remise au moment même, est exécuté avec la même docilité. Il y avait : « Lever le bras droit verticalement. »

Troisième expérience. — « Je passe, dit textuellement M. Aksakof, une troisième carte à M. Donato sur laquelle j'avais écrit : « Mettre les deux mains sur la tête, » et je le prie d'opérer cette fois en se tenant, non en face, mais derrière mademoiselle Lucile. M. Donato émet quelques doutes de pouvoir réussir dans ces conditions; néanmoins il se place derrière mademoiselle Lucile et essaye, mais vainement.

» Cela ne m'étonnait pas, les rapports généraux de polarité entre l'opérateur et son sujet étant renversés. — En ce moment, je m'approchai de M. Donato et alors *un phénomène remarquable se produisit*. Comme je voulais le prier de concentrer toute sa volonté sur l'occiput de mademoiselle Lucile, et comme je me tenais derrière elle, ma main se porta involontairement vers son dos pour indiquer la place dont je parlais.

» A peine ma main s'était-elle approchée de son dos et *qu'une distance de quelques pouces l'en séparait encore*, que le corps de mademoiselle Lucile, par un mouvement brusque, se porta en avant. C'est ainsi que j'eus, d'une façon tout aussi *inattendue* que concluante, la confirmation du phénomène de polarité, ou d'attraction et de répulsion, que j'avais déjà observé en réunion publique et qui prouve, bien clairement, que le sommeil de mademoiselle Lucile n'était ni un sommeil naturel ni un sommeil simulé.

— « Si vous me permettez d'agir avec les mains, me dit M. Donato (jusque-là il n'avait fait que regarder son sujet), je suis sûr de pouvoir réussir. — « Agissez donc, » lui répondis-je. Effectivement, dès qu'il approcha (toujours en se tenant derrière son sujet) ses mains des épaules de mademoiselle Lucile, en faisant quelques passes vers les coudes, les bras prirent un mouvement ascensionnel et les deux mains se posèrent sur la tête. »

Quatrième expérience. — Elle fut non moins concluante que les précédentes. La carte portait cette fois : « Réunir les deux mains comme en priant. »

Cinquième expérience. — Avant de l'entreprendre, M. Donato avait enlevé le mouchoir et réveillé mademoiselle Lucile pour qu'elle se reposât.

Au bout de dix minutes, il l'endormit à nouveau et il essaya d'obtenir ce qu'indiquait une cinquième carte : « Faire un nœud avec le mouchoir, » Pour cela, se tenant un peu en arrière, il étendit la main au-dessus de la tête de son sujet. Au même instant, mademoiselle Lucile se leva et, comme entraînée par la main de M. Donato, (toujours au-dessus de sa tête, mais sans la toucher bien entendu), elle alla prendre le mouchoir sur une table où M. Aksakof l'avait déposé sans qu'elle le sût. Elle l'étira d'abord, puis le contourna et fit le nœud demandé. Tout cela, sans un geste indicateur, ni une parole du magnétiseur ou de l'assistant.

Sixième et dernière expérience. — « Il était presque inutile de continuer, déclare M. Aksakof; mais, comme M. Donato insistait, je lui passai encore une carte avec l'inscription suivante : « Toucher l'oreille gauche avec la main droite ».

» Mademoiselle Lucile, toujours endormie, avait déjà été remise sur son fauteuil.

» M. Donato se plaça en face, à quelques pas, et moi sur le sofa à gauche de mademoiselle Lucile et presque en face de M. Donato, pour bien observer ses moindres mouvements.

» Immobile et silencieux, il fixe mademoiselle Lucile dont le bras droit se dégage bientôt et exécute l'ordre donné en trois actes successifs : il se porte vers la poitrine, puis se dirige vers l'oreille; s'en approche; un doigt se détache enfin de la main et touche l'oreille. »

Après ce dernier récit, M. Aksakof ajoute :

— « Ces expériences sont pour moi parfaitement concluantes. Les mouvements voulus ont été exécutés par mademoiselle Lucile sans le moindre tâtonnement, sans la moindre erreur. Toutes les expériences se sont produites dans le silence le plus parfait ; les pensées ou les ordres que M. Donato avait à transmettre à mademoiselle Lucile n'ont été communiqués par moi, à M. Donato, que par écrit, sur des cartes préparées à l'avance. Dans la plupart des cas il a agi à distance, il n'a pas pu s'entendre avec son sujet par aucun signe conventionnel, car je l'observais et il restait immobile ; et, enfin, pour obvier à toute objection de cette sorte, la tête de mademoiselle Lucile, dans trois expériences, a été recouverte d'un mouchoir, qui ne lui aurait plus permis (comme je m'en étais assuré auparavant moi-même), de voir aucun de ces petits mouvements des mains ou du visage par lesquels M. Donato se serait efforcé de lui indiquer les mouvements voulus.

» Ce phénomène (*la transmission de pensée*), est bien le prodrome du phénomène par excellence, celui de la lucidité et de la clairvoyance. Le voilà présenté à son expression la plus simple, la plus sûre. »

Le lecteur trouvera peut-être que je me suis beaucoup attardé en parlant de M. Donato. Mon excuse se trouve dans cette circonstance que le célèbre magnétiseur, en se produisant bruyamment en public, a pu accaparer, pendant quelques mois, l'attention générale, et déterminer ou stimuler, dans le monde savant, un certain courant d'opinion pour les recherches psychologiques.

Or, comme d'une part ce courant persiste et que le Spiritisme y trouve son bénéfice ; comme, d'autre part, quelques-unes des expériences si bien réussies par M. Donato fournissent des arguments sérieux, et pour ainsi dire palpables, aux partisans de cette hypothèse : « *l'âme individuelle et persistante* », je ne pensai faire mieux que de les présenter et de les analyser dans leurs principaux détails.

Je suspends ici d'ailleurs les citations concernant le Magnétisme, et ne les reprendrai que pour fournir, un peu plus tard, d'après Mesmer, Puységur, Deleuze, du Potet, etc., les règles d'une bonne magnétisation. J'arrête également l'exposé de mes recherches particulières, afin de ne point tomber dans les redites, et j'ouvre un nouveau chapitre pour une histoire racontée par M. Crookes, plus surprenante encore que ce qui précède, histoire dont les Spirites modernes font état et que le savant anglais nous donne comme rigoureusement vraie.

A moi la parole pour résumer les faits essentiels, mais à l'éminent chimiste toute la responsabilité des conséquences philosophiques qu'ils comportent.

CHAPITRE III

INCARNATION ET DÉSINCARNATION DE KATIE KING

M. Crookes entendit parler de phénomènes encore plus étonnants que ceux qu'il avait obtenus, jusquelà, à l'aide des médiumnités puissantes de M. Daniel Dunglas Home et de mademoiselle Kate Fox. Aussitôt il se mit en disposition de les contrôler.

D'abord résumons les premiers en guise d'introduction pour les seconds.

Avec M. D. D. Home, ces phénomènes avaient été :

1° L'altération du poids du corps, ce qui porta M. Crookes à construire, ainsi que le fit l'illustre Faraday pour les tables tournantes, des appareils très sensibles destinés à mesurer la *force inconnue* en action dans ces phénomènes et qu'il appela *force psychique*, selon la désignation déjà adoptée par plusieurs savants qui s'en étaient occupés;

2° L'exécution d'airs variés sur un instrument de musique (un accordéon), qui lui appartenait et que le médium tenait visiblement d'une seule main, par le bout opposé aux clefs;

3° Des mouvements de corps pesants, tables, chaises, etc., en pleine lumière, dans son salon, en présence de M. Home, mais sans le contact de personne. Le médium, ajoute M. Crookes, éprouvait un accablement profond après la production de certains faits, ce qui démontrerait que l'émission de la *force psychique* est accompagnée d'un épuisement correspondant de *force vitale*. M. Crookes a constaté, en outre, que l'émission de cette force psychique serait plus ou moins abondante, selon les différents états de l'atmosphère;

4° L'enlèvement, à plusieurs reprises, du corps du médium au-dessus de terre, sans point d'appui;

5° Des apparitions lumineuses de mains, de fleurs, de figures, etc., dans l'obscurité;

6° Les efforts, au grand jour, d'un crayon se dressant tout seul sur sa pointe pour écrire;

7° Enfin, la vue d'un fantôme distinct de M. Home, et qui prit l'accordéon pour en jouer, pendant quelques minutes, devant plusieurs témoins, cela dans une demi-obscurité.

Avec mademoiselle Kate Fox (l'un des deux médiums involontaires dont nous avons raconté les tribulations), M. Crookes avait eu :

1° Des coups frappés, selon un mode voulu par lui, partout où elle posait les mains et même dans d'autres parties de la salle, à l'écart du médium;

2° De l'écriture par une main lumineuse qu'il vit descendre du plafond pendant l'obscurité;

3° L'apport d'une clochette qu'il avait laissée,

l'instant d'avant, dans une autre pièce de son appartement et qui, portes closes, vint retentir dans la salle où l'on expérimentait, se poser d'elle-même sur la table, etc., etc.

Les autres phénomènes « plus extraordinaires encore », selon qu'il en jugea d'abord par la chronique des journaux, se produisaient sous l'influence d'une jeune fille de 15 ans, mademoiselle Florence Cook.

En premier lieu, M. Crookes assista à plusieurs séances données chez les parents du médium; puis, vivement intéressé, il sollicita et obtint de ceux-ci que la jeune fille viendrait, de temps en temps, passer quelques jours dans sa propre maison. Et c'est là qu'il eut, affirme-t-il, « la preuve absolue » de la réalité de ce phénomène : l'*Incarnation* et la *Désincarnation* de l'Esprit de *Katie King*.

L'Esprit apparaissait dans une demi-obscurité, pendant que mademoiselle F. Cook dormait.

Sous une apparence vaporeuse, fluidique, qui devint finalement, comme on le verra, un corps tangible, le fantôme émanait du corps du médium, demeurait visible quelques instants, puis était résorbé par lui. Et tout le temps de la manifestation, mademoiselle F. Cook restait dans un état voisin de l'anéantissement.

Cet être mystérieux, « Katie King », noms qu'il s'attribua lui-même, promit un soir à M. Crookes, qui redoutait toujours quelque supercherie, de lui donner une preuve incontestable de son existence matérielle, dépendante de la faculté médianimique de mademoiselle Cook, mais bien distincte corporellement de la personne du médium.

Puisons le récit textuel de cette preuve dans le livre intitulé : « *Recherches sur les Phénomènes du Spiritualisme, par William Crookes, F. R. S., membre de la Société Royale de Londres.* » — *Traduction de J. Alidel.*

— « Depuis quelque temps, j'expérimentais avec une lampe à phosphore, consistant en une bouteille de 6 ou 8 onces qui contenait un peu d'huile phosphorée et qui était solidement bouchée. J'avais des raisons pour espérer qu'à la lumière de cette lampe quelques-uns des phénomènes du cabinet pourraient se rendre visibles, et Katie, elle aussi, espérait obtenir le même résultat.

» Le 12 mars 1874, pendant une séance chez moi et après que Katie — l'Esprit incarné — eut marché au milieu de nous, qu'elle nous eût parlé pendant quelque temps, elle se retira derrière le rideau qui séparait mon laboratoire, où l'assistance était assise, de ma bibliothèque qui, temporairement, faisait l'office de cabinet.

» Au bout d'un moment, elle revint au rideau et m'appela à elle en disant : « Entrez dans la chambre et soulevez la tête de mon médium, qui a glissé à terre ».

» Katie était alors debout devant moi, vêtue de sa robe blanche habituelle et coiffée de son turban. Immédiatement je me dirigeai vers la bibliothèque pour relever mademoiselle Cook et Katie *fit quelques pas de côté pour me laisser passer.*

» En effet, mademoiselle Cook avait glissé en

partie de dessus le canapé, et sa tête penchait dans une position très pénible. Je la remis sur le canapé, et en faisant cela j'eus, malgré l'obscurité, la vive satisfaction de constater que mademoiselle Cook n'était pas revêtue du costume de Katie, mais qu'elle portait son vêtement habituel de velours noir et qu'elle se trouvait en profonde léthargie.

» Il ne s'était pas écoulé plus de trois secondes entre le moment où je vis Katie en robe blanche devant moi et celui où je relevai mademoiselle Cook sur le canapé, en la tirant de la position où elle se trouvait.

» En retournant à mon poste d'observation, Katie apparut de nouveau et dit qu'elle pourrait se montrer à moi en même temps que son médium.

. . . .

» Je passe maintenant à la séance tenue hier soir à Hackney.

» Jamais Katie n'est apparue avec une aussi grande perfection ; pendant près de deux heures *elle s'est promenée* dans la chambre, en causant familièrement avec ceux qui étaient présents.

» Plusieurs fois *elle prit mon bras* en marchant et l'impression ressentie par moi que c'était une femme qui était à mon côté, et non pas un visiteur de l'autre monde, cette impression, dis-je, fut si forte, que la tentation de répéter une récente et curieuse expérience (faite autre part par un autre observateur), devint irrésistible.

» ..... Je lui demandai la permission de la prendre dans mes bras. Cette permission me fut gracieusement donnée. Je puis corroborer cette assertion de

M. Volckman (l'observateur susdit), que le « fantôme » *était un être aussi matériel* que mademoiselle Cook elle-même.

» Katie me dit alors que, cette fois, elle se croyait capable de se montrer en même temps que mademoiselle Cook.

» Je baissai le gaz et ensuite, avec ma lampe à phosphore, je pénétrai dans la chambre qui servait de cabinet.

» Il y faisait noir, et ce fut à tâtons que je cherchai mademoiselle Cook. Je la trouvai accroupie sur le plancher.

» M'agenouillant, je laissai l'air entrer dans ma lampe, et, à sa lueur, je vis cette jeune dame vêtue de velours noir, comme elle l'était au début de la séance, et ayant l'apparence d'être complètement insensible. Elle ne bougea pas lorsque je pris sa main et tins la lampe tout à fait près de son visage ; mais elle continua à respirer paisiblement.

» Élevant la lampe, je regardai autour de moi et *vis Katie qui se tenait debout tout près de mademoiselle Cook et derrière elle.* Elle était vêtue d'une draperie blanche et flottante comme nous l'avions déjà vue pendant la séance. Tenant une des mains de mademoiselle Cook, et m'agenouillant encore, j'élevai et j'abaissai la lampe, tant pour éclairer la figure entière de Katie que pour pleinement me convaincre que *je voyais bien réellement la vraie Katie* que j'avais pressée dans mes bras quelques minutes auparavant, et *non pas le fantôme d'un cerveau malade.* Elle ne parla pas, mais elle remua la tête en signe de reconnaissance,

» Par trois fois différentes, j'examinai soigneusement mademoiselle Cook, accroupie devant moi, pour m'assurer que la main que je tenais était bien celle d'une femme vivante ; à trois reprises différentes je tournai ma lampe vers Katie pour l'examiner avec une attention soutenue.

. . . .

» La taille de Katie est variable : chez moi, je l'ai vue de six pouces plus grande que mademoiselle Cook. Hier soir, ayant les pieds nus et ne se tenant pas sur la pointe des pieds, elle avait quatre pouces et demi de plus que mademoiselle Cook. Hier soir, Katie avait le cou découvert, la peau était parfaitement douce au toucher et à la vue, tandis que mademoiselle Cook a au cou une cicatrice qui, dans des circonstances semblables, se voit distinctement et est rude au toucher. Les oreilles de Katie ne sont pas percées, tandis que mademoiselle Cook porte ordinairement des boucles d'oreille. Le teint de Katie est très blanc, tandis que celui de mademoiselle Cook est très brun. Les doigts de Katie sont beaucoup plus longs que ceux de mademoiselle Cook et son visage est aussi plus grand. Dans les façons et les manières de s'exprimer, il y a aussi des différences marquées... »

Donc, d'après tous les renseignements qu'on vient de lire, M. Crookes établit que Katie King et mademoiselle Cook étaient deux personnages réels et distincts. Ce qui suit est encore plus démonstratif. Nous citons toujours textuellement :

— » Durant la semaine qui a précédé le départ de Katie, elle a donné des séances chez moi, presque tous les soirs, afin de me permettre de la photographier à la lumière artificielle. Cinq appareils de photographie furent donc préparés à cet effet...

Ma bibliothèque servit de cabinet noir ; elle avait une porte à deux battants qui s'ouvrait sur le laboratoire, un de ces deux battants fut enlevé de ses gonds et un rideau fut suspendu à sa place pour permettre à Katie d'entrer et de sortir facilement. Ceux de nos amis qui étaient présents étaient assis dans le laboratoire en face du rideau et les chambres noires étaient placées un peu derrière eux, prêtes à photographier Katie, quand elle sortirait, et à prendre également l'intérieur du cabinet chaque fois que le rideau serait soulevé dans ce but.

» Chaque soir il y avait trois ou quatre expositions de glaces dans les cinq chambres noires, ce qui donnait au moins quinze épreuves par séance. Quelques-unes se gâtèrent au développement, d'autres en réglant la lumière ; malgré tout, j'ai quarante-quatre négatifs, quelques-uns médiocres, quelques-uns ni bons ni mauvais et d'autres excellents...

» J'ai une épreuve de Katie et de son médium *photographiés ensemble;* mais Katie est placée devant la tête de mademoiselle Cook...

» Une des photographies les plus intéressantes est celle où je suis debout à côté de Katie ; elle a son pied nu sur un point particulier du plancher. J'habillai ensuite mademoiselle Cook comme Katie ; elle et moi nous nous plaçâmes exactement dans la même position et nous fûmes photographiés par les mêmes objectifs placés absolument comme dans l'autre expérience et de la même manière.

» Lorsque les deux dessins sont placés l'un sur l'autre les deux photographies de moi coïncident parfaitement, quant à la taille, etc... mais Katie est plus grande d'une demi-tête que mademoiselle Cook et, auprès d'elle, elle semble une grosse femme. — Dans beaucoup d'épreuves la largeur de son visage et la grosseur de son corps diffèrent essentiellement de son médium, et les photographies font voir plusieurs autres points de dissemblance....

» J'ai si bien vu Katie récemment, lorsqu'elle était éclairée par la lumière électrique, qu'il m'est possible d'ajouter quelques traits aux différences que j'ai établies entre elle et son médium...

» Plusieurs petites marques qui se trouvent sur le visage de mademoiselle Cook font défaut sur celui de Katie. La chevelure de mademoiselle Cook est d'un brun si foncé qu'elle paraît presque noire ; une boucle de celle de Katie, *qui est là sous mes yeux*, et qu'elle m'a permis *de couper* au milieu de ses tresses luxuriantes, après l'avoir suivie de mes propres doigts jusque sur le haut de la tête et m'être assuré qu'elle y avait bien poussé, est d'un riche châtain doré. »

———

Vraiment, en copiant ces détails circonstanciés, j'ai besoin de me rappeler tout ce que j'ai vu, *par moi-même*, de merveilleux, d'inexplicable, dans l'ordre psychologique, pour ne pas me laisser aller à des suppositions désobligeantes pour le narrateur !...

Je pense encore que si le livre que j'ai là n'était qu'une plaisanterie d'un auteur ennemi de la réputation de M. Crookes, ou, étant de celui-ci, on l'avait infidèlement traduit, le savant l'aurait pour sûr publiquement désavoué : quelque haut placé qu'on soit dans l'opinion de ses contemporains, on n'endosse pas, par son silence, la responsabilité de pareilles affirmations, lorsqu'elles sont mensongères ou exagérées. Quant à admettre, avec certains adversaires du Spiritisme, que M. Crookes se serait laissé duper, pendant trois années consécutives, par une enfant, vivant des semaines entières chez lui, et qu'il observait de très près, cela passe la liberté que j'ai prise, en maintes circonstances, avec des expérimentateurs d'occasion ou des gens intéressés à tromper. D'ailleurs le savant anglais a soin lui-même de réfuter la supposition.

Écoutons-le :

— « Durant ces six derniers mois, mademoiselle Cook a fait chez moi de nombreuses visites...

» Elle n'apportait avec elle qu'un petit sac de nuit, ne fermant pas à clef. Pendant le jour, elle était constamment en compagnie de madame Crookes, de moi-même ou de quelque autre membre de ma famille ; la nuit elle n'était pas seule non plus.

» Il y a donc eu manque absolu d'occasions pour elle de rien préparer pour jouer le rôle de Katie King.

» J'ai disposé moi-même ma bibliothèque et le cabinet noir y attenant et, d'habitude, après que mademoiselle Cook avait dîné et causé avec nous, elle se dirigeait droit au lieu de nos séances...

» En entrant dans le cabinet, mademoiselle Cook s'étendait sur le plancher, sa tête sur un coussin, et bientôt elle était en léthargie.

» Pendant les séances photographiques, Katie enveloppait la tête de son médium avec un châle, pour empêcher que la lumière ne tombât sur son visage. Fréquemment j'ai soulevé un côté du rideau lorsque Katie était debout, tout auprès; les sept ou huit personnes qui étaient dans le laboratoire pouvaient voir en même temps mademoiselle Cook et Katie, sous le plein éclat de la lumière électrique. »

Il nous reste maintenant à apprendre ce qu'aurait été Katie King en sa vie terrestre.

M. Crookes raconte que, plusieurs fois, elle réunit autour d'elle ses enfants à lui et qu'elle les amusa « en retraçant des épisodes de ses aventures dans l'Inde ». Elle s'appelait, avant sa désincarnation, « Annie Owen Morgan » et c'est ainsi qu'elle signa ses lettres d'adieu, lors de sa dernière apparition, le 21 mai 1874.

Au cours de cette séance, M. Tapp, l'un des assistants, lui ayant apporté un bouquet, Katie l'invita à le délier et à poser les fleurs devant elle sur le plancher.

— « Alors, écrit un rédacteur du journal « *Thé Spiritualist* » corroborant le récit de M. Crookes, elle s'assit à la manière turque et nous pria d'en faire autant autour d'elle ; puis elle partagea les fleurs et donna à chacun un petit bouquet qu'elle entoura d'un ruban bleu.

» Elle écrivit également une lettre à son médium et choisit pour lui un bouton de rose comme cadeau d'adieu...

» Katie coupa une mèche de ses cheveux et nous en donna à tous une large part. Elle prit le bras de M. Crookes, fit le tour de la chambre et serra la main à chacun...

» Elle donna ensuite ses dernières instructions à M. Crookes et aux autres amis touchant les manifestations ultérieures promises par elle à son médium.

» Elle parut alors fatiguée et disait tristement qu'elle désirait s'en aller ; que sa force disparaissait...

» Les assistants la remercièrent pour les manifestations merveilleuses qu'elle leur avait accordées.

» Tandis qu'elle dirigeait vers ses amis un dernier regard grave et pensif, elle laissa tomber le rideau et devint invisible. »

Sauf pourtant, convient-il d'ajouter, pour M. Crookes, car, dans son récit particulier, on lit ces détails complémentaires :

— » Ayant terminé ses instructions, Katie m'engagea à entrer avec elle dans le cabinet et me permit d'y demeurer jusqu'à la fin.

» Après avoir fermé le rideau, elle causa avec moi pendant quelques instants, puis elle traversa la chambre pour aller à mademoiselle Cook qui gisait inanimée sur le plancher. Se penchant sur elle, Katie la toucha et dit : « Éveillez-vous, Florence,

« éveillez-vous ! Il faut que je vous quitte main-
« tenant ! »

» Mademoiselle F. Cook s'éveilla et, toute en larmes, elle supplia Katie de rester quelque temps encore. — « Ma chère, je ne le puis pas : ma mission « est accomplie. Que Dieu vous bénisse ! » répondit Katie.

» Pendant quelques minutes, elles causèrent encore ensemble, jusqu'à ce qu'enfin les larmes de mademoiselle Cook l'empêchèrent de parler.

» Alors, suivant les instructions de Katie, je m'élançai pour soutenir mademoiselle Cook qui allait tomber et qui sanglottait convulsivement.

» Je regardai ensuite autour de moi, mais Katie et sa robe blanche avaient disparu ».

―――

Quelles conclusions tirer de tout cela ? Quels commentaires ajouter aux justifications de M. Crookes ? Rien, sinon qu'il serait le plus coupable de tout les hâbleurs modernes, s'il avait dénaturé la vérité !... Mais, encore une fois, sa renommée d'homme sérieux le met à l'abri du soupçon : lui, le savant incontesté, n'a pu nous tromper sciemment et il faut croire au moins à sa sincérité lorsqu'il s'écrie, au risque de provoquer des haussements d'épaules : « *Je ne dis pas que ce soit scientifiquement possible ; j'affirme que cela est !* ».

Il reste à ses adversaires l'hypothèse qu'une hallucination persistante dérouta constamment, en matière psychologique, l'homme dont la haute compétence ne fait doute pour personne en matière de science expérimentale...

Ajoutons que, jusqu'ici, il n'y a lieu de ranger M. Crookes que dans la famille des spiritualistes. Si nous nous en rapportons à un écho, qui nous parvint d'une source autorisée, le soir où il fit à l'Observatoire de Paris ses belles démonstrations sur la matière radiante, un indiscret lui ayant demandé : « Êtes-vous spirite? » il répondit brièvement, en tournant les talons comme quelqu'un qu'on importune : « Je suis chimiste ! »

Nous n'avons que faire d'ailleurs à entrer plus avant dans la dispute : notre rôle doit se borner ici, comme en bien d'autres cas, à enregistrer les courants d'opinion. Quant aux faits mis à l'actif de M. Crookes, vrais ou supposés, on reconnaîtra qu'ils avaient leur place obligée dans l'histoire de l'Occulte à l'époque moderne.

CHAPITRE IV

CONSIDÉRATIONS SUR LE MAGNÉTISME HUMAIN

La nature a mis à la portée de chacun un spécifique unique contre tous les maux : c'est le fluide magnétique.

Voilà à peu près le texte de la fameuse formule que Frédéric-Antoine Mesmer (médecin allemand, né en 1734, mort en 1815), présenta à l'Académie des sciences, à Paris, en l'an de grâce 1784 et pour l'examen de laquelle, à l'instigation de M. d'Eslon, médecin du comte d'Artois, — (depuis Charles X), — une commission fut nommée dont faisaient partie l'astronome Bailly, le médecin Guillotin, les chimistes Lavoisier et Darcet, le physicien Franklin, le naturaliste de Jussieu, etc., pour tout dire, les sommités scientifiques de l'époque.

La commission en entier, sauf M. de Jussieu, nia l'existence du fluide magnétique et ne voulut voir dans les phénomènes obtenus par Mesmer et ses disciples que des effets d'*imagination* et d'*imita-*

tion. C'est à peu près la théorie remise en vogue de nos jours, sous le nom de *Suggestion*.

On croyait encore aux sentences académiques alors : le public ratifia la condamnation. Elle ne portait, de tout son poids, que sur la cause imaginée par Mesmer pour expliquer ses phénomènes ; on l'étendit jusqu'aux faits et jusqu'aux personnes : M. d'Eslon fut conspué, on regarda Mesmer comme un charlatan, un aventurier, et la question du magnétisme animal, après avoir un instant passionné tout le monde, retomba dans l'oubli d'où le médecin allemand l'avait tirée.

L'histoire, cependant, réclamait pour cette question autre chose que le dédain.

Les Mages, à n'en pas douter, d'après l'attitude qu'ils ont dans certains bas-reliefs exhumés des pays de l'Orient, connaissaient la vertu des passes magnétiques : on en voit qui, debout, la main étendue, influencent, par les gestes et le regard, des sujets assis et ayant les paupières closes.

Les Pythonisses, les Sibylles n'entraient en faculté de prévision qu'après avoir passé par les crises du somnambulisme artificiel et on trouve des passages d'auteurs anciens où il est parlé de *sommeil imposé*.

Donc, d'après ces documents, le Magnétisme remonterait à la plus haute antiquité ; mais, jusqu'à Mesmer, en passant par les prêtres du paganisme, les thaumaturges des religions rélévées, les sorciers et les extatiques du moyen âge, il fut considéré comme faisant partie intégrante de l'Occulte, et, comme tel, en dehors de la sphère d'action du vulgaire.

Mesmer et, après lui, ses disciples cherchèrent à réagir contre cette relégation : ils présentèrent le Magnétisme comme étant, au contraire, un moyen tout naturel, à la disposition du premier venu, pour guérir ou soulager son semblable.

Nous avons vu l'accueil qu'officiellement on leur fit.

Les médecins, à part d'héroïques exceptions, emboîtèrent le pas aux savants de l'Académie. Malgré les efforts démonstratifs, par l'action, la plume et la parole, des abbé Faria, des de Puységur, des Deleuze, des du Potet, etc., pour ne nommer que les plus illustres de l'école Mesmérienne; malgré l'exhibition périodique, — (peut-être vaudrait-il mieux écrire : *à cause de !*) — à grand orchestre, et devant des assemblées nombreuses, de faits surprenants, obtenus par d'habiles opérateurs renouvelant les expériences de l'abbé Faria qui passa, aux yeux de ses contemporains, d'abord pour un savant, puis pour un sorcier et, en dernier ressort, pour un charlatan ; malgré, enfin, l'attrait que l'inconnu, le mystérieux exerça toujours sur le gros du public, la question du Magnétisme fût demeurée jusqu'à aujourd'hui dans le discrédit, où l'avait mise le rapport de Bailly, si, vers 1858, un médecin anglais, nommé Braid, et, plus tard, les docteurs français, Puel, Charcot, Dumontpallier, Ch. Richet, Mory, Ribot, etc., n'en avaient repris l'étude et le contrôle scientifique sous divers vocables et, notamment, en dernier lieu, sous celui d'Hypnotisme.

Depuis Mesmer, il n'y a guère eu que cela de changé, le nom.

Les procédés des « hypnotiseurs » faisaient tous, ou presque tous, partie du *compendium* des « magnétiseurs »; les phénomènes obtenus par ceux-ci sont réédités, avec ni plus ni moins de perfection, par ceux-là; quant à l'explication à fournir sur la cause efficiente des dits phénomènes, on la cherche encore et, vraisemblablement, on la cherchera longtemps sans la trouver, parce qu'on la veut, de parti pris, en dehors du principe spirituel.

Dans tous les cas, il faut juger utile que la question soit reprise, à n'importe quel point de vue et sous n'importe quel vocable, *Hypnotisme* ou *Magnétisme :* Améric Vespuce entrera une fois de plus dans la renommée de Christophe Colomb, c'est une injustice courante que d'attribuer aux imitateurs le mérite des découvertes.

D'ailleurs, en matière d'appellation, on avait déjà varié avant Braid.

Nous relevons les suivantes dans les auteurs spéciaux : « *Magnétisme animal ou humain, Mesmérisme, Somnambulisme et Puységurisme.*

Qu'importe donc qu'on dise, de nos jours : « *Braidisme, Hypnotisme,* » ou même « *Donatisme!* » comme le recommande certain docteur Servais, puisque toutes ces étiquettes ne changent rien à la valeur du produit ?

Nous ne prendrons parti non plus dans la dispute des « *fluidistes* » et des « *anti-fluidistes* »; nous nous bornerons à constater que ni les uns ni les autres ne fournissent d'arguments péremptoires pour justifier leurs théories : on a dans les deux camps des hypothèses aussi spécieuses qu'incertaines. Ce qui revient à avouer, que le Magnétisme n'est pas encore suffisamment exploré pour qu'on en tire valablement des déductions philosophiques absolues.

Demeurons, pour cette raison, dans le domaine de l'histoire.

— « Il existe un fluide universellement répandu... moyen d'une influence mutuelle entre les corps célestes, la terre et les corps animés...

» Le corps animal éprouve les effets de cet agent et c'est en s'insinuant dans la substance des nerfs qu'il les affecte immédiatement...

» L'action et la vertu du magnétisme animal peuvent être communiqués d'un corps à d'autres corps animés ou inanimés. Cette action a lieu à une distance éloignée, sans le secours d'aucun corps intermédiaire.

» Le magnétisme animal peut guérir immédiatement les maux de nerfs et médiatement les autres. »

C'est ainsi que Mesmer, il y a un siècle, résumait sa doctrine curative; de nos jours la grande majorité des magnétiseurs, médecins ou non, ne parle pas autrement.

Si nous en croyons M. Dauche, membre de la Société de Magnétisme de Paris, en ses « Causeries Mesmériennes », le motif principal qui aurait déterminé l'hostilité de Bailly et de ses collègues, ce seraient les dangers *moraux* qu'ils entrevoyaient dans la pratique du Magnétisme.

Evidemment, il peut naître de là de graves abus ;

nous en donnerons un exemple terrible pour clore ce chapitre.

Mais de quoi n'abuse-t-on pas ? Le remède, c'est que toute personne qui s'abandonne à l'influence d'autrui, ne le fasse qu'à bon escient. Hors de là, on tombe dans les exagérations du parti pris, on risque d'offenser la vérité.

De Jussieu refusa de signer le rapport rédigé par Bailly et, même, en publia un autre, pour son propre compte, dans lequel il affirma la réalité des phénomènes singuliers produits par Mesmer et reconnut comme *médicalement bonne* l'influence de l'homme sur son semblable.

Parmi les écrivains qui ont expertement traité la question, il faut citer M. Deleuze, qui entra en scène après M. de Puységur, et fut, comme lui, l'un des plus fervents disciples de Mesmer.

On trouve dans son livre intitulé « *Instruction pratique sur le Magnétisme* » d'excellents conseils pour parer aux inconvénients prévus par Bailly et ses co-enquêteurs, et l'exposé de la méthode qu'il employait généralement lui-même pour magnétiser.

Les cures de M. Deleuze furent non moins nombreuses et remarquables que celles de M. de Puységur. — Elles tenaient du prodige.

Pour employer le langage hyperbolique de leurs amis enthousiastes, nous dirons que « sous leur regard pénétrant et sous leur main bienfaisante, les paralytiques marchaient, les sourds entendaient, les aveugles voyaient, les moribonds guérissaient! »

Après M. Deleuze, il convient de nommer M. du Potet comme un apôtre infatigable de la même cause.

Lui, aussi, il lutta, avec une conviction absolue et une grande compétence, pour doter l'humanité du « spécifique contre tous les maux » et il fut en butte à mille tracasseries : sa foi n'eut d'égale que l'entêtement de la Faculté de médecine à fermer les yeux pour ne point voir...

C'est d'après l'enseignement de M. du Potet, et selon la pratique habituelle de ses élèves, que nous nous sommes tracé à nous-même la méthode suivante pour magnétiser.

MÉTHODE DE MAGNÉTISATION, BASÉE SUR L'HYPOTHÈSE DES FLUIDES

1° Faire asseoir commodément le sujet et se placer devant lui, soit debout, soit en s'asseyant sur un siège plus élevé.

2° Mettre l'intérieur de ses pouces en contact avec l'intérieur des vôtres, ou la paume de ses mains sur la paume des vôtres.

3° Dans cette attitude, fixer votre regard sur le sien, pendant cinq minutes environ, sans vous fatiguer, ni prendre un air rébarbatif, en ayant soin d'observer, et de faire observer autour de vous un silence absolu. Ce temps suffira généralement pour établir l'équilibre de la chaleur entre les points en contact. — Mettre également ce temps à profit pour se recueillir et arriver à ces convictions : le sujet, que le Magnétisme ne peut avoir sur lui qu'un effet salutaire ; l'opérateur, que sa volonté sera d'autant plus efficace que son dessein est plus noble. Ce qui se traduit en langage courant : confiance de part et d'autre, chacun dans le rôle qu'il accepta.

4° Une fois la communication établie, selon qu'il vient d'être indiqué, le magnétiseur réunira les deux mains du sujet dans l'une des siennes et, de l'autre, il commencera les passes. A cet effet, il portera sa main libre, les doigts légèrement écartés, sans être tendus ni roides, à la hauteur du front de son sujet et il la descendra verticalement et très-lentement, sans toucher, jusqu'à vingt centimètres environ au-dessous du creux de l'estomac du sujet. Il répétera ce mouvement, dans les mêmes conditions, à dix reprises *au minimum*, en ayant garde de refermer la main quand, une passe terminée, il la reportera à la hauteur du front de son sujet, pour en recommencer une autre.

5° Il abandonnera complètement les mains du sujet, s'écartera de lui à distance convenable (mettons un demi-mètre ou plus, jusqu'à trois ou quatre mètres), et continuera les passes avec les deux mains, toujours dans cette amplitude : de la hauteur du front à vingt centimètres au-dessous de l'épigastre du sujet. Pendant ce temps, celui-ci, les mains sur ses genoux, le corps en repos, attendra, *passivement*, que l'effet magnétique se produise.

S'il tarde (ce qui nous est généralement arrivé la première fois que nous opérions avec un nouveau sujet), si, après une *demi-heure* de passes à distance (pour fixer un terme *maximum*), la personne choisie

ne paraît pas manifestement influencée, il faut que
le magnétiseur s'arrête...

« Car, dit M. du Potet, la machine humaine ne
fournit pas d'une manière continue, et selon notre
volonté, la force qu'on exige d'elle. On peut, après
cinq ou dix minutes de repos, recommencer les
passes pendant un quart d'heure et cesser ensuite,
*le corps du patient devant être saturé du fluide qu'on
suppose avoir émis.* »

La méthode que nous venons de tracer, n'a rien
d'absolu : chacun peut employer des procédés différents résultant de son expérience acquise : l'indispensable c'est la volonté énergique et persistante
du magnétiseur.

C'est pourquoi, aussi, il convient toujours d'opérer
dans un milieu, sinon sympathique, tout au moins
attentif et recueilli ; les brocards des plaisants ou
des incrédules ne doivent point être tolérés pendant
l'opération. Que l'on discute avant ou après, bien ;
mais le magnétiseur n'obtiendra rien qui vaille, si la
distraction l'assaille, par le fait des assistants, pendant que sa pensée doit se tendre vers cet unique
but : *dominer le sujet au moral et au physique.*
Dans le cas où la bienveillance et le silence font
défaut, il vaut mieux s'abstenir, pour ne point risquer de se fatiguer et de fatiguer inutilement le
sujet, sans compter les accidents qui peuvent surgir
d'une magnétisation opérée dans de mauvaises conditions.

Supposons maintenant qu'ayant observé toutes les prescriptions nécessaires, ont ait réussi à influencer le sujet, on assistera, par suite, à une série de phénomènes qui pourront varier, selon sa sensibilité plus ou moins grande, de la somnolence légère jusqu'au somnambulisme complet, phénomènes dont nous donnons plus loin l'ordre habituel. Après quoi, il faudra ramener le sujet à son état normal, autrement dit *le démagnétiser*.

Pour cela, on aura de nouveau recours aux passes, et, cette fois, aux passes *à grands courants*.

Citons encore M. Bauche en ses « *Causeries Mesmériennes.* »

« Les passes magnétiques se pratiquent comme les frictions, mais sans contact. Elles sont dites longitudinales, transversales, descendantes, ascendantes, etc...

(A) » Les passes longitudinales descendantes, (de haut en bas), ont la propriété de régler la circulation du fluide nerveux et d'entraîner avec lui les effluves morbides.

» Si elles sont dirigées du sommet de la tête à l'épigastre et faites lentement, elles accumulent le fluide magnétique et produisent plus ou moins promptement le sommeil, ou autres modifications physiques chez le magnétisé ; si elles sont faites rapidement, et de la tête aux pieds, c'est-à-dire à *grands courants*, ou seulement du tronc aux extrémités inférieures, elles dégagent le sujet et sont un moyen de démagnétisation.

(B) » Les passes longitudinales ascendantes, (de bas en haut), ont été déclarées dangereuses par plusieurs auteurs magnétistes...; il est prudent de s'en abstenir quand on opère sur un sujet présentant un excès de vitalité, disposition qui exige, au contraire, des passes descendantes à grands courants pour éviter une congestion cérébrale.

(C) » Les passes transversales peuvent produire les mêmes effets que les passes longitudinales; faites rapidement, elles servent à démagnétiser, moins, peut-être, à cause de leur direction propre qu'à cause du froid qu'elles produisent. On peut encore faire des passes diagonalement ou en forme de 8...

» Comme règle générale, nous dirons que les passes doivent être faites d'une égale lenteur et d'un mouvement rythmique.

» Nous ajouterons que l'extrémité des doigts ne doit jamais être dirigée en dehors du point auquel le magnétisme est destiné, car, alors, il y a déperdition de l'agent magnétique.

» Cette recommandation, ainsi que beaucoup d'autres, est sans valeur, si on repousse l'hypothèse d'un fluide ou d'un agent physique. »

DÉMAGNÉTISATION

Si on laissait le sujet magnétisé abandonné à lui-même, après un temps plus ou moins long, il reviendrait à son état normal; mais il est toujours préférable de le démagnétiser à la fin de la séance.

Pour cela, il existe aussi différents procédés : voici ceux que préconise M. Bauche.

— « Commençons, dit-il, par les cas ordinaires :

1° Les passes transversales à la base du front, devant le visage et la poitrine, suffisent quelquefois pour dégager le sujet.

2° Si le sujet a été sur-saturé, on fait des passes tout le long des membres en descendant seulement, pour attirer le fluide en excès des centres nerveux vers les extrémités.

3° La chaleur favorisant la magnétisation, le froid doit en détruire les effets. On dégage promptement la tête en l'éventant, en soufflant sur la face, en jetant de l'eau fraîche au visage ou en y appliquant un corps capable de soustraire du calorique (un verre, par exemple).

4° En pressant vivement le bréchet (creux de l'estomac), la racine du nez ou quelque autre partie du corps, avec un ou plusieurs doigts, la douleur qui en résulte détermine une réaction qui ramène aussitôt l'existence ordinaire.

5° Le somnambulisme existant, on commande impérativement le réveil, soit verbalement, soit mentalement, et le sujet ne tarde pas à obéir.

6° Le rapport par contact avec une personne non magnétisée est encore un moyen de dégagement d'autant plus prompt que cette personne sera elle-même plus sensible au magnétisme. »

Cette dernière manière de démagnétiser fournirait, selon notre auteur, un argument en faveur de la doctrine fluidiste.

Continuons à citer.

— «... Il est arrivé que des personnes n'ayant pas étudié le magnétisme s'en étaient fait un amusement de société et avaient obtenu des effets qu'elles ne pouvaient plus détruire, tels que des spasmes, des convulsions, des accès de fureur, etc...

» Que le magnétiseur expérimenté et instruit ne s'effraie pas, dit à ce sujet M. Du Potet; il sera d'abord repoussé par le patient, mais qu'il tâche de toucher le cerveau, de fixer la main sur le front, et qu'il commande le calme; qu'il soit impérieux, ferme et calme lui-même, mais qu'il fasse éloigner au plus vite celui qui a causé le trouble; que celui-ci parte, aille au loin : alors vous deviendrez bientôt le maître, on entendra votre voix, on sentira votre action bienfaisante; mais, surtout, ne quittez pas tant que les effluves de l'imprudent sont encore dans les nerfs; chassez-les par des passes à grands courants faites jusqu'aux extrémités; soufflez sur le front, faites cesser le sommeil, voyez s'il reste le souvenir de ce qui s'est passé, et, dans ce cas, rendormez, car, à coup sûr, un retour des mêmes crises aurait lieu. Le souvenir effacé (et vous pouvez le détruire), ne soyez pas inquiet de la courbature, de la lassitude qui suivent : ce sont de bons symptômes, ils dureront deux ou trois jours, et tout sera fini. »

DE LA SUGGESTION

Bailly et ses co-enquêteurs de la commission académique, sauf M. de Jussieu, avons-nous raconté, nièrent l'existence du fluide magnétique et ne virent, dans les phénomènes de Mesmer, que des effets d'*imagination* et d'*imitation*. Nous ajoutions que la même théorie est reprise de nos jours, ou à peu de chose près, sous le nom de *Suggestion*.

Examinons maintenant ce qu'il faut entendre par là et quelle différence il y a entre un *magnétiseur fluidiste* (celui qui raisonne et procède comme nous l'avons indiqué plus haut), et l'*hypnotiseur par suggestion*.

Un livre fort instructif, publié tout récemment par le docteur Bernheim, professeur à la faculté de médecine de Nancy — « *De la Suggestion dans l'état hypnotique et dans l'état de veille* ». — nous fournira les éléments d'appréciation.

Tout d'abord, on lit, dans l'Avant-Propos de ce livre, que « l'idée de la Suggestion, émise par Faria, a été mieux appliquée par Braid », et que « M. Liébeault (docteur en médecine à Nancy), perfectionnant la méthode, la ramenant à sa plus simple expression, a montré, après Braid, que la très grande majorité des sujets sont susceptibles d'être influencés... »

Plus loin, pour marquer l'excellence de la méthode qu'il préconise, le docteur Bernheim apporte ce document :

» Sur 1014 personnes soumises à l'hypnotisme, et venues pour cela dans le cabinet de M. Liébeault, 27 seulement furent réfractaires ; toutes les autres en éprouvèrent les effets à différents degrés.

» Il y eut :

33 cas de somnolence ;
100 — de sommeil léger ;
460 — de sommeil profond ;

232 — de sommeil très profond;
31 — de somnambulisme léger;
et 131 — de somnambulisme profond.

» Les phénomènes qui suivirent le sommeil magnétique furent, à part quelques exceptions, d'autant plus remarquables que le sommeil était plus intense. »

Voici maintenant comment s'y prendre pour procéder par la Suggestion :

1° Gagner la confiance du sujet malade ou non, en lui persuadant qu'il n'en peut résulter aucun inconvénient pour lui, au contraire, etc...

2° Cela fait, on lui dit :

— « Regardez-moi bien et ne songez qu'à dormir. Vous allez sentir une lourdeur dans les paupières, une fatigue dans les yeux ; — vos yeux clignotent, ils vont se mouiller ; — la vue devient confuse ; — les yeux se ferment. »

Souvent, si le sujet est sensible, ces quelques paroles suffisent pour l'endormir.

S'il est rebelle, on réitère la suggestion et, au besoin, on y joint des gestes, n'importe lesquels, pourvu qu'ils servent à fixer son attention.

— « Vos paupières se ferment, vous ne pouvez plus les ouvrir; — vous éprouvez une douleur dans les bras, dans les jambes; — vous ne sentez plus rien; — vos mains restent immobiles; — vous ne voyez plus rien; — le sommeil vient... Dormez!!... »

On obtient ainsi, finalement, le sommeil, au cours duquel on opère d'autres suggestions appropriées aux phénomènes que l'on désire.

On peut même suggestionner à échéance, par exemple faire dire au sujet endormi : « Dans huit jours, à telle heure, j'accomplirai telle action. »

Une fois réveillé, le sujet ne se souvient de rien ; mais, huit jours plus tard, à l'heure dite, la pensée suggérée lui revient instantanément et il accomplit l'acte, sans réfléchir à ses conséquences.

On peut, de même, imposer des sensations à échéance, agréables ou pénibles, et le sujet les éprouvera : il verra des fantômes, des précipices qu'il cherchera à éviter, des amis imaginaires avec qui il conversera ; des ennemis qui le menaceront, le poursuivront ; en un mot, il aura toutes les illusions voulues et au moment choisi.

Il y a aussi la *Suggestion négative :* on peut commander à un somnambule de ne pas voir, à son réveil, telle ou telle personne qui se tiendra près de lui, de ne pas entendre tel ou tel bruit, de ne pas ressentir telle ou telle douleur.

Réveillé, le somnambule ne verra momentanément, ni n'entendra rien de ce que la suggestion négative lui a interdit et il demeurera comme insensible à la souffrance.

— « Quelque singuliers, quelque inexplicables que soient ces phénomènes de suggestion à longue échéance — (quelquefois à plus d'un mois) — devant éclore à un moment assigné d'avance et que le cerveau prépare ou médite à l'insu du sujet, je n'ai pas hésité à les relater ; j'aurais hésité en présence d'un fait isolé, mais je les ai reproduits tant et tant de fois sur divers somnambules que je n'ai pas le moindre doute sur leur réalité, écrit le docteur

Bernheim. L'interprétation est du domaine de la psychologie. »

Aux notations précédentes, il convient d'ajouter cette autre très importante pour notre étude : la Suggestion hypnotique peut s'exercer aussi par le sujet sur lui-même et elle prend alors le nom d'*auto-magnétisation*, ou *auto-suggestion*.

Nous connaissons des médiums qui s'endorment par la concentration de leur propre volonté et qui se réveillent tout seuls après leurs investigations somnambuliques.

C'est encore là une des particularités mystérieuses de l'Occulte dont les spirites s'emparent pour édifier leur doctrine.

Selon eux, par l'auto-magnétisme, le sujet met ses organes à la disposition des désincarnés et, tout aussitôt, quelqu'un d'entre ceux-ci s'en empare pour se manifester par la parole, les gestes ou l'écriture, selon que son degré d'avancement comme Esprit, l'excellence des organes prêtés et les circonstances où l'on se trouve le comportent.

Par contre, ces mêmes faits fournissent aussi des arguments aux anti-spirites, dont le plus topique serait : « Qu'il n'y a dans les phénomènes du Spiritisme que l'illusion des assistants en état d'hypnotisme général et spécial, n'allant pas jusqu'à la somnolence, mais assez accentué pourtant, pour leur faire perdre la notion du possible et du réel...

Avec ce raisonnement, on arriverait à l'absurde :

on pourrait mettre tout à l'actif de la Suggestion, ne plus admettre la réalité du bien et du mal et douter de sa propre conscience.

On pourrait surtout le tourner contre le docteur Bernheim, adversaire du Mesmérisme, et ne voir dans son livre, si plein de récits étonnants, que les divagations d'une intelligence oblitérée par la Suggestion invincible d'un rival ou d'un ennemi!!... Ce à quoi les disciples de Mesmer ne contrediraient pas trop et par idée de représailles, car le professeur Nancéen les malmène rudement.

— « Chez aucun de mes sujets, écrit-il, je n'ai vu la Suggestion hypnotique exalter à un degré extraordinaire, comme le prétendent quelques-uns, les facultés intellectuelles, ni créer d'emblée des aptitudes nouvelles. Sans doute, la concentration de tout l'individu psychique vers l'idée suggérée peut augmenter la sagacité, développer une clairvoyance limitée à la sphère d'idées évoquées, plus grande que l'état de veille; mais, jamais, je n'ai vu nettement, jusqu'à présent, un phénomène intellectuel dépassant la mesure normale; je n'ai pu rendre avocats, ou prédicateurs éloquents, des sujets non doués naturellement du don de l'éloquence...

» Du merveilleux, tel que la lucidité, la prévision de l'avenir, la vision intérieure, la vision à distance ou à travers les corps opaques, la transposition des sens, l'instinct des remèdes, est-il besoin de dire que je n'en ai pas vu?...

» ... *Un charlatanisme éhonté, achevant le discrédit, a seul continué à exploiter la crédulité publique.*

» Tout n'était pas nul cependant *dans les folles et orgueilleuses conceptions du Mesmérisme...*

» Aujourd'hui, *le magnétisme est mort comme l'alchimie ;* mais la *Suggestion hypnotique est née du magnétisme, comme la chimie est née de l'alchimie.* »

Le docteur Bernheim va un peu vite en besogne : il enterre l'ancien Magnétisme avant de l'avoir réellement tué.

Il ne suffit pas de déclarer qu'on n'a pas vu tels ou tels phénomènes, aptitudes nouvelles instantanées, claire-vue, transposition des sens, transmission de pensée, etc... pour être autorisé à conclure qu'ils ne peuvent se produire ; il faut encore, et de toute nécessité, prouver la mauvaise foi ou l'ineptie de ceux qui prétendent en avoir été les témoins directs.

Or, cette preuve, ni le docteur, ni ses confrères *suggestionistes* ne l'ont jusqu'ici apportée.

Loin de là : les faits qu'ils obtiennent et décrivent eux-mêmes, étant identiques ou similaires à ceux relatés par les anciens écrivains magnétistes, on peut en inférer, sans exagération, que les découvertes Mesmériennes seront sanctionnées graduellement par les recherches de la nouvelle école.

En d'autres termes, on avait commencé par écarter, en bloc, comme impossibles, insensées, ridicules, les assertions des magnétiseurs touchant les effets physiques et moraux du Magnétisme animal et voilà que, maintenant, la moitié au moins de leurs phénomènes entre dans le domaine scientifique sous le vocable de la Suggestion.

Qui, dès lors, peut raisonnablement affirmer qu'il n'en arrivera pas de même pour tout ou partie de l'autre moitié, lorsqu'on aura expérimenté avec suite, dans des conditions convenables de milieu et sans parti pris?...

Là encore où le docteur Bernheim nous paraît excéder son droit de récusation théorique, c'est quand il émet l'avis que « si la volonté de l'hypnotiseur n'est pas exprimée par la parole, si ses gestes ne sont pas compris par le sujet, ils ne déterminent aucun phénomène. »

Contrairement à cette opinion, le récit de M. Aksakof nous a montré des expériences de *transmission de pensée*, tentées et réussies, sans paroles ni gestes par M. Donato avec mademoiselle Lucile et nous avons relaté, parmi les détails de la séance d'Occulte, chez le docteur F..., que sa Pythonisse lut une lettre cachetée sans l'ouvrir et en ayant les paupières closes...

Nous pourrions multiplier les exemples où la volonté toute seule de l'opérateur a suffi pour mettre, devant nous, le sujet en état de somnambulisme; nous espérons que le suivant paraîtra suffisamment démonstratif.

Un jour, au début d'une de nos séances expérimentales chez le savant docteur Puel, quelqu'un émit aussi cette idée « qu'il fallait qu'un indice, geste, bruit sonore ou parole, appelât l'attention du sujet, pour que celui-ci ressentît les effets du Magnétisme.

— « Cette condition n'est pas toujours indispensable, non plus que l'en-présence du sujet et de l'opérateur, répondit le docteur Puel; si l'on a affaire à une personne extra-sensible, comme mademoiselle R..., on peut l'actionner à distance, l'endormir même sans qu'elle s'en doute. »

Et, pour nous le prouver, il mit, d'un seul coup, mademoiselle R... en état de catalepsie générale, pendant qu'elle causait à une de ses amies dans une pièce attenante à celle où nous étions et d'où elle ne pouvait ni nous voir, ni surpendre notre conversation.

Après tout, la réserve formulée par M. Bernheim n'est peut-être pas tout à fait aussi absolue que nous l'avons jugée de prime abord, et n'y doit-on trouver qu'une amplification de langage destinée à provoquer la défiance envers de faux magnétiseurs et de faux sujets, gagés pour tromper le public, ou envers d'autres opérateurs sincères, mais par trop enclins à enfler leur pouvoir et leur réputation. Le doute vient en méditant le dernier de ces trois extraits :

— « Chaque somnambule a son individualité propre; automate dirigé par une volonté étrangère, il agit avec sa machine et répond aux suggestions comme il les conçoit, comme il peut, comme il les interprète... »

— « Le dormeur hypnotisé s'endort avec l'idée immobilisée en rapport avec celui qui l'a endormi : de là, possibilité à cette volonté étrangère de lui suggérer des rêves, des idées, des actes... »

— « J'ai constaté que beaucoup de sujets qui ont été hypnotisés antérieurement peuvent, *sans être hypnotisés à nouveau... présenter à l'état de veille l'aptitude à manifester les mêmes phénomènes suggestifs.* »

En résumé, la sagesse ordonne que les *fluidistes* et les *anti-fluidistes* (magnétiseurs et suggestionnistes), expérimentent, chacun selon leur méthode, sans s'excommunier scientifiquement.

Des faits, autant que l'on voudra on pourra ; mais, pour le présent, rien que des faits ! les théories viendront plus tard.

C'est aussi par des faits que nous terminerons ce chapitre, après un dernier mot *sur la Suggestion à l'état de veille.*

Elle est, répétons-le, ou positive, ou négative : positive, elle impose des illusions ; négative, elle efface la réalité.

La suggestion à l'état de veille peut mener certaines natures faibles jusqu'à l'héroïsme ou jusqu'au crime.

On doit considérer l'éducation de l'enfance comme une longue et invincible suggestion : à ce titre, il importe de surveiller rigoureusement ceux qui la pratiquent.

Enfin, c'est en partie par l'*auto-suggestion* négative que nous nous expliquons la constance de nombreux martyrs au milieu de supplices dont le récit seul fait frémir...

Bien que l'enthousiasme montré par les contemporains de Mesmer, de de Puységur, de Deleuze etc... ait grandement baissé, on met encore, de nos jours, de nombreuses guérisons, dont d'extraordinaires, à l'actif du Magnétisme : des champions dévoués continuent à le préconiser, comme le plus simple ou le plus efficace des moyens curatifs. Nous connaissons même des médecins, en possession de la notoriété et de l'estime publiques, qui ne se font pas faute, dans des cas embarrassants, de recourir aux indications de la somnambule !...

La « Magnétologie » est devenue une science. Elle a ses journaux spéciaux, parmi lesquels nous citerons, comme particulièrement intéressants : la « *Psychologie Expérimentale* » du docteur Puel, la « *Chaîne Magnétique* » de M. Louis Auffinger, le « *Journal du Magnétisme* » par M. Durville, etc... Ces organes, ayant chacun un mérite tout spécial, apportent périodiquement, dans la discussion générale, les faits nécessaires à l'assiette d'un jugement sain et fortifient la foi de ceux qui l'ont prise, ainsi que nous, dans la fréquentation de magnétiseurs sérieux et dévoués.

D'autres publications, non moins instructives, élargissant le programme des « magnétologistes » purs, réunissent, dans leurs colonnes, tout ce qui a trait au Magnétisme et au Spiritisme, voire, selon l'occasion, à l'Occulte en entier (appelé par d'aucuns « Théosophisme »); elles prouvent, ou tendent à prouver, que l'Esprit est partout le régent de la Matière et qu'en thérapeutique, comme en philosophie, on ne doit point faire abstraction de l'âme...

Au nombre de ces publications, nous citerons, pour la France :

« *L'Anti-Matérialiste* », rédigé par M. René Caillié, savant ingénieur à l'argumentation duquel nous accordons toujours la préférence dans le camp des spirites militants;

» Le *Spiritisme* », organe de l'Union Spirite française, dirigé par M. Gabriel Delanne, un jeune combattant des plus valeureux ;

« La *Revue Spirite* », fondée en 1856 par A. Kardec et qui imprima à la « *Doctrine de la Réincarnation* » la force d'impulsion qu'elle conserve encore aujourd'hui, malgré les obstacles accumulés par la faute de certains apôtres tarés ou incapables et par l'opposition d'écrivains hostiles d'instinct ;

« La *Lumière* », qui traite de questions littéraires, scientifiques et spiritualistes, sous la direction de madame Lucie Grange, une « Voyante » ;

« Le *Magicien* » etc.., etc...

Enfin, il n'y a pas jusqu'à certains journaux traitant de science « pratique », qui n'admettent, au nombre de leurs collaborateurs habituels, des disciples avoués de Mesmer et de Braid.

C'est dans l'un de ceux-ci, « *le Petit Journal de la Santé* », fondé spécialement, ainsi que l'indique son sous titre, pour la « *Vulgarisation des sciences médicales et naturelles* », que nous empruntons l'histoire, qui va suivre, d'une cure merveilleuse obtenue uniquement par la vertu du « Magnétisme humain. »

Nous citons celui-là de préférence à tout autre pour deux causes : la première, parce que, connaissant, de longue date, les préventions constantes et sur-aiguës de son directeur, M. de Rossiény, contre tout ce qui, de près ou de loin, se rapporte à l'*Occulte*, nous jugeons qu'il n'a dû admettre le récit qu'à son corps défendant, autrement dit, après en avoir contrôlé la parfaite exactitude.

La seconde raison est que nous estimons grandement l'auteur de l'article, M. A. Bué, comme magnétiseur et comme écrivain, et que nous jugeons son récit de nature à justifier la théorie des « fluidistes ».

MAGNÉTISME CURATIF

« Voici, raconte M. A. Bué, un des exemples les plus frappants de la puissance des forces de la nature, lorsque ces forces sont sollicitées par le magnétisme. Ce fait, qui a eu un grand retentissement dans la ville où il s'est produit, en m'ouvrant les yeux sur les admirables propriétés curatives du magnétisme, n'a pas peu contribué à me lancer dans la voie d'expériences et de recherches que j'ai suivie depuis.

» C'était dans les premiers jours du mois de juillet 1873, M. X... conseiller à la Cour de... ayant appris indirectement que je m'occupais de magnétisme, vint me prier de donner mes soins à sa fille ; le cas était fort grave : Mademoiselle X... âgée de trente ans, était atteinte d'un kyste. Le mal, qui remontait au moins à une dizaine d'années, avait débuté par une anémie ; mais l'anémie est une maladie si commune à notre époque chez les jeunes filles, qu'on ne s'en préoccupa pas immédiatement. Le médecin, lui-même, sans chercher à approfondir les causes du dépérissement progressif qu'on lui signalait, et suivant en cela la déplorable routine de l'École, se contenta d'indiquer l'application d'un régime tonique et fortifiant, et ordonna l'emploi de la série banale des prétendus reconstituants préconisés en pareil cas, tels que : l'hydrothérapie, l'huile de foie de morue, le fer et ses succédanés.

» Ce traitement devait être impuissant, on le comprend, à arrêter le développement du germe parasitaire, que les forces vitales déséquilibrées favorisaient au détriment du fonctionnement normal de la vie organique.

» Les menstrues devinrent de plus en plus irrégulières ; des troubles graves survinrent dans les fonctions digestives; la taille et l'abdomen se développèrent et s'arrondirent comme dans l'état de grossesse.

» Les parents s'alarmèrent. Les médecins consultés de nouveau, déclarèrent tardivement la présence d'un kyste, mais sans pouvoir se mettre d'accord sur sa nature. Ce qu'il y eut de plus évident, c'est que la jeune fille, à bout de forces, et ne pouvant plus résister à l'envahissement progressif de la tumeur, dut s'aliter.

» Depuis six mois, sur son lit de douleur, elle avait failli succomber à une péritonite aiguë, causée par l'énorme développement du kyste; et, malgré l'application de nombreux vésicatoires, malgré de fréquentes ponctions faites dans le but d'arrêter les progrès de l'épanchement hydropique, les proportions du kyste ne faisaient qu'augmenter.

» M. le docteur F... doyen de la faculté de l'endroit, qui soignait la malade, ne croyant pas, dans un cas aussi grave, devoir assumer une trop lourde responsabilité, avait, avec l'assentiment de la famille, appelé en consultation deux de ses confrères. Les trois habiles praticiens, après s'être consultés, venaient de déclarer l'état de la malade désespéré, l'inutilité de ponctions, et s'étaient retirés en ne laissant aucun espoir aux parents.

» La malheureuse mère, foudroyée par cet arrêt, ne pouvait se faire à l'idée que tout était fini et que sa fille allait lui être ravie ! La science ne pouvait-elle se tromper ? pourquoi n'en appellerait-elle pas de l'arrêt qui venait de la frapper dans ses affections les plus chères ?

» Au milieu de sa douleur, une inspiration traversa son cerveau ; la pensée lui vint que le magnétisme pouvait encore sauver son enfant ! l'amour maternel a de ces presciences qui trompent rarement !...

» M. X... m'apportait l'expression de l'anxiété du cœur de la mère luttant désespérément contre la fatalité et se rattachant à une dernière lueur d'espoir ! Vivement ému, je promis mon concours ; je ne mis qu'une condition à ma promesse, c'est que M. le docteur F... et ses confrères seraient prévenus de la tentative que nous allions faire et dégageraient ma responsabilité par leur présence au chevet de la malade.

» C'était-là, dans ma pensée, non seulement une mesure de prudence, mais aussi un acte de déférence ; je fus donc fort étonné d'apprendre que loin d'apprécier cette démarche, MM. les docteurs, l'accueillant avec dédain, avaient nettement refusé de se prêter à une comédie qu'ils considéraient, disaient-ils, comme indigne de la science et d'eux-mêmes.

» Ce refus ne découragea pas M. X...; il alla frapper à toutes les portes; mais pas un des quatre-vingts médecins de la localité ne voulut consentir à nous assister, dans la crainte de se mettre en opposition ouverte avec l'opinion émise publiquement par le doyen de la faculté.

» Il fallut donc se résigner à passer outre. Je ne savais trop ce qu'on pouvait attendre de l'action magnétique dans une occurence aussi grave, mais, par humanité, je ne pouvais me résoudre à priver ces malheureux parents de l'unique satisfaction qui leur restait de se dire que tout avait été tenté pour sauver leur enfant.

» Le 14 juillet je commençai le traitement; je magnétisai deux fois par jour.

» Alitée depuis six mois, la malade souffrait tellement de la tension de l'abdomen, qu'on avait été obligé, pour la protéger contre tout contact douloureux, de soutenir les draps et les couvertures avec des cerceaux; — très constipée, ne pouvant plus rien digérer, elle était sans appétit et sans sommeil et plongée dans un marasme inquiétant, dont rien ne pouvait la tirer.

» Dès le début du traitement un phénomène remarquable se produisit : un abcès se forma sur la ligne blanche, à quelques centimètres du nombril, et par l'ouverture de cet abcès, qui perça bientôt, toutes les matières contenues dans le kyste s'écoulèrent.

» Il y eut, le 16 août, une sortie considérable de liquide purulent (près de deux grandes cuvettes pleines). Cette évacuation continua les jours suivants dans une proportion moindre ; mais bientôt vinrent se joindre à ces écoulements permanents des sueurs profuses et d'abondantes selles liquides d'une odeur infecte.

» Je magnétisai dès lors toutes les boissons et l'eau servant aux ablutions et aux cataplasmes.

» Le ventre désenfla rapidement, et le 30 août on constatait une diminution de 18 centimètres de tour de taille.

» Ce premier succès, en nous comblant de joie, nous fit pressentir une heureuse issue. En effet, peu à peu, avec l'appétit et le sommeil, les forces revinrent ; la nature expulsa par l'exutoire qui s'était formé et par les selles, les matières liquides, les peaux et les membranes qui constituaient la tumeur parasitaire. Celle-ci se vida progressivement et s'affaissa si bien que le 6 octobre suivant (trois mois à peine après la première magnétisation), la malade, levée et transportée sur un fauteuil dans le salon, assistait à une petite réunion de famille, qui avait pour objet de fêter cette résurrection providentielle.

» Pendant près de deux ans, la plaie qui s'était si miraculeusement ouverte sous l'influence du magnétisme, continua à suppurer et ne se renferma que lorsque le kyste fut complètement expulsé.

» Aujourd'hui Mademoiselle X... jouit d'une parfaite santé et elle se félicite, ainsi que ses parents, d'avoir eu recours, malgré la Faculté, à un moyen qui l'a si radicalement guérie. Quant à moi, en présence d'une cure aussi inespérée, je croirais encore à un prodige, si depuis je n'avais obtenu, dans des conditions à peu près identiques, deux autres guérisons du même genre.

» Cette coïncidence de faits ne laisse aucun doute sur l'efficacité curative du magnétisme, et démontre qu'il serait possible, dans bien des cas, d'éviter les opérations chirurgicales si périlleuses et si cruelles auxquelles on a recours d'habitude dans les affections de cette nature. »

Le « Magnétisme » ou « Hypnotisme », comme on voudra l'appeler, est à la fois, insistons-y en employant une expression familière, « ou *tout bon*, ou *tout mauvais.* »

Son utilité ou sa nocuité dépend de l'état physique et de l'état moral de l'opérateur : selon que celui-ci est bien portant et bienveillant, maladif ou méchant, selon que le patient trouvera bénéfice ou préjudice à la magnétisation.

Mais, outre qu'inintelligemment pratiqué, le Magnétisme jette toujours de la perturbation dans l'économie vitale du sujet, il peut encore aider à l'accomplissement de desseins pervers comme on va en juger par une histoire empruntée à la chronique des tribunaux.

Puisse l'exemple cité mettre chacun en garde contre la prétendue sagesse de sceptiques railleurs qui s'écrient encore à l'heure actuelle : « Magnétisme et Suggestion, Charlatanisme et Enfantillage !... »

MAGNÉTISME DOLOSIF

Le 31 mars 1865, sur la fin du jour, un mendiant, estropié des deux jambes, arrivait au hameau de Guiols, dans le département du Var.

Il avait vingt-cinq ans environ, et se nommait Castellan.

M. H..., un brave petit fermier de l'endroit, dont il implora la pitié, voulut bien lui accorder un gîte pour la nuit et une place au feu, en attendant l'heure du coucher.

Outre l'exhibition de ses infirmités réelles apparentes, pour pousser à la compassion, Castellan simulait souvent la surdi-mutité.

A peine entré dans la demeure du fermier, il indiqua, par signes, qu'il avait faim et la ménagère et sa fille lui apportèrent de quoi souper.

Avant de manger, il fit de nombreux signes de croix sur lui-même, sur le pain, la boisson et les ustensiles à son usage ; après quoi, comme ses hôtes le regardaient tout étonnés, il leur écrivit « de ne rien redouter, qu'il était le fils de Dieu et qu'ils verraient des miracles par lui... »

M. et madame H... considérèrent Castellan comme un peu fou tandis que leur fille, une demoiselle de vingt-six ans, d'une moralité parfaite, se trouva fort impressionnée par l'étrangeté de ses gestes et l'acuité de ses regards.

La peur du mendiant la détermina même à se coucher cette nuit-là tout habillée.

Castellan dormit dans le grenier à foin. Le lendemain, il quitta la ferme de grand matin, mais pour y revenir, secrètement, à l'heure où il comptait trouver Joséphine toute seule.

Celle-ci, d'habitude, vaquait aux soins de l'intérieur, pendant que ses parents travaillaient aux champs.

Le calcul de Castellan se vérifia : il n'y avait plus à la ferme, quand, clopin-clopant, il y reparut, que celle dont il avait médité de faire sa victime et qui, dominée par l'épouvante, n'osa point le chasser.

Il la fascina par le geste, le regard et la parole, au point qu'elle s'évanouit ; puis il abusa d'elle...

La pauvre fille avait conscience de l'outrage, mais elle ne pouvait rien tenter pour s'y soustraire : il l'avait mise en état de léthargie lucide.

Le soir du crime, le bandit s'éloigna du hameau de Guiols, pour une destination inconnue.

Joséphine éprouvait pour lui, plus que jamais, une antipathie profonde : il résumait pour elle toutes les laideurs morales et physiques. Rien de commun ne paraissait possible entre ces deux êtres si différents de condition et de caractère : l'une vertueuse et l'autre ignoble ; l'une bien apparentée et belle encore, l'autre vagabond et hideux ; pourtant Joséphine, sous l'empire d'une force invincible, quitta tout pour courir après Castellan.

De longs jours, de mortelles nuits, il la tint comme rivée à son immonde personne ; il l'associa à sa misérable existence.

Il la forçait à mendier comme lui ; il la brutalisait ; il la jetait dans toutes les crises du somnambulisme artificiel, pour faire croire aux paysans qu'il possédait une force surnaturelle et leur soustraire de l'argent, en inspirant la crainte.

La pauvrette essaya à plusieurs reprises de fuir pour échapper à un joug si pesant et si déshonorant; toutes les fois sa tentative avorta misérablement et elle revenait, contrainte, désespérée, brisée, se soumettre aux caprices de Castellan!...

A la fin, le salut lui vint de personnes qui, l'ayant reconnue, l'emmenèrent chez elles et l'enfermèrent à clef, jusqu'au moment où ses parents la reprirent.

Bientôt aussi Castellan fut arrêté et déféré à la justice.

Il avoua que la nature l'ayant doué d'une puissance magnétique extraordinaire, il en avait usé pour asservir Joséphine II... à toutes ses fantaisies.

Le tribunal lui infligea douze années de travaux forcés et la conscience publique ratifia hautement la condamnation.

———

Il ne semble plus permis, après la lecture de ces faits, de considérer le magnétisme comme une quantité négligeable au point de vue humanitaire : « Ou *tout bon*, ou *tout mauvais* », incomparablement utile ou nuisible à l'excès, il appelle, comme tel, l'*endiguement scientifique*, puis *endiguement légal*.

On trouvera plus loin, dans un *Appendice* destiné à mettre en évidence quelques points de doctrine ou d'histoire laissés forcément dans l'ombre pendant notre course rapide à travers les mystères de l'Occulte, plusieurs faits d'ordre physique ou psychologique concernant encore le Magnétisme ou la Suggestion et ces faits militeront également en faveur des disciples de Mesmer et de Braid.

Maintenant, nous allons formuler, en raison de tout ce qui précède, concernant la Magie, la Sorcellerie, l'Alchimie, le Spiritisme, etc... une conclusion dans le sens philosophique, c'est-à-dire d'après la véritable déterminante qui nous a poussé à écrire ce livre.

CONCLUSION

Le 18 floréal an II, la Convention nationale, sur la proposition de Robespierre, rendit ce décret :

« *Le peuple français reconnaît l'existence de l'Être suprême et l'immortalité de l'âme. — Il reconnaît que le culte de l'Être suprême est la pratique des devoirs de l'homme. Il sera institué des fêtes pour rappeler l'homme à la pensée de la divinité et à la dignité de son être.* »

Comment accueillerait-on de nos jours une semblable atteinte à la liberté de conscience ? On crierait à l'arbitraire, on s'insurgerait contre l'obligation, en prétendant ne croire qu'à ce que l'on déduit soi-même, et l'on aurait cent fois raison d'en agir ainsi !...

Toutes les religions ont commencé par le *Credo* ; le Matérialisme et l'Athéïsme « religions à rebours » (on n'a qu'à discuter cinq minutes avec leurs zélateurs pour s'en apercevoir !) ne procèdent pas différemment : *Croyons*, commandent-ils, que ni l'âme ni Dieu n'existent. »

Et tous les hiérophantes de la foi révélée ou de la négation sans preuves se drapent majestueusement dans l'infaillibilité doctrinale.

Mais il est passé le temps de régenter politiquement les consciences et de faire de la philosophie par à coups : il faut maintenant prouver pour subjuguer les intelligences et les cœurs.

C'est ce qu'ont bien compris les Spiritualistes de l'école moderne (autrement dit les Spirites), et ils appellent leurs adversaires en champ clos sur le terrain expérimental.

On ne leur a, jusqu'ici, répondu que par des déclinatoires ; on leur a posé des conditions préliminaires inacceptables, ou bien on leur a tourné le dos, après s'être moqué plus ou moins agréablement d'eux, pour charmer la galerie.

Ils ont été fort rares les sceptiques qui tenaient ce sage raisonnement de M. A. S. Morin, dans ses *Essais de Critique religieuse :*

— « Chaque fois qu'il est question, soit de miracles, soit de choses présentées comme contraires à l'ordre naturel, qu'il se dresse un observateur prêt à prendre note de tout, à contrôler avec sagacité. Si ridicule que soit une prétention, si on la laisse s'accréditer, elle pourra faire des dupes, troubler les cerveaux faibles, exciter l'enthousiasme, l'entraînement.

« Soumettez tout à un examen sévère. Que les rationalistes de tous les pays se soutiennent réciproquement et concourent au même but. Que les charlatans de toute espèce sachent qu'il existe une association toujours prête à éplucher leurs dires, à porter une investigation rigoureuse sur tous les prodiges, et sans doute on parviendra ainsi à étouffer bien des entreprises frauduleuses, à dévoiler bien des machinations, à arrêter la propagation de l'erreur. »

La dernière phrase mérite d'être soulignée : « *On parviendra ainsi*, (par le contrôle sagace des faits), *à arrêter la propagation de l'erreur.* »

Evidemment. Mais que de gens ont encore intérêt à ce que les ténèbres ne se dissipent pas en entier : dans le clair-obscur seul, ils peuvent conserver quelque prestige !

———

En entreprenant l'histoire de l'Occulte, et en comprenant sous cette dénomination générique d'*Occulte* toutes les sciences hermétiques, vraies ou fausses, connues ou inexplorées, depuis l'Astrologie primitive jusqu'à l'Hypnotisme contemporain, nous avons eu pour but essentiel d'inciter à l'examen intime d'une question capitale et inéluctable, puisqu'elle se représente à chaque période humanitaire avec des exposés différents et un intérêt constant.

Avons-nous suffisamment précisé les faits et apporté des témoignages valables pour justifier notre entreprise et la rendre utile ?

Avons-nous prouvé que l'Occulte, envisagé dans la manière, dans la continuité, dans l'ensemble de ses manifestations, devient comme un point d'atterrissement où nombre de croyances submergées reprennent pied, *pour devenir les croyances de demain?*

Nous osons l'espérer.

Dans tous les cas, nous avons apporté dans notre travail un esprit dégagé, autant que possible, de toute partialité et s'il apparaît, parfois, que nous penchons du côté des Spiritualistes, c'est, en toute vérité, que les phénomènes observés par nous-même y poussent invinciblement.

Sans doute, leurs adversaires nous reprocheront cette tendance. « Les phénomènes de l'Occulte, presque toujours subjectifs, quelque intéressants, quelque surprenants qu'on les juge, ne fournissent point, disent-ils, un ensemble ou *critérium* suffisant pour déduire les origines et les fins de l'Être organisé en général et de l'Homme en particulier; et, plutôt que de risquer de tomber dans le paralogisme, dans des conséquences prématurées, il vaudrait mieux que l'auteur s'abstînt de conclure, même conditionnellement. »

A ce langage les indifférents et les indécis feront chorus comme à un avis fort judicieux.

Une réserve aussi absolue ne nous agrée point.

Nous savons, d'ailleurs, que ceux qui la prônent ne la garderaient pas, si les faits, enregistrés comme réels, se trouvaient militer en faveur de leurs théories négatives. On entendrait vraiment une autre chanterelle, si les Athées pouvaient nous montrer un tout petit coin du monde vide de la Providence, et s'il suffisait aux Anatomistes d'ouvrir un cadavre pour nous prouver, même spécieusement, que l'âme n'existe pas !...

Pourquoi donc, alors, en vertu du même droit dont ceux-là useraient « le raisonnement, » n'attribuerions-nous pas aux Spiritualistes le bénéfice qui résulte, pour leur foi, de nos recherches psychologiques dans le présent, et de nos investigations philosophiques à travers l'histoire?

Nous comprenons, jusqu'à un certain point, que des hommes illustres, adonnés à la science positive, comme par exemple Claude Bernard et Littré, aient éliminé de leurs préoccupations scientifiques quotidiennes, l'un, la question de l'âme, parce qu'il n'avait point trouvé d'âme sous son scalpel, l'autre, celle de l'existence de Dieu demeuré pour lui l'Insondable, mais nous croyons, en même temps, que cet ostracisme ne peut ni se généraliser, ni durer beaucoup.

En termes plus simples, nous pensons, malgré l'éloquence de certains doctrinaires, que toute société (la société démocratique principalement), a besoin d'un idéal philosophique religieux et qu'il faut, quand l'ancien s'écroule, tenter de le sauver en l'allégeant de ses ornements parasites ou en réédifier un autre plus en harmonie avec les progrès matériels accomplis.

Notre époque a l'enthousiasme de la science appliquée; suivons l'impulsion donnée; portons l'investigation expérimentale jusque dans le domaine de la foi.

Les fervents crieront à l'impiété, au blasphème; les impies hausseront les épaules avec dédain. Laissons les uns et les autres à leurs partis pris; ne nous préoccupons que de dégager le vrai du faux.

Et, puisque les Spirites, pratiquants modernes de l'Occulte, nous convient à cette utile besogne, en ce qui les concerne, que le dernier mot de notre conclusion soit en accord avec leur invite : « Cherchons ! »

APPENDICE

(A). — Nous avons représenté les Sabbats comme ayant été, à l'origine, des réunions politiques nocturnes, où les manants couraient mettre en commun leur amas de griefs, de désespérances, de haines; où la Sorcière, tenant l'office d'accusateur public, requérait *la peine du talion* contre les suzerains. Les chroniqueurs de l'époque n'y voulurent voir, eux, que le prétexte à d'ignobles saturnales, où l'horrible, le monstrueux se donnaient pleine licence en paroles, en gestes, en actions.

Ce jugement a longtemps prévalu devant l'histoire. Aujourd'hui encore le mot « Sabbat » est demeuré synonyme de « désordre », et nombre de personnes prétendent, ou font semblant de croire, que la Sorcière s'y livrait à l'ignoble métier d'entremetteuse. Nous contredisons formellement à cette calomnie en compagnie des écrivains sincères les plus autorisés.

Théophile Gautier, l'incomparable styliste, nous fournit, dans les vers ci-après, extraits de son poème *Albertus* ou *l'Ame et le Péché*, un tableau saisissant du Sabbat « légendaire », c'est-à-dire du Sabbat noirci par les inquisiteurs. Hâtons-nous d'ajouter, pour ceux qui l'ignoreraient, que Théophile Gautier fut un sceptique, et qu'il n'a entendu faire ici, comme dans son roman intitulé « *Spirite* » qu'une œuvre de pure imagination. Nous la citons à titre de curiosité archaïque et comme une des pages les plus émouvantes que nous ayons lues en matière de Sorcellerie.

SABBAT

Chauves-souris, hiboux, chouettes, vautours chauves,
Grands-ducs, oiseaux de nuit aux yeux flambants et fauves,
Monstres de toute espèce et qu'on ne connait pas,
Stryges au bec crochu, goules, larves, harpies,
Vampires, loups-garous, brucolaques impies,
Mammouths, léviathans, crocodiles, boas,
Cela grogne, glapit, siffle, rit et babille,
Cela grouille, reluit, vole, rampe et sautille ;
Le sol en est couvert, l'air en est obscurci.
Des balais haletants la course est moins rapide,
Et de ses doigts noueux tirant à soi la bride,
    La vieille cria : « C'est ici. »

Une flamme jetant une clarté bleuâtre,
Comme celle du punch, éclairait le théâtre.
C'était un carrefour dans le milieu d'un bois.
Les nécromans en robe et les sorcières nues,
A cheval sur leurs boucs, par les quatre avenues,
Des quatre points du vent débouchaient à la fois.
Les approfondisseurs des sciences occultes,
Faust de tous les pays, mages de tous les cultes,
Zingaros basanés et rabbins au poil roux,
Cabalistes, devins, rêvasseurs hermétiques,
Noirs et faisant râler leurs souffles asthmatiques :
    Aucun ne manque au rendez-vous.

Squelettes conservés dans les amphithéâtres,
Animaux empaillés, monstres, fœtus verdâtres,

Tout humides encor de leur bain d'alcool ;
Culs-de-jatte, pieds-bots montés sur des limaces,
Pendus tirant la langue et faisant des grimaces ;
Guillotinés blafards, un ruban rouge au col,
Soutenant d'une main leur tête chancelante ;
Tous les suppliciés, foule morne et sanglante,
Parricides manchots couverts d'un voile noir,
Hérétiques vêtus de tuniques soufrées,
Roués meurtris et bleus, noyés aux chairs marbrées :
   C'était épouvantable à voir.

Le président, assis dans une chaire noire,
Avec ses doigts crochus feuilletant le grimoire,
Epelait à rebours le nom sacré de Dieu.
Un rayon échappé de sa prunelle verte
Eclairait le bouquin et, sur la page ouverte,
Faisait étinceler les mots en traits de feu.
Pour commencer la fête on attendait le Maître.
On s'impatientait ; il tardait à paraître
Et faisait sourde oreille à l'évocation.
Enfin, il arriva, fit un signe, et la troupe,
Pour ouïr le concert, se réunit en groupe.
. . . .

Les virtuoses font, sous leurs doigts secs et grêles,
Des stradivarius grincer les chanterelles ;
La corde semble avoir une âme dans sa voix ;
Le tam-tam caverneux comme un tonnerre gronde ;
Un lutin jovial, gonflant sa face ronde,

Sonne burlesquement de deux cors à la fois.
Celui-ci frappe un gril, et cet autre en goguettes
Prend pour tambour son ventre et deux os pour baguettes.
Quatre petits démons sous un archet de fer
Font ronfler et mugir quatre basses géantes.
Un grand soprano tord ses mâchoires béantes :
   C'est un charivari d'enfer.

Le concerto fini, les danses commencèrent.
Les mains avec les mains en chaîne s'enlacèrent.
Dans le grand fauteuil noir le diable se plaça
Et donna le signal. Hurrah! hurrah! la ronde
Fouillant du pied le sol, hurlante et furibonde,
Comme un cheval sans frein, au galop se lança.
Pour ne rien voir, le ciel ferma ses yeux d'étoiles
Et la lune prenant deux nuages pour voiles,
Toute blanche de peur, de l'horizon s'enfuit.
L'eau s'arrêta troublée, et les échos eux-mêmes
Se turent, n'osant pas répéter les blasphèmes
   Qu'ils entendirent cette nuit!

On eût cru voir tourner et flamboyer dans l'ombre
Les signes monstrueux d'un zodiaque sombre;
L'hippopotame lourd, Falstaff à quatre pieds,
Se dressait gauchement sur ses pattes massives
Et s'épanouissait en gambades lassives.
Le cul-de-jatte, avec ses moignons estropiés,
Sautait comme un crapaud, et les boucs, plus ingambes,
Battaient des entrechats, faisaient des ronds de jambes.
Une tête de mort à pattes de faucheux

Trottait par terre ainsi qu'une araignée énorme;
Dans tous les coins grouillait quelque chose d'informe;
   Des vers rayaient le sol gâcheux.

La chevelure au vent, la joue en feu, les femmes
Tordaient leurs membres nus en postures infâmes;
Arétin eût rougi. Des baisers furieux
Marbraient les seins meurtris et les épaules blanches;
Des doigts noirs et velus se crispaient sur les hanches,
On entendait un bruit de chocs luxurieux.
Les prunelles jetaient des éclairs électriques,
Les bouches se fondaient en étreintes lubriques;
C'étaient des rires fous, des cris, des râlements!
Non, Sodome jamais, jamais sa sœur immonde
N'effrayèrent le ciel, ne souillèrent le monde,
   De plus hideux accouplements.

TH. GAUTIER.

(B) « Le bon vieux Temps » comporta toutes les misères physiques et morales : telle est la vérité historique que nous avons cherché à mettre en relief dans le chapitre concernant l'Occulte au Moyen Age et la raison pour laquelle nous innocentons la « Grande Révoltée » la « Sorcière », et sympathisons avec elle, malgré les réquisitoires passionnés et violents à l'excès de ses juges religieux ou séculiers.

Il fallait bien, répèterons-nous, que le pauvre peuple, éconduit et violenté par ses multiples et insatiables tyranneaux, trouvât quelqu'un à qui raconter ses peines, à qui demander conseil, pour essayer de sortir d'embarras!...

Et comme le tableau des injustices féodales est le meilleur argument à opposer à nos contradicteurs, les ennemis de la Sorcière, nous le complétons par une chronique « du pays de Picardie ».

L'ALOUETTE

I

Le quatrième pendu avait été un gai poète pendant sa vie terrestre.

— « Comment ? demandera-t-on, un « gai poète ! » alors que tout ce qui n'était point noble, ou valet de noble, ou moine, ou tenant d'église, passait son existence à souffrir, geindre et pleurer ?...

« Un gai poète ! » sans doute qu'il avait pris naissance dans le lit armorié de quelque castel, ou sous l'égide d'un abbé de monastère ?...

« Un gai poète ! » c'est qu'il ignorait donc la rude misère qui courbait le peuple dans le bon vieux temps ? »

Point.

C'était le fils d'un pauvre diable de manant, besoigneux du nécessaire toute l'année, à chaque heure de jour et de nuit. C'était, selon la définition précise et effrayante de l'époque, « *un chétif vassal en puissance de seigneur.* »

Mais, pour justifier l'anachronisme, nous dirons que la fleur s'épanouit parfois sur le rocher aride, et que, parfois aussi, l'oiseau jette une note harmonieuse au sein de l'orage le plus épouvantable. On voit sourdre, accidentellement, de belles pensées dans les intelligences les plus incultes, et les tyrans eux-mêmes ont des lueurs d'humanité.

Donc, par ces motifs analogiques, notre quatrième pendu pouvait chanter gaîment, malgré la désolation générale et ses misères particulières.

Il confectionnait, dans le patois du pays, et à la façon gouailleuse, des complaintes sur les tenants et aboutissants de chaque ridicule, et des gaudrioles, qu'il jetait à tous les vents, mais qui avaient moins d'écho dans le village que ses complaintes, parce qu'on y peinait trop. L'âme endolorie se réfugie plus volontiers dans l'amertume du sarcasme que dans la philosophie des chansons.

Le tout était entremêlé de réflexions souvent originales, et presque toujours disparates par rapport au sujet, ce qui les mettait plus en relief.

Le « gai poète » procédait ainsi parce que, prétendait-il, « *on remarque mieux le bouc au milieu des brebis qu'en un troupeau de chèvres.* »

Nous traduirons quelques-unes de ses maximes, pour que le lecteur connaisse mieux le nouveau personnage qui va entrer en lutte avec Raoul de Fignières.

Car, là encore, il y aura lutte, et sur le terrain moral : la féodalité étant génératrice de toutes espèces de maux.

Le « gai poète » avait pour vrais noms Simon Jonas, comme étant le fils de Paul Jonas, le couvreur de l'endroit, et il exerçait, de par la volonté du seigneur et la coutume, la même profession que son père.

Mais on lui avait donné le surnom de « l'Alouette », sans doute parce que, dès le grand matin, en montant à sa couverture, il se mettait à chanter, comme cet oiseau montant vers la nue.

De quatre lieues à la ronde, on n'appelait « Simon Jonas » autrement que « Simon l'Alouette » ou, tout à l'écourté, « l'Alouette. »

C'est aussi par ce gracieux sobriquet que nous le désignerons à l'avenir.

Voici l'échantillon annoncé de ses dires philosophiques.

— « Si l'on veut une grande rigueur contre l'innocent, on n'a qu'à lui donner pour juge le coupable.

» — La géhenne du seigneur, comme son âme, engendre volontiers une victime, mais elle ne l'enfante bien que pour la mort. L'accoucheur c'est le bourreau.

» — L'amour et la gale sont frère et sœur. Un serrement de main les communique, et l'on geint la démangeaison.

» — Tous les hommes sont frères, dit l'Evangile, suzerains et vassaux, moines et soudards, taxeurs et taxés : Caïn et Abel l'étaient de même.

» — En te levant et en te couchant, manant, pense à Dieu et le reste du temps au Diable. De cette façon tu n'oublieras jamais ton seigneur.

» — Le clocher est plus haut que l'église; celui qui carillonne fait plus de bruit que celui qui prie ; le chêne ne porte que des glands. Si tu as besoin d'un grand service, va le demander au plus infime de tes amis. Encore vaudrait-il mieux t'abstenir, car, écrémé, le lait devient aigre. »

Comme on vient d'en juger, du haut de son échelle, l'Alouette philosophait gaillardement sur toutes choses; dans ses déductions métaphoriques, il accouplait, sans gêne, chien et chat, pour prouver qu'il y a toujours eu et qu'il y aura toujours « *des martins-gas happant les martins-gueux.* »

Il n'était point, dans le village, de fiançailles sur lesquelles il ne rythmât, gratis, une façon d'épithalame ; point de charivaris, dont il n'attachât le grelot ; point, surtout, d'accrocs à la morale, ou à la justice, qu'il ne faufilât d'une aiguillée disparate pour les mieux faire remarquer.

On l'avait même vu plusieurs fois, tout endimanché, se rendre au château, pour y chanter à l'agrément de Raoul et de dame Iseult, la noble et gente épouse du châtelain. De même que l'on fait parade d'un beau lévrier ou d'une belle haquenée, le seigneur, en ces circonstances, faisait parade, devant ses commensaux, et tirait vanité de cette chose qu'il prétendait être à lui : l'esprit de son vassal....

II

Il y a eu festin à l'occasion de la naissance du deuxième des fils de Raoul; les convives sont nombreux, les écuyers servants ont versé les vins à pleines coupes, pourtant la conversation languit.

Chasse et guerre, tournois et défis, ne sont point toujours des thèmes suffisants pour la gaîté ; de belles châtelaines commencent à donner des preuves, non équivoques et contagieuses, de la fatigue d'ennui.

Raoul, aussitôt, fait mander l'Alouette, et le « gai poëte » accourt sans tarder.

Mais il n'a point, ce jour-là, l'allure habituelle ; ses bras pendent le long de son corps, il porte la tête basse et sa poitrine recèle des soupirs.

« — Hé ! lui crie Raoul, dès son entrée dans la salle du festin, on te prendrait, céans, pour le Dieu de Pitié ! qu'y a-t-il donc ?

» — Il y a, Monseigneur, que mon vieux père s'est laissé choir, tantôt en travaillant, de plus de quinze pieds de haut !

» — C'est peut-être qu'il avait trop bu ?...

» — Nullement ; Monseigneur sait fort bien que l'eau du ciel ne fait point tourner la tête des pauvres gens, et qu'ils ne peuvent, cette année, où tout a été requis pour les gens du château, boire autre chose. C'est plutôt le besoin....

» — Laissons cela, interrompt Raoul, ce n'est point le moment des jérémiades. Je t'ai fait venir pour chanter. Vide ce flacon et égaye-nous.

» — Monseigneur, je ne saurais. Je crains trop que mon père ne meure de sa chute.

» — Tu le pleureras quand il sera temps, je t'en donnerai pleine licence. Présentement égaye nous.

» — Monseigneur, je vous en conjure, ma tristesse est trop grande.

» — Elle n'est point de mise ici.

» — Aussi je sollicite que vous permettiez que je me retire.

» — Non point, mordieu! je t'ai appelé pour cela : tu vas boire et chanter, je le veux!

» — C'est me demander l'impossible, car, dans mon inquiétude, j'ai oublié mes ballades, mes complaintes et mes chansons.

» — Tu mens!

» — Sur mon salut, Monseigneur, j'ai dit la vérité.

» — Encore de l'obstination!... Tudieu! j'aurai le dernier mot. Manant, tu ne veux point chanter aujourd'hui; par tous les diables, tu chanteras demain! »

Et, d'une voix irritée, qui témoigne autant de l'ivresse du vin que de celle de la colère, Raoul intime l'ordre, à deux des nombreux valets qui font le service auprès des convives, de saisir l'Alouette et de le mener en prison.

« — Monseigneur, supplie encore ce dernier, en joignant les mains, mon pauvre père est seul, à cette heure, étendu sur son lit de douleur!...

» — Peu m'importe! j'ai dit! conclut sèchement Raoul, en s'adressant aux deux valets. Qu'on le tienne dans l'ombre et à jeun!... La nuit et la faim lui rendront la mémoire. »

Aussitôt, et sans qu'aucune parole de commisération s'élève dans la nombreuse compagnie, ni pour le père ni pour le fils, l'Alouette est conduit à la geôle,

Il l'avait bien mérité, d'ailleurs, ce serf outrecuidant, qui ne savait plus que larmoyer la piété filiale alors que son seigneur, pour charmer sa digestion et celle de ses convives, réclamait des joyeusetés !

La noble assemblée, privée de l'intermède du chant de l'Alouette, dut se rabattre sur la médisance et les dés.

« Les belles et bonnes châtelaines » (dans les chroniques de l'époque, les châtelaines sont généralement belles et bonnes,) se groupèrent entr'elles, pour déchirer leurs amies absentes, jusqu'à l'heure du coucher; et les « gracieux seigneurs » (toujours selon le style consacré), jouèrent, jusqu'au matin, des parties multiples, dont leurs vassaux respectifs avaient sué l'enjeu.

Raoul perdit dans sa nuit, tant la chance lui fut contraire, plus de cent écus, aussi sa mauvaise humeur contre l'Alouette s'accrut encore.

III

Cependant notre « gai poète » avait l'âme navrée.

Sa peine venait moins de la privation de liberté, de lumière et de nourriture, que de son incertitude sur l'état réel de son père.

L'Alouette avait le pressentiment de deuil. Aussi, dès qu'il fut jeté brutalement dans la solitude, il commença par donner libre cours à un torrent de larmes qui l'étouffait; puis, à tâtons, il chercha la porte de sa prison.

Qu'espérait-il? la forcer?...

Vaine tentative : « — La géhenne du seigneur, comme son âme, engendre volontiers une victime, mais elle ne l'enfante bien que pour la mort. L'accoucheur c'est le bourreau. »

Il avait intercalé cela, autrefois, dans une gaudriole, pour frapper l'attention, et pour qu'on ne l'oubliât point. Dans sa pensée aussi, peut-être, les poètes sont sujets à ce péché, il avait cru exagérer la méchanceté des tyrans qui, sous mille prétextes, couvraient la terre féodale de toutes sortes d'afflictions.

Mais ce qu'il en avait dit n'était que la stricte vérité et il en fit l'expérience par lui-même.

La porte de la prison résista à toutes ses attaques, et, vaincu par le découragement de l'impuissance, il tomba à genoux la face contre terre.

Alors, la foi était naïve; les prédicants enseignaient l'intervention, immédiate et palpable, de la divine Providence dans toutes les affaires humaines, et on ne les huait point! Blasphème impudent, qui faisait remonter au Dieu de toute justice et de toute clémence la responsabilité d'un état social exécrable, où ceux qui ne produisaient rien, étaient tout, prenaient tout, violentaient sans cesse!...

L'Alouette était de son temps, c'est-à-dire qu'il avait la foi aveugle : il pria longuement le Dieu des prisonniers qu'il fît un miracle en sa faveur...

Hélas! le miracle ne vint point; mais le sommeil le surprit pendant qu'il priait.

Ce fut un sommeil *translucide*.

Le fils vit, en rêve, ce qui se passait, en réalité, dans la cabane de son père.

Il vit le pauvre vieux qui geignait, tordu par la douleur, et qui l'appelait en vain près de son agonie...

Il vit que les soins dont on l'entourait n'étaient point suffisants, et que la misère comptait, de moitié pour le moins, dans les causes de son trépas.

Il lui sembla aussi que les quelques personnes accourues auprès du moribond, à ses cris de miséricorde, redoutaient la colère du seigneur, et qu'elles éprouvaient, dans leur charité, les mêmes terreurs qu'un fripon dans ses forfaits.

Et le « gai poète », pendant ce rêve, pleurait amèrement.

IV

« Il n'est point de belle fête sans lendemain. »

Le lendemain, donc, le festin recommença au château de Fignières.

« — Qu'on aille quérir l'Alouette, dit brièvement Raoul aux deux valets qui, la veille, l'avaient mené en prison, et que mes ordres soient ponctuellement exécutés. »

Ces ordres comportaient la défense formelle de lui rien donner, ni à manger, ni à boire, quelle que fût l'extrémité où on le trouvât; ils comportaient aussi l'itinéraire à suivre, pour l'amener en la salle du festin.

Les deux valets s'inclinèrent en signe d'obéissance et de respect, et se rendirent près de l'Alouette.

« — Mon père?... demanda ce dernier.

» — Il est mort, dit l'un d'eux, mais ce n'est point là ce qui doit t'occuper présentement.

» — Songe, avant tout, à toi-même, ajouta l'autre, car monseigneur Raoul ne te fera point miséricorde aujourd'hui.

» — Oh! conclut l'Alouette, la geôle porte conseil. L'inspiration m'est revenue : aujourd'hui je chanterai. »

Avant de l'introduire dans la salle du festin, les deux valets firent passer le « gai poète » par l'office.

Raoul l'avait voulu ainsi, dans la persuasion que la vue des mets plantureux, le grésillement des rôtis et les quolibets des tourne-broches seraient fort efficaces pour assouplir la muse rétive de son vassal.

Il s'était trompé : l'Alouette ne songeait plus qu'à son pauvre père, et il passa, sans y prendre garde, au milieu des victuailles de toute espèce.

Il ne daigna même point répondre aux impertinences de la valetaille de bouche, qui lui demandait, en ricanant, « si l'Alouette mène joyeuse vie en cage, et y chante gaîment?...

« — Hé bien! as-tu retrouvé la mémoire? telle fut la question par laquelle le seigneur Raoul accueillit le poète.

» — Monseigneur, répondit l'Alouette, je suis tout à vos ordres. Faut-il commencer?...

» — Tout à l'heure, dit Raoul, la chanson ne vient

bien qu'après le Xérès. En attendant, ronge cet os, je t'en accorde la licence. »

Et, ce disant, il lui jette, en un coin de la salle où il ne peut prendre place que par terre, le restant d'un quartier de chevreuil.

Le « gai poète » a deviné l'outrage : le maître l'assimile à un chien !

Mais il condense, en lui-même, son dépit ; et, sans souffler mot, il va s'asseoir auprès de l'os octroyé « par son gracieux seigneur. »

« — Quoi donc? lui demande bientôt encore ce dernier, tu ne manges point?

» — Monseigneur, répond l'Alouette, en soulignant sa phrase, *la digestion nuit à l'esprit*. Présentement j'improvise, plus tard j'écouterai mon ventre.

L'allusion était évidente; pourtant, ni Raoul, ni aucun des convives ne la releva, et le « gai poète », les coudes sur les genoux, la tête entre les deux mains, continua de méditer.

V

Le vin d'Espagne ruisselle dans les coupes, les têtes s'échauffent, la gaîté monte.

« — Allons, Noël! s'écrie Raoul. Poète, dis-nous ta plus joyeuse ballade. »

Et l'Alouette se lève tout d'une pièce, s'avance

près de la table, et, d'une voix forte, paraphrase son rêve de la prison.

Nous traduisons textuellement :

« — Noël ! à monseigneur Raoul : il a noble et nombreuse compagnie. Que la vérité sorte de ma bouche, les rois de la terre m'écoutent !

» — Il y a loin du castel à la chaumine. Dans le castel on festoye, dans la chaumine on larmoye. Mais toutes choses viennent de Dieu, disent les heureux.

» — Le seigneur n'a point souci du manant ; à l'un la puissance altière, à l'autre l'obéissance passive. Le corps misérable assujettit l'âme immortelle. Malheur sur le rebelle, la prison le réclame !

» — Tout, à la fois, est heur et malheur : la meule aiguise en même temps qu'elle use. Le prisonnier avive son amertume en gémissant par le froid et la faim. Le lion se relève plus terrible, quand on le croit dompté.

» — J'ai songé, dans le silence et la nuit de la géhenne, à toutes les exécrations des temps présents ; mon âme s'est saturée de fiel, et mes gaies chansons sont devenues de l'anathème.

» — Anathème ! sur les nobles et leurs servants. Ils ont mis le pauvre peuple dans une telle passe que la mort n'est plus pour lui qu'une délivrance.

» — Anathème ! sur les moines et leurs tenants. L'abbaye s'est alliée au castel pour la tyrannie des âmes et des corps.

» — Anathème ! sur les hommes d'armes. Ils pillent sur le travailleur ce que les maltôtiers n'ont point saisi au nom du châtelain.

» — Anathème ! sur toute la gent dorée, casquée ou mitrée. Elle ripaille, et s'ébaudit en ses palais, quand la famine est à la porte.

» — Anathème ! sur toi, Raoul de Fignières. Tu résumes, en ta personne, toutes les malédictions qu'engendrent le crime et la folie.

» — Anathème ! sur toute ta famille. Tu as volé, cette nuit, à un père mourant, le suprême adieu de son fils !... »

L'Alouette avait terminé son improvisation, que toute l'assistance écoutait encore stupéfaite : on lui avait promis le rire, elle récoltait l'imprécation.

Mais ce qu'il y a de plus remarquable, étant donné le caractère violent de Raoul, c'est qu'il n'interrompit pas une seule fois le « gai poète » en son débit.

Etait-ce anéantissement intellectuel par la bonne chère ? indulgence accidentelle ?... ou le seigneur comptait-il sur l'une de ces brusques antithèses dont l'Alouette avait l'habitude ?

Nous ne saurions point résoudre la question, quoiqu'inclinant vers la première hypothèse ; ce que nous pouvons affirmer, c'est que Raoul se dédommagea amplement du silence où il s'était contenu, quand l'Alouette se tut.

Il se déborda en un torrent d'injures grossières dont voici la conclusion :

« — Oh ! chien hargneux, j'étoufferai tes jappements !... Qu'on le saisisse, ce malotru, ce forcené, ce rustre imbécile, et qu'on le reconduise en prison !

» — J'y comptais, dit placidement l'Alouette. Je sais que celui-là qui affirme la vérité, court grand risque. Seigneur Raoul, il manque quelques couplets à ma chanson, je vais les composer. Et demain, si tel est mon lot, je pourrai égayer encore cette noble assemblée.

» — Demain, vociféra Raoul, demain, ta langue empestée sera muette ! Je le jure !... »

La nuit qui suivit cette scène, Raoul pendit « haut et court » le « gai poète ».

Et un large écriteau, accroché sur la poitrine du pendu, fit défense aux Fignériens de chanter, à l'avenir, tous rondeaux, ballades, complaintes ou chansons que le seigneur n'aurait point autorisés au préalable.

F. F.

(C) Beaucoup de personnes font dater l'entrée du Spiritisme dans le domaine de la philosophie moderne de l'époque où le phénomène des tables tournantes nous revint d'Amérique et elles n'attachent qu'une foi médiocre aux faits d'apparitions relatés dans les auteurs anciens. — La raison en est que ces faits n'avaient peut-être point subi le contrôle sérieux des contemporains et, même, avaient pu naître de l'imagination de conteurs plus soucieux d'être éloquents que véridiques...

Depuis le renouveau des tables tournantes, on a pris plus de garde à toutes les manifestations physiques et, si les avis se sont partagés quant à la cause qui les produit, on est du moins à peu près tombé d'accord pour admettre qu'elles ont lieu *ailleurs* que dans l'imagination *seule* des assistants.

Pourtant, on verra, par le récit que nous empruntons à la *Revue Spirite* de l'année 1858, que l'examen sérieux de la question est bien antérieur à cette règle donnée par Allan Kardec aux adeptes du Spiritisme et que nous avons citée dans le corps de notre étude : — « *Si un effet insolite se produit : bruit, mouvement, apparition même, la première pensée que l'on doit avoir c'est qu'il est dû à une cause toute naturelle ; il faut alors rechercher cette cause avec le plus grand soin et n'admettre l'intervention des Esprits qu'à bon escient.* »

En réalité, les tables tournantes ou frappantes ont stimulé ou facilité les investigations psychologiques ; elles ont été un moyen expérimental à la portée de tout le monde pour *voir*, ou *provoquer*, des phénomènes réservés jusque-là aux seuls initiés des sciences hermétiques, aux Mages et aux Médiums ; elles ont servi de point de départ à l'exposé rationnel et, pour ainsi dire, à la codification de la doctrine du Spiritisme ; mais il n'a été rien innové, par leur moyen, quant à la possibilité des communications entre les vivants et les morts.

Dès 1761, pour ne pas remonter plus haut, les Esprits *frappeurs* FORÇAIENT l'attention des magistrats et des savants, et, ceux-ci concluaient ainsi : « Tous les moyens possibles pour découvrir la cause du bruit ont été infructueux ; l'avenir, peut-être, nous éclairera à ce sujet. »

Aujourd'hui, après plus d'un siècle, la formule n'a pas changé.

L'ESPRIT FRAPPEUR DE DIBBELSDORF (BASSE-SAXE)

« Dans le dernier mois de l'année 1761, le 2 décembre, à six heures du soir, une sorte de martellement paraissant venir d'en bas se fit entendre dans une chambre habitée par Antoine Kettelhut. Celui-ci l'attribuant à son domestique qui voulait s'égayer aux dépens de la servante, alors dans la chambre des fileuses, sortit pour jeter un sceau d'eau sur la tête du plaisant ; mais il ne trouva personne dehors. Une heure après le même bruit recommence et l'on pense qu'un rat peut bien en être la cause. Le lendemain donc on sonde les murs, le plafond, le parquet et pas la moindre trace de rats.

» Le soir, même bruit ; on juge alors la maison dangereuse à habiter et les servantes ne veulent plus rester dans la chambre aux veillées. Bientôt après le bruit cesse, mais pour se reproduire à cent pas de là, dans la maison de Louis Kettelhut, frère d'Antoine, et avec une force inusitée. C'était dans un coin de la chambre que la *chose frappante* se manifestait.

» A la fin cela devint suspect aux paysans, et le bourgmestre en fit part à la justice qui d'abord ne voulut pas s'occuper d'une affaire qu'elle regardait comme ridicule ; mais, sur les pressantes instances des habitants, elle se transporta, le 6 janvier 1762, à Dibbelsdorf pour examiner le fait avec attention. Les murs et les plafonds démolis n'amenèrent aucun résultat, et la famille Kettelhut jura qu'elle était tout à fait étrangère à la chose.

» Jusqu'alors on ne s'était pas encore entretenu avec le frappeur. Un individu de Naggam, s'armant de courage, demande : « Esprit frappeur, es-tu encore là ? » et un coup se fit entendre. « Peux-tu me dire comment je m'appelle ? » Parmi plusieurs noms qu'on lui désigna l'Esprit frappa à celui de l'interrogateur. — Combien y a-t-il de boutons à mon vêtement ? Trente-six coups furent frappés. On compte les boutons, il y en a juste trente-six.

» A partir de ce moment, l'histoire de l'Esprit frappeur se répandit dans les environs, et tous les soirs des centaines de Brunswickois se rendaient à Dibbelsdorf, ainsi que des Anglais et une foule de curieux étrangers ; la foule devint telle que la milice locale ne pouvait la contenir; les paysans durent renforcer la garde de nuit et l'on fut obligé de ne laisser pénétrer les visiteurs que les uns après les autres.

» Ce concours de monde parut exciter l'Esprit à des manifestations plus extraordinaires et il s'éleva à des marques de communication qui prouvaient son intelligence. Jamais il ne fut embarrassé dans ses réponses : désirait-on savoir le nombre et la couleur des chevaux qui stationnaient devant la maison? il l'indiquait très exactement; ouvrait-on un livre de chant en posant à tout hasard le doigt sur une page et en demandant le numéro du morceau de chant inconnu même à l'interrogateur, aussitôt une série de coups indiquait parfaitement le numéro désigné? L'Esprit ne faisait pas attendre sa réponse car elle suivait immédiatement la question. Il annonçait aussi combien il y avait de personnes dans la chambre, combien il y en avait dehors, désignait la couleur des cheveux, des vêtements, la position et la profession des individus.

» Parmi les curieux se trouvait un jour un homme de Hettin, tout à fait inconnu à Dibbelsdorf et habitant depuis peu Brunswich. Il demanda à l'Esprit le lieu de sa naissance, et, afin de l'induire en erreur, lui cita un grand nombre de villes; quand il arriva au nom de Hettin un coup se fit entendre. Un bourgeois rusé, croyant mettre l'Esprit en défaut, lui demanda combien il avait de pfennings dans sa poche; il lui fut répondu six cent quatre-vingt-un, nombre exact. Il dit à un pâtissier combien il avait fait de biscuits le matin; à un marchand combien il avait vendu d'aunes de rubans la veille ; à un autre la somme d'argent qu'il avait reçue l'avant-veille par la poste. Il était d'humeur assez gaie, battait la mesure quand on le désirait, et quelquefois si fort que le bruit en était assourdissant. Le soir, au moment du repas, après le bénédicité, il frappa à *Amen*. Cette marque de dévotion n'empêcha pas qu'un sacristain, revêtu du grand costume d'exorciseur, n'essayât de déloger l'Esprit de son coin : la conjuration échoua.

» L'Esprit ne redoutait rien, et il se montra aussi sincère dans ses réponses au duc régnant Charles et à son frère Ferdinand qu'à toute autre personne de moindre condition. L'histoire prend alors une tournure plus sérieuse. Le duc charge un médecin et des docteurs en droit de l'examen du fait. Les savants expliquèrent le *frappement* par la présence d'une source souterraine. Ils firent creuser à huit pieds de profondeur, et naturellement trouvèrent l'eau, attendu que Dibbelsdorf est situé dans un fonds ; l'eau jaillissante inonda la chambre, mais l'Esprit continua à frapper dans son coin habituel. Les hommes de science crurent alors être dupes d'une mystification, et ils firent au domestique l'honneur de le prendre pour l'Esprit si bien instruit. Son intention, disaient-ils, est d'ensorceler la servante. Tous les habitants du village furent invités à rester chez eux à un jour fixe ; le domestique fut gardé à vue, car d'après l'opinion des savants il devait être le coupable ; mais l'Esprit répondit de nouveau à toutes les questions. Le domestique, reconnu innocent, fut rendu à la liberté. Mais la justice voulait un auteur du méfait; elle accusa les époux Kettelhut du bruit dont ils se plaignaient, bien que ce fussent des personnes très bienveillantes, honnêtes et irréprochables en toutes choses, et que les premiers ils se fussent adressés à l'autorité dès l'origine des manifestations. On força, par des promesses et des menaces, une jeune personne à témoigner contre ses maîtres. En conséquence ceux-ci furent mis en prison, malgré les rétractations ultérieures de la jeune fille, et l'aveu formel que ses premières déclarations étaient fausses et lui avaient été arrachées par les juges. L'Esprit continuant à frapper, les époux Kettelhut n'en furent pas moins tenus en prison pendant trois mois, au bout desquels on les renvoya sans indemnité, bien que les membres de la commission eussent résumé ainsi leur rapport : « Tous les moyens possibles pour découvrir la cause » du bruit ont été infructueux; l'avenir peut-être » nous éclairera à ce sujet. »

» L'Esprit frappeur se manifesta depuis le commencement de décembre jusqu'en mars, époque à laquelle il cessa de se faire entendre. On revint à l'opinion que le domestique, déjà incriminé, devait être l'auteur de tous les tours; mais comment aurait-il pu éviter les pièges que lui tendaient deux ducs, des médecins, des juges et tant d'autres personnes qui l'interrogeaient? »

(D) Les communications données par les médiums *auditifs* ou *intuitifs*, les médiums *parlants* ou *écrivains*, sont généralement de beaucoup plus étendues, plus complètes que celles obtenues à l'aide des médiums *typtologues* ; mais il faut reconnaître qu'elles offrent moins de garantie d'authenticité, même en admettant la parfaite honnêteté de tous ces médiums.

Quand, à l'aide de la table, on recueille, lettre par lettre, une communication cohérente, de deux choses l'une : ou le médium l'a préparée par avance, afin de duper l'auditeur, ou il est sincère et n'y met rien du sien ; dans l'un ou l'autre cas, il est absolument sûr de son fait. Mais jusqu'où peut bien aller sa certitude, quand il procède par intuition, par inspiration ? N'a-t-il point à redouter que ce qu'il accepte, comme une suggestion de l'Esprit évoqué, ne soit qu'un écho de sa propre pensée et qu'il ne traduise ainsi, inconsciemment, les théories qui sont, ou qui furent siennes, dans la question en jeu ?...

C'est évidemment à la difficulté du contrôle en pareil cas que l'on doit la prodigieuse quantité d'insanités, d'inepties, mises, par des médiums de bonne foi, sur le compte d'Esprits qui furent, en leur vie terrestre, des modèles de logique et de bon sens.

La communication ci-après, que l'on attribue à Lapommeraie, médecin de triste célébrité, est une des plus intéressantes qui nous soient passées sous les yeux : inspiration réelle, par feu l'empoisonneur, ou œuvre consciente, méditée et plus ou moins laborieusement écrite par un pseudo-médium, elle mérite du moins l'honneur qu'on lui fit de la répandre dans le public comme un échantillon parfait de la philosophie spirite.

C'est à ce titre que nous la produisons ici :

UN ARGUMENT CONTRE LA PEINE DE MORT

« Lorsque les juges, les jurés ont condamné un criminel et lui ont fait couper le cou, ils se croient à tout jamais débarrassés de lui.

» Eh bien, ils se trompent.

» Ce criminel reviendra, et il reviendra aussi mauvais qu'il est parti, avec les mêmes penchants et probablement avec les mêmes vices : capable par conséquent, si le milieu est le même, de recommencer ce qu'il a fait. Les forces qui l'ont fait voleur et assassin étant données, les mêmes circonstances le feront de nouveau voleur et assassin.

» Et moi aussi j'ai cru que tout était fini par la mort. La mort, me disais-je, c'est le néant. Puisque la vie est si courte, faisons-la bonne : Jouissons ! Pour jouir de la vie, il faut de l'argent : je n'en ai pas : je m'en procurerai à tout prix. Je ferai des victimes ? — qui le saura ? Les morts ne parlent point. — Mais l'honneur, la vertu, l'humanité ? — chimères ! Après moi la fin du monde !... On sait où cela m'a conduit.

» Je m'appuyais sur les affirmations de la science pour conclure au néant. Et cependant je savais qu'il n'est pas un atome de matière qui soit perdu dans le monde, pas une force qui soit anéantie. Comment, sachant cela, ai-je pu croire que l'être peut être détruit, lui qui est la source et la condition de la force et de la matière, le sujet et l'objet de leurs combinaisons, l'œuvre réalisée par leur union synthétique ?

» Comment ai-je pu croire que l'individualité vivante pouvait se dissoudre et s'anéantir dans l'homme, là où l'être arrivé au sommet de la série terrestre, résume en soi toutes les formes qu'il a parcourues et se possède dans l'unité d'une raison consciente qui peut progresser sans cesse et atteindre la perfection suprême.

» O fausse et prétentieuse science du présent, tu n'es guère moins ignorante que la foi aveugle du passé, mais votre outrecuidance est la même, l'une affirmant ce qui n'est pas, l'autre niant ce qui est, toutes deux prenant l'ombre pour la proie, l'apparence pour la réalité !

» Cette science et cette foi, ordinairement si peu d'accord, s'entendent à merveille quand il s'agit de dresser l'échafaud. Toutes deux ne connaissent que la loi du talion : sang pour sang ! meurtre pour meurtre ! Seulement, il y a cette différence que la science dit au patient : « Tu vas être anéanti » ; tandis que la foi lui murmure à l'oreille : « Tu vas comparaître au tribunal de Dieu, devant ton juge naturel ».

» Elles se trompent toutes deux.

» Le néant n'existe pas. Rien de ce qui est ne peut être anéanti, et il est au moins aussi impossible de détruire la personnalité humaine, qui est la réalité par excellence, que d'anéantir un atome de matière.

» Je puis vous affirmer, en ce qui me concerne, que je n'ai jamais été plus vivant que depuis que j'ai été séparé de mon corps matériel, instrument nécessaire de rapport avec le milieu terrestre, mais inutile à la vie spirituelle, quand l'âme, par la dissolution de l'organisme, se trouve transportée dans un autre milieu.

» Cependant il n'y a pas plus de tribunal céleste que de néant.

» Voyez-vous Dieu s'amusant à juger comme les Perrin Dandin de nos prétoires !

» O misères de l'esprit humain !

» Dieu, c'est la raison éternelle s'exerçant par les lois immuables de l'ordre universel. Dieu, c'est la justice suprême rendant ses arrêts par la logique même des choses.

» Sans doute devant la justice divine comme devant la justice humaine, tout homme est responsable de ses actes. Mais il est son propre justicier. C'est lui qui fait son sort en devenant sans cesse ce qu'il a mérité d'être, en faisant lui-même son être futur, à l'aide des éléments du milieu qu'il traverse.

» Mais si l'individu, parce qu'il est conscience et liberté, trouve en lui-même et dans son sort à venir la récompense et la punition, la Société aussi a sa part de responsabilité. Elle n'est pas étrangère aux crimes qui se commettent dans son sein, et il est juste qu'elle souffre du mal qu'elle a causé en grande partie et qu'elle n'a pas su prévenir.

» Les attentats contre la vie et la propriété, les maladies contagieuses, les épidémies, les révolutions, les guerres, les rétrogradations, sont autant de châtiments qui frappent justement les sociétés humaines à cause de leurs vices et de leurs iniquités.

» Voulez-vous tarir la source des crimes individuels ? faites disparaître ces vices sociaux qui s'appellent : l'ignorance, la misère, la prostitution. Remplacez vos prisons et vos bagnes par des maisons de santé et de refuge. Les méchants sont des malades : traitez-les comme tels.

» Ne dites plus quand vous avez vu tomber la tête d'un coupable « que la justice humaine est satisfaite ». Il n'y a pas une justice humaine et une justice divine. Il y a la justice. Et la justice n'a rien de commun avec l'acte de vengeance et de férocité que l'on vient de commettre en son nom.

» Et surtout ne vous flattez pas d'avoir *remis le méchant dans l'ordre par le supplice*, comme le dit votre doux Fénelon. En le tuant, vous avez, au contraire, empêché le méchant de rentrer dans l'ordre. La mort ne pourrait lui en fournir les moyens. La vie aurait pu le faire en lui laissant le temps de se repentir, de réparer le mal qu'il a fait, d'expier le passé et de refaire son être moral. Et le devoir de votre justice était de l'y aider en lui fournissant un milieu meilleur, plus moral, plus éclairé, plus fraternel, plus équitable, et le soumettant à un régime de purification, de réparation et de réhabilitation par la lutte, le travail, le dévouement.

» Au lieu de cela, vous aimez mieux, en tuant le malfaiteur dans l'état d'abaissement bestial où il s'est mis, le condamner à revenir sur la terre avec tout son bagage de mauvais instincts et de forces natives mal équilibrées.

» En agissant ainsi, sachez-le bien, vous multipliez le crime.

» On est mort Lacenaire, on renaît Troppmann.

» LAPOMMERAIE, D. M. P. »

(E). Il n'y a pas dix ans que la question du Magnétisme était encore considérée en France comme une question « oiseuse et bonne, tout au plus, à flatter la manie des gens qui se détournent de la vraie science pour s'adonner à la pratique de l'empirisme et du merveilleux. » On niait, *à priori*, tous les phénomènes du « sommeil imposé », ou on les regardait comme de grossières duperies à l'intention des naïfs ; de guérisons complètes ou partielles, « par les fluides mesmériens », il n'y en avait pas, il ne pouvait pas y en avoir : la Faculté de Médecine l'avait ainsi décidé et les tribunaux intervenaient pour faire respecter, au besoin, les décisions de la Faculté.

M. G. Edard, professeur d'*Électro-Magnétisme* curatif, publie un livre : *La Vie par le Magnétisme et l'Électricité*, — dans lequel il raconte, entre mille faits intéressants, toutes les tracasseries qu'il dut subir pour avoir entrepris de guérir, d'abord par le Magnétisme seul et, plus tard, par l'action du Magnétisme et de l'Électricité combinés, des malades à toute extrémité, et pour y avoir souvent réussi, quand les docteurs diplômés perdaient leurs remèdes.

Ainsi, en l'année 1875, pour sauvegarder *la bonne réputation* d'une petite station balnéaire, où l'exercice de sa profession ordinaire de géomètre l'avait conduit, mais où il avait opéré aussi, avec succès, comme magnétiseur, on lui fit un gros procès. Le médecin de l'endroit, craignant pour sa clientèle, et l'apothicaire, pour ses drogues, s'unirent à un journaliste à court de copie et à un procureur habitué à voir des délits partout, et, tous les quatre, menèrent contre lui une campagne sans trêve, ni répit. « Si bien, dit M. Edard, que je me trouvai un jour sur les bancs de la correctionnelle!! coupable, peut-être, d'avoir cru à cette belle parole de Lamennais : — « Quiconque connaissant les moyens de soulager les souffrances de ses frères, les laisse souffrir, est le bourreau de son frère. »

Heureusement pour lui les juges ne montrèrent pas le même parti pris que ses accusateurs, et le grand criminel ne fut convaincu, en fin de compte, que d'exercice illégal de la médecine — (une formule à chausse-trapes!) — et de contravention à la loi sur les brevets.

Cette simple peccadille lui coûta cependant beaucoup d'argent, à lui qui avait soigné et guéri *pour rien*. Il eut à payer tous les frais de procédure, au nombre desquels ceux occasionnés par les rapports d'experts locaux qui avaient témoigné, sans y rien connaître, en défaveur de ses appareils électro-magnétiques.

Des contre-expériences, faites à Paris, démontrèrent la myopie scientifique des susdits experts, et plus de deux cents guérisons, attestées par des milliers de signatures de gens de toutes catégories, soldats, artisans, ecclésiastiques, médecins, étudiants, journalistes, physiciens, etc., etc., prouvent l'excellence de la méthode curative du professeur Édard.

Voici, là-dessus, un article publié par un philanthrope dans les *Annales du Bien*, en avril 1884.

LE PROFESSEUR ÉDARD ET L'ÉLECTRO-MAGNÉTISME MÉDICAL

« Nous aimons à voir la science moderne se mettre au service de l'humanité.

» Si la science a enrichi dans ces dernières années l'art et l'industrie de ses découvertes, elle s'est également appliquée à se mettre au service de la médecine pour le traitement des maladies et des infirmités humaines, et, à ce point de vue, la science médicale moderne s'honore de noms de savants qui sont de véritables bienfaiteurs de l'humanité.

» Nous signalerons en particulier les efforts et les découvertes de M. le professeur Edard, rue Duban, 22, à Passy, qui peut être considéré comme le fondateur de l'application d'un nouveau et ingénieux système de l'Électro-Magnétisme médical, et qui a fait faire à l'électricité employée comme moyen curatif des progrès considérables.

» Un des principaux bienfaits de cette découverte consiste en ce que, tout en rendant l'action de l'électricité plus puissante, il a su en rendre l'emploi inoffensif.

» Il y a, au surplus, longtemps que les appareils électro-magnétiques mobiles du professeur Edard sont connus et appréciés du public et de la science médicale. Ils ont paru avec honneur à l'Exposition de 1878.

» Nous nous contenterons de citer les *Ceintures contre le mal de mer*, aujourd'hui répandues en Angleterre et en Amérique, et dont l'efficacité est attestée par de nombreux capitaines de navires déclarant qu'ils ont vu des passagers aux prises avec le mal le plus intense guéris instantanément par l'application des ceintures du professeur Edard.

» L'emploi des autres appareils, brosses et semelles électro-magnétiques, ceintures, couronnes, plastrons, bracelets pour la guérison des fièvres rebelles, maladies nerveuses, paralysies, atrophies affections de la moelle épinière et du cerveau, rhumatismes articulaires et goutteux, convulsion, cécité, etc..., donne chaque jour les résultats les plus extraordinaires.

» M. le professeur Edard vient de réaliser comme la synthèse de ses nombreuses découvertes en combinant un système d'application de l'électricité, dans lequel l'opérateur, qui reçoit l'électricité avant le le malade, est le maître absolu de l'élément.

» Il peut donner des courants continus ou discontinus, doux ou violents en enveloppant du fluide électrique le malade étendu sur un lit de repos, absolument comme un baigneur dans l'eau.

» De plus, *et c'est le point capital de la découverte*, l'électricité est transmise au malade non par les appareils, mais par l'opérateur en contact direct avec eux et même sans contact, et qui transmet le fluide par le toucher, sans passes magnétiques et sans excitateurs. On voit sortir de ses doigts des lances et des étincelles témoignant de la force dont il dispose.

» Les cures obtenues par le professeur Edard sont innombrables et attestées par nos principaux médecins, par M. l'abbé Moigno — une autorité en cette matière — et par les documents les plus authentiques. Les journaux français, anglais et américains en ont tour à tour rendu compte. Elles sont incroyables.

» C'est ainsi qu'une femme du monde atteinte d'une hypertrophie du cœur a vu son mal s'en aller par les pieds, qui avaient entièrement perdu leur peau et ont rendu pendant un mois une eau nauséabonde, et qu'un inspecteur général des télégraphes, qui souffrait d'atroces douleurs sans en connaître la cause, a rendu naturellement, après sa seconde séance, un calcul de la grosseur d'une amande.

» Ce que nous tenons surtout à mettre en relief, c'est le secours puissant que peut apporter l'invention du professeur Edard à l'humanité et le généreux désintéressement avec lequel il est toujours prêt à donner ses soins gratuits à ceux qui ne les peuvent payer.

» C'est un grand inventeur et un homme de bien, et c'est à ce double titre que nous le signalons dans notre journal.

« NADAULT DE BUFFON. »

(F). M. Edard, l'ami et l'élève de M. du Potet, est demeuré jusqu'à ce jour dans le camp des magnétiseurs *fluidistes* : sa création d'appareils ingénieux, pour allier le *fluide* magnétique humain au *fluide* électrique, et augmenter les effets curatifs de l'un par ceux de l'autre, le prouve évidemment.

Les citations suivantes, prises çà et là au cours de son livre destiné à populariser un moyen « de soulager les souffrances de ses frères », ne sont pas moins concluantes.

« Je crois que le Magnétisme est une réalité, une grande force, une puissance illimitée, car le Magnétisme se confond avec la vie elle-même, d'où il découle, car il en est un rayonnement !...

» Après chaque séance magnétique, j'ai toujours éprouvé une lassitude beaucoup plus prononcée que celle qui devait naturellement succéder à un simple exercice musculaire prolongé.

(Ici, c'est le docteur Peschier qui parle, mais M. Edard s'associe plus loin à son dire et aussi à ces paroles du docteur Crépu) :

» *Ainsi, le Magnétiseur, par le fluide qu'il émet, livre réellement au magnétisé une partie de son existence, et, ce qu'il a prodigué, il ne le recouvre qu'avec peine et lenteur, sous les influences combinées des rayons solaires, du grand air, d'une bonne nourriture, et, enfin, de toutes les conditions rigoureusement hygiéniques.*

» *J'ai connu plusieurs personnes qui ont dû renoncer à la pratique du Magnétisme, dans l'intérêt de leur santé.*

» En effet, il faut bien le reconnaître, ajoute encore notre auteur : *Magnétiser prend beaucoup de temps ; magnétiser prend beaucoup de forces ; magnétiser prend beaucoup de bonne volonté ; magnétiser exige beaucoup de dévouement obscur,* etc... »

Résumons en un mot : *Magnétiser, c'est se sacrifier pour autrui.*

« A cette même époque (1850), je me procurai le *Traité de Magnétisme* de Joseph Olivier... Ce fut mon entrée dans la carrière du Magnétisme, qui devenait pour moi une réalité. — Raconter mes essais, mes expériences, mes déceptions mélangées de quelques succès, serait fastidieux pour le lecteur ; je regardais alors le Magnétisme comme une source de curieuses expériences possibles, comme un moyen de pénétrer les mystérieuses profondeurs de la nature, et même, on le pardonnera à un jeune homme, comme un moyen d'*étonner* de nombreux amis, avec lesquels j'étais en relations chaque jour.

» Certes, j'obtins des résultats remarquables, mais je n'avais pas encore compris la grandeur du Magnétisme, cet agent de vie, cette puissance mystérieuse, qui réside en l'homme *pour le soulagement de ses semblables*, et ce souvenir m'est un grand regret; car j'aurais pu faire le bien en de nombreuses circonstances...

» Ce ne fut que plus tard qu'il me fut donné de bien comprendre le rôle moralisateur qui découle du Magnétisme et qui s'impose à tout magnétiseur digne de ce nom. Le Magnétisme, en effet, ne peut avoir pour but de donner satisfaction à une vaine curiosité, il ne doit pas être une sorte de passe-temps : *Le Magnétisme ne peut avoir d'autre but que le soulagement de la souffrance, le triomphe sur la maladie; la force magnétique donnée à l'homme ne doit être employée que pour le bien de l'humanité.* »

« Nous étions en 1858, et de Toulouse nous arrivaient les nouvelles les plus surprenantes : j'ai déjà parlé du livre de M. Olivier, et de l'impression profonde produite par cet ouvrage.

» Un autre Toulousain, le docteur Bégué, magnétiste convaincu, joignait le magnétisme à la médecine. On racontait les cures étonnantes obtenues par ce savant médecin : les phénomènes somnambuliques était devenus choses quotidiennes; on recherchait alors le secret de cette force nouvelle, *dont l'âme de l'homme paraît être le point de départ.*

» Tout un monde nouveau semblait s'ouvrir à l'investigation humaine : *on parlait de relations possibles avec des êtres qui ne sont plus de l'humanité, mais qui ont vécu de notre vie.*

» Des lois nouvelles à découvrir semblaient s'imposer à la science et dans le domaine physique et dans le domaine psychologique. »

(G). Le livre de M. Edard est, d'un bout à l'autre, un éloquent plaidoyer en faveur de la cause à laquelle son auteur s'est dévoué corps et âme, avec une ardeur et une abnégation incomparables. C'est l'œuvre d'un apôtre prêt à tous les sacrifices, pour faire triompher *sa vérité*, et dont l'enthousiasme, justifié par des succès multiples, se communique au lecteur. Il venge éloquemment la mémoire de Mesmer et de ses disciples de tous les brocards, lancés par des écrivains ignorants, des critiques de mauvaise foi et des philosophes à courte vue.

Nous y puiserons encore un document très important dans l'histoire du Magnétisme. C'est la conclusion d'un volumineux rapport que le docteur Husson présenta à l'Académie de Médecine, les 21 et 28 février 1831.

Résumons brièvement les faits.

Un jeune médecin, M. Foissac, crut devoir fixer l'attention de la section de médecine sur les phénomènes du Magnétisme animal.

Il rappela que M. de Jussieu avait refusé, en 1784, de s'associer au jugement de ses collègues contre le magnétisme et comment « cet homme consciencieux et éclairé » avait publié, de son côté, un rapport favorable.

M. Foissac proposa en même temps de soumettre à l'examen d'une Commission une somnambule qui lui paraissait propre à éclairer une question jusque-là irrésolue. L'académie accepta et, le 26 février 1826, une Commission fut nommée dont faisaient partie MM. Bourdais, Double, Itard, Guéneau de Mussy, Guersent, Fouquier, Husson, Leroux, Magendie, Marc et Thillaye.

Elle tint de nombreuses séances. On fit des recherches dans les hôpitaux pour trouver d'autres somnambules; on expérimenta avec la collaboration de M. du Potet, — des membres de la Commission se soumirent eux-mêmes à l'influence de l'illustre magnétiseur; on nota avec soin tous les résultats obtenus, et, finalement, on aboutit à cette conclusion solennelle qui, suivant l'expression de M. Edard, « donna enfin à la doctrine magnétique son entrée dans les corps savants », et que signèrent tous les membres de la commission, moins MM. Double et Magendie, par la raison qu'ils n'avaient pu assister aux expériences :

ACADÉMIE DE MÉDECINE

Les 21 et 28 février 1831

RAPPORT SUR LE MAGNÉTISME

Docteur Husson, rapporteur.

. . . .

. . . .

... « A tous ces faits que nous avons si *péniblement* recueillis, que nous avons observés avec tant de *défiance* et d'attention, que nous avons cherché à classer de la manière la plus rationnelle... nous pourrions *ajouter* ceux que *l'histoire ancienne*, et même *l'histoire moderne* nous rapportent sur les *prévisions* qui se sont souvent réalisées, sur les *guérisons* obtenues par l'imposition des mains, sur les *extases*, sur les *convulsionnaires*, sur les *oracles*, sur les *hallucinations*, enfin sur tout ce qui, s'éloignant des phénomènes physiques explicables par l'action d'un corps sur un autre, rentre dans le domaine de la physiologie et peut être considéré comme *un effet dépendant d'une influence morale* non appréciable par nos sens.

» Mais la Commission était instituée pour examiner le somnambulisme, pour faire des expériences sur ce phénomène, qui n'avait pas été étudié par les commissaires de 1784, et pour vous en rendre compte ; elle serait donc sortie du cercle dans lequel vous l'aviez circonscrite, si, cherchant à appuyer ce qu'elle avait vu sur des autorités qui auraient observé des faits analogues, elle eût grossi son travail de faits qui lui auraient été étrangers.

» Elle a raconté avec impartialité ce qu'elle a vu avec défiance, elle a exposé avec ordre ce qu'elle a observé en diverses circonstances, ce qu'elle a suivi avec une attention autant minutieuse que continue.....

. . . .

» Nous ajoutons qu'il est loin de notre pensée de croire avoir *tout vu ;* aussi nous n'avons pas la prétention de vous faire admettre, comme axiome, qu'il n'y a de *positif* dans le magnétisme que ce que nous mentionnons dans notre rapport. Loin de poser des limites à cette partie de la science physiologique, nous avons au contraire l'espoir *qu'un nouveau champ lui est ouvert ;* et, garants de nos propres observations, les présentant avec confiance à ceux qui, après nous, voudront s'occuper du magnétisme, nous nous bornons à tirer les conclusions suivantes :

CONCLUSIONS

1° Le contact des pouces ou des mains, des frictions ou certains gestes que l'on fait, à peu de distance du corps, et appelées *passes*, sont les moyens employés pour se mettre en rapport, ou, en d'autres termes, pour transmettre l'action du magnétisme au magnétisé.

2° Les moyens qui sont extérieurs et visibles, ne sont pas toujours nécessaires, puisque, dans plusieurs occasions, la volonté, la fixité du regard ont suffi pour produire les phénomènes magnétiques, même *à l'insu* des magnétisés.

3° Le magnétisme a agi sur des personnes de sexe et d'âge différents.

4° Le temps nécessaire pour transmettre ou faire éprouver l'action magnétique, a varié depuis une demi-heure jusqu'à une minute.

5° Le magnétisme n'agit pas en général sur les personnes bien portantes.

6° Il n'agit pas non plus sur tous les malades.

7° Il se déclare quelquefois, pendant qu'on magnétise, des effets fugaces et insignifiants que nous n'attribuons pas au magnétisme seul, tels que, un peu d'oppression, de chaleur ou de froid et quelques autres phénomènes nerveux, dont on peut se rendre compte sans l'intervention d'un agent particulier...

8° Un certain nombre des effets observés nous ont paru dépendre du magnétisme seul, et ne se sont pas reproduits sans lui. Ce sont des phénomènes physiologiques et thérapeutiques, bien constatés.

9° Les effets réels produits par le magnétisme, sont très variés. Il agite les uns, calme les autres. Le plus ordinairement, il cause l'accélération momentanée de la respiration et de la circulation... de l'assoupissement, de la somnolence, et, dans un petit nombre de cas, ce que les magnétiseurs appellent somnambulisme.

10° L'existence d'un caractère unique, propre à faire reconnaître, dans tous les cas, la réalité de l'état de somnambulisme, n'a pas été constaté.

11° Cependant, on peut conclure avec certitude que cet état existe quand il donne lieu au développement de *facultés nouvelles* qui ont été désignées sous les noms de clairvoyance, d'intuition, de prévision intérieure, ou qu'il produit de grands changements dans l'état physiologique, comme l'insensibilité, un accroissement subit et considérable de forces, et que cet effet ne peut être rapporté à une autre cause.

12° Comme parmi les effets, attribués au somnambulisme, il en est qui peuvent être simulés, le somnambulisme lui-même peut quelquefois être simulé et fournir au charlatanisme des moyens de déception. Aussi, dans l'observation de ces phénomènes, qui ne se présentent encore que comme des faits isolés qu'on ne peut rattacher à aucune théorie, ce n'est que par l'examen le plus attentif, les précautions les plus sévères et par des épreuves nombreuses et variées qu'on peut échapper à l'illusion.

13° Le sommeil, provoqué avec plus ou moins de

promptitude et établi à un degré plus ou moins profond, est un effet réel, mais non constant, du magnétisme.

14° Il nous a été démontré qu'il a été provoqué dans des circonstances où les magnétisés n'ont pu voir et ont ignoré les moyens employés pour le déterminer.

15° Lorsqu'on fait tomber, une fois, une personne dans le sommeil magnétique, on n'a pas toujours besoin de recourir au contact et aux passes pour la magnétiser à nouveau. Le regard du magnétiseur, sa volonté seule ont sur elle la même influence. On peut non seulement agir sur le magnétisé, mais encore le mettre complètement en somnambulisme, et l'en faire sortir, à son insu, hors de sa vue, à une certaine distance, et au travers des portes.

16° Il s'opère, ordinairement, des changements plus ou moins remarquables dans les perceptions et les facultés des individus qui tombent en somnamlisme par l'effet du magnétisme.

(*a*). Quelques-uns, au milieu du bruit des conversations confuses, n'entendent que la voix du magnétiseur ; plusieurs répondent d'une manière précise aux questions que celui-ci ou que les personnes, avec lesquelles on les a mis en rapport, leur adressent ; d'autres entretiennent des conversations avec toutes les personnes qui les entourent.

Toutefois il est rare qu'ils entendent ce qui se passe autour d'eux. La plupart du temps, ils sont complètement étrangers aux bruits extérieurs et inopinés faits à leurs oreilles, tels que le retentissement de vases de cuivre vivement frappés près d'eux, la chute d'un meuble, etc...

(*b*). Les yeux sont fermés, les paupières cèdent difficilement aux efforts qu'on fait avec la main pour les ouvrir. Cette opération, qui n'est pas sans douleur, laisse voir le globe de l'œil convulsé et porté vers le haut et quelquefois vers le bord de l'orbite.

(*c*). Quelquefois l'odorat est comme anéanti ; on peut tout faire respirer...

(*d*). La plupart des somnambules que nous avons vus étaient complètement insensibles... on en a vu une qui a été insensible à une des opérations les plus douloureuses de la chirurgie, et dont ni la figure, ni le pouls, ni la respiration n'ont pas dénoté la plus légère émotion.

17° Le Magnétisme a la même intensité, il est aussi promptement ressenti à une distance de six pieds que de six pouces, et les phénomènes qu'il développe sont les mêmes dans les deux cas.

18° L'action à distance ne paraît pouvoir s'exercer, avec succès, que sur des individus qui ont été déjà soumis au Magnétisme.

19° Nous n'avons pas vu qu'une personne, magnétisée pour la première fois, tombât en Somnambulisme. Ce n'a été quelquefois qu'à la huitième ou dixième séance que le Somnambulisme s'est déclaré.

20° Nous avons vu constamment le sommeil ordinaire, qui est le repos des organes des sens, des facultés intellectuelles et des mouvements volontaires, précéder et terminer l'état de Somnambulisme.

21° Pendant qu'ils sont en Somnambulisme, les

magnétisés, que nous avons observés, conservent l'exercice des facultés qu'ils ont pendant la veille. Leur mémoire même paraît plus fidèle et plus étendue, puisqu'ils se souviennent de ce qui s'est passé pendant tout le temps et toutes les fois qu'ils ont été en Somnambulisme.

22° A leur réveil, ils disent avoir oublié totalement toutes les circonstances de l'état de Somnambulisme, et ne s'en ressouvenir jamais...

23° Les forces musculaires des Somnambules sont quelquefois engourdies et paralysées, d'autres fois les mouvements ne sont que gênés, et les Somnambules marchent en chancelant à la manière des hommes ivres... Il y a des Somnambules qui conservent intact l'exercice de leurs mouvements ; on en voit même qui sont plus forts et plus agiles que dans l'état de veille. Et nous avons vu deux Somnambules distinguer, les yeux fermés, les objets que l'on a placés devant eux ; ils ont désigné, sans les toucher, la couleur et la valeur des cartes ; ils ont lu des mots tracés à la main, ou quelques lignes de livres que l'on a ouverts au hasard. Ce phénomène a eu lieu, alors même qu'avec les doigts on fermait exactement l'ouverture des paupières.

24° Nous avons rencontré, chez deux Somnambules, la faculté de *prévoir* des actes de l'organisme, plus ou moins éloignés, plus ou moins compliqués. L'un d'eux a annoncé plusieurs jours, plusieurs mois à l'avance, le jour, l'heure et la minute de l'invasion et du retour d'accès épileptiques. L'autre a indiqué l'époque de sa guérison. Leurs prévisions se sont réalisées avec une exactitude remarquable.

Elles ne nous ont paru s'appliquer qu'à des actes ou des lésions de leur organisme.

25° Nous n'avons rencontré qu'une seule Somnambule qui ait indiqué les symptômes de la maladie de trois personnes, avec lesquelles on l'avait mise en rapport. Nous avions cependant fait des recherches sur un assez grand nombre.

26° Pour établir avec quelque justesse les rapports du Magnétisme avec la thérapeutique, il faudrait en avoir observé les effets sur un grand nombre d'individus et avoir fait longtemps et tous les jours des expériences sur les mêmes malades. Cela n'ayant pas eu lieu, la Commission a dû se borner à dire ce qu'elle a vu dans un trop petit nombre de cas pour oser rien prononcer.

27° Quelques-uns des malades magnétisés n'ont ressenti aucun bien ; d'autres ont éprouvé un soulagement plus ou moins marqué, savoir : l'un, la suspension des douleurs habituelles ; l'autre, le retour des forces ; un troisième, un retard de plusieurs mois dans l'apparition des accès épileptiques, et un quatrième, la guérison complète d'une paralysie grave et ancienne.

28° Considéré comme agent des phénomènes physiologiques ou comme agent thérapeutique, le Magnétisme devrait trouver sa place dans le cadre des connaissances médicales, et, par conséquent, les médecins seuls devraient en faire ou surveiller l'emploi...

29° La Commission n'a pu vérifier, parce qu'elle n'en a pas eu l'occasion, d'autres facultés que les Magnétiseurs avaient annoncé exister chez les Somnambules. Mais elle communique des faits assez importants, dans son rapport, pour qu'elle pense que l'Académie *devrait encourager* les recherches sur le Magnétisme, comme une branche très curieuse de psychologie et d'histoire naturelle.

(H) Le développement donné à l'exposé et à la justification de sa méthode curative par le Magnétisme et l'Électricité n'a point permis à M. Edard de s'occuper suffisamment (à son gré) du traitement des maladies par le Somnambulisme, ni du côté psychologique de la question. — Il se réserve d'y revenir et il déclare que le côté *mystérieux* du Magnétisme ne lui est point étranger, non plus que le *Spiritualisme*, la *Magie*, l'*Hypnotisme*, la *Suggestion*.

« Un jour, peut-être, écrit-il, l'auteur de ce volume reprendra la plume pour parler du *mystère*, de ce que l'on est convenu d'appeler le *Ma-isme* moderne, pour traiter de la puissance non soupçonnée de l'âme humaine et de la diversité de ses *transformations* possibles, quand cette âme *semble* se dépouiller de son enveloppe matérielle, quand elle *semble* échapper à ce corps qu'elle anime, sans rompre absolument le lien indéfinissable qui la rattache à cette enveloppe inerte et devenue impuissante à l'action. »

Cette citation, rapprochée des deux dernières phrases qui terminent son livre, nous autorise, jugeons-nous, à regarder l'auteur comme un Spirite.

Les voici :

...« Nous avons cherché à rendre moins amère cette *vie de transition*, en indiquant le remède aux souffrances humaines.

» Mais nous regardions plus haut, en écrivant ce volume, car *nous sommes un Croyant.* »

Ne pourrait-on pas ranger aussi, malgré qu'il s'en défende, sous la même bannière, le célèbre révolutionnaire français,

A. Barbès, qui, le 27 juillet 1869, écrivait, de La Haye, à M. Alfred Véron (un Spirite de nos amis, aussi sincère que libéral et dévoué) la remarquable lettre qu'on va lire?

BARBÈS SPIRITE (?)

« Je ne suis pas chrétien, assurément. Depuis ma première jeunesse, je n'ai gardé de cette religion que les sentiments d'humanité et de fraternité qui sont ses plus belles aspirations, et que le républicanisme de notre époque tend à incarner d'une manière bien autrement puissante dans les faits et dans les mœurs de tous.

» Je ne suis pas non plus « spirite » comme vous l'entendez. Mais il me répugne de croire que notre *moi* périsse dans le moment où notre organisme subit cet accident ou ce phénomène, que nous appelons la mort. J'aime mieux m'imaginer que ce *moi* passe en d'autres sphères où, continuant à progresser, il se rapproche d'étage en étage de l'Infini.

» C'est pour cela que j'espère *rejoindre* dans une de mes ascensions Jeanne d'Arc, Saint-Just, Robespierre et tous ceux dont j'ai aimé l'âme dans l'histoire ou que j'ai chéris en chair et en os dans ma vie.

» Mais de là à admettre que nous puissions, par un procédé quelconque, nous mettre en communication avec les âmes qui nous ont quittés, et leur commander de nous écouter, de nous répondre, quand nous le désirons, il y a loin!

» Votre cœur vous a poussé à faire ce que votre croyance considère comme une bonne action (Notre ami avait envoyé à Barbès la *Pluralité des mondes* de Camille Flammarion). Toute bonne intention fait du bien. Je vous en suis reconnaissant et vous remercie.

» Votre affectionné concitoyen,

» A. BARBÈS. »

---

(1) Parmi les publicistes français en possession d'une juste renommée, il s'en trouve quelques-uns qui ne croient pas déchoir de leur réputation d'hommes sérieux, en s'occupant des phénomènes de l'Occulte. Au lieu d'échapper à la question qui s'impose, actuellement plus que jamais, en aiguisant quelques pointes contre les Magnétiseurs et les Spirites, ce qui est on ne peut plus facile mais n'aboutit à rien qui vaille, ils cherchent, de bonne foi, à dégager l'inconnu en action dans ces phénomènes et, dans toutes les circonstances, ils racontent et commentent les faits venus jusqu'à eux avec la gravité qui sied à des savants. Ils n'en sont pas moins attrayants à lire pour cela, et leur clientèle les suit fidèlement jusqu'au bout de leurs articles, quelque spéciaux et étendus qu'ils soient.

Nous nommerons, entre ces écrivains aimés du public studieux, M. Victor Meunier, chroniqueur scientifique du journal *le Rappel*. Est-il réellement Spirite, comme nous l'avons entendu dire à quelques-uns de nos confrères qui attachent à ce mot une idée défavorable ? Nous l'ignorons, et peu nous en chaut, comme à lui aussi, sans aucun doute ; ce que nous savons, c'est qu'il est en position, mieux que personne, de parler des phénomènes psychologiques, parce que ceux qui les obtiennent lui en communiquent volontiers tous les détails. Et M. Victor Meunier en parle souvent avec une conviction qui se gagne. C'est pourquoi nous le considérons comme un apôtre du spiritualisme moderne, du spiritualisme expérimental.

M. Henri de Parville a également le secret des causeries scientifiques attachantes, et il ne dédaigne pas non plus d'aborder la question de l'Occulte.

Voici le début de son article dans le journal *le Gagne-Petit*, n° du 14 juin 1885.

« Les phénomènes de suggestion hypnotique sont décidément bien extraordinaires! On vient de nous transmettre de Nancy des faits qui dépassent en étrangeté tout ce que nous connaissions jusqu'ici.

» Que l'on suggère à une personne plongée dans le sommeil somnambulique une idée fixe, on conçoit à la rigueur qu'elle s'empare de cette idée, qu'elle la rende sienne et qu'elle exécute, endormie ou même réveillée, les actes qui s'y rapportent. L'idée fixe gravée dans un cerveau fermé pour d'autres impressions peut expliquer bien des choses.

» Par exemple, on commande : « Vous ne man-
» querez pas à votre réveil d'aller chercher ce volume
» dans ma bibliothèque. » Le sujet se pénètre de cet ordre; c'est chez lui une préoccupation qui ne le quitte pas et qui subsiste même après le réveil. Aussi, à peine revenu à lui, machinalement, inconsciemment, il va chercher le volume, obéissant sans le savoir à une volonté étrangère.

» C'est ainsi qu'on parvient à faire manger par ordre des aliénés qui, dans l'état de veille, ne prendraient pas une bouchée de pain pour un empire. M. Voisin, l'aliéniste bien connu, leur dit quand ils sont plongés dans le sommeil hypnotique : « Vous mangerez et vous mangerez beaucoup. » L'hypnotisé est alors sans volonté. Son cerveau peut recevoir toutes les impressions. L'ordre donné éveille l'idée fixe de manger. Et, inconsciemment, le sujet imbu de cette idée qu'il croit être sienne se met à déguster son dîner avec entrain. Il mange parce qu'il le veut et il le veut parce qu'on l'a voulu pour lui à un moment où il était incapable d'opposer une volonté quelconque. Tout cela est très singulier, mais cela est, sans aucun doute, possible.

―――

» Rigoureusement, on s'explique le phénomène. Mais les faits que nous allons indiquer échappent bien davantage en ce moment à toute interprétation rationnelle... »

Ici la causerie se continue par la narration d'un phénomène tellement extraordinaire qu'avant de l'admettre en notre *Appendice*, nous crûmes devoir en référer à l'hypnotiseur, M. Focachon, pharmacien à Charmes-sur-Moselle (Vosges).

Il nous gratifia de la réponse qu'on va lire et qui terminera, présentement et de la façon la plus intéressante, notre histoire de l'Occulte.

Charmes, le 5 juillet 1885.

« Monsieur Fabart,

» Vous m'avez fait l'honneur de me demander quelques lignes relativement à des expériences hypnotiques. Parmi celles que j'ai pu tenter, je ne vous en citerai qu'une ou deux, faites sur un sujet assez sensible, sans que, toutefois, l'on puisse alléguer que c'est là un cas isolé, puisque, depuis, j'ai pu reproduire les mêmes phénomènes sur une autre hypnotisée.

» Élisa N., 39 ans, souffrait depuis quinze années d'une névrose à forme grave, sans avoir obtenu ni guérison, ni soulagement, jusqu'au jour où, apprenant que je m'occupais d'hypnotisme, elle vint me prier de la soigner.

» Je le fis volontiers : sans parler du soulagement rapide qu'elle éprouvait, je reconnus bien vite que j'étais en présence d'un de ces organismes en quelque sorte disposé pour accepter la suggestion; aussi, après avoir à peu près rendu ma malade à la santé, il me vint à l'esprit de tenter, sur cette somnambule, des expériences physiologiques, où la tricherie et la simulation ne pourraient avoir aucune part.

» Je fus du reste porté à ces idées, par des faits de stigmatisation autour desquels l'on mena grand bruit il y a quelques annnées.

» Je me demandai donc, après maints essais et maintes observations, s'il ne serait point possible de produire, par suggestion, des phénomènes de même ordre : je fus bientôt convaincu de la possibilité d'y arriver, à la suite d'actions bien déterminées sur la circulation.

» Cette première expérience, au cours de laquelle j'ai pu, par simple suggestion non motivée, sans émotion préalable et sur un simple ordre, accélérer la circulation de 20 pulsations par seconde et la ralentir de 6, fut faite en présence, et sous la direction de MM. les professeurs Beaunis, Bernheim, Liébeault, Liégeois et autres, au laboratoire de physiologie de Nancy, et M. le professeur de physiologie Beaunis enregistra à l'aide du sphymographe les résultats de l'expérience avec toute la précision et les précautions qui lui sont habituelles.

» Ceci terminé, et bien établi, je cherchai, confiant dans le premier résultat, à produire chez le même sujet, du côté de la peau, quelque chose de semblable aux stigmatisations de Louise Lataud et autres hystériques, chez lesquelles une auto-suggestion avivée et entretenue par des idées mystiques et une vie en rapport avec ces idées avait pu, grâce à une représentation mentale intense, produire les plaies qui ont fait leur célébrité.

» Une névralgie fort douloureuse chez ma somnambule me fournit l'occasion de tenter cet essai.

» Sans parler ici de l'expérience qui eut lieu chez moi, accompagnée d'un résultat curatif complet, je passerai rapidement aux résultats obtenus à Nancy, chez le docteur Liébeaut, qui, à cette occasion, avait mis sa maison à ma disposition.

» Étaient présents à cette expérience : MM. les professeurs Beaunis, Bernheim, Liégeois, Liébaut, Simon, etc., qui ont eux-mêmes signé un procès-verbal rédigé par M. le professeur Beaunis.

» Donc, le 12 mai 1885, Élisa N. m'accompagna à Nancy, le matin, à la suite d'une suggestion faite la veille à ce sujet; elle ignorait toutefois entièrement le but dans lequel je la conduisais à Nancy.

» A notre arrivée, nous nous rendîmes aussitôt chez

le docteur Liébeaut, où nous attendaient déjà les professeurs susnommés. Élisa N. fut immédiatement hypnotisée, sans avoir connaissance de ce qui allait suivre.

» Le docteur Bernheim traça sur le sommet de l'épaule gauche de ma somnambule une circonférence où devait se produire l'action projetée. L'on décida qu'en ce point devait être appliqué un vésicatoire imaginaire et par simple suggestion; toutefois, pour accentuer la représentation mentale et la rendre à la fois plus vive et plus durable, l'on simula, sur la partie de l'épaule indiquée, un vésicatoire, par des rognures de timbres-poste maintenues elles-mêmes par des bandelettes de diachylum (1).

» A partir de ce moment le sujet fut continuellement et activement surveillé, et, deux fois seulement dans toute la journée, on le réveilla pour le faire manger.

» Le soir on lui suggéra qu'à huit heures, de lui-même, il s'endormirait après avoir soupé, non du sommeil ordinaire, mais bien du sommeil hypnotique, pour maintenir la représentation mentale plus active et plus persistante ; de plus, que, de toute la nuit, il ne pourrait ni se réveiller, ni faire un mouvement, ni porter la main à l'appareil qui lui avait été placé, et que ce sommeil durerait jusqu'au moment où on viendrait le réveiller.

» On enleva de la chambre où dormait Élisa N. les linges de toilette, l'eau, jusqu'à ses vêtements, et

---

(1) Les rognures avaient été fournies par l'un de messieurs les professeurs présents.

on s'assura qu'elle ne portait rien pouvant déterminer une vésication. Cette perquisition terminée et ces précautions prises, l'on ferma la porte de la chambre à clef, et l'on fit en sorte qu'elle ne pût, en aucune façon communiquer avec le dehors.

» Le 13 mai, à huit heures du matin, Élisa N. fut réveillée en présence des témoins mentionnés plus haut.

» L'on remarqua d'abord que l'appareil n'avait été ni touché, ni dérangé, et, en soulevant le papier gommé, l'on aperçut au-dessous l'épiderme épaissi, mortifié, blanc jaunâtre, fortement ridé et prêt à se soulever, le tout entouré d'une zone de rougeur intense; en un mot, tous les symptômes d'une vésication commençante et très caractérisée.

» Le lendemain, 13 mai, à mon retour à Charmes, j'ai pu prendre, à mon arrivée, une épreuve photographique du vésicatoire, qui offrait à ce moment les caractères plus nets et plus accusés d'une vésication complète, tels que trois phlyctèmes, qui, percées, laissèrent écouler une sérosité épaisse et laiteuse. Le soir, les phénomènes étaient encore plus marqués, une plaie large de trois à quatre centimètres laissait la chair à nu et indiquait que l'escarre due à la vésication était tombée et que tout ce tissu avait été complètement mortifié; des épreuves photographiques prises dans tout le courant de la journée du 13 et du 14, indiquaient les progrès et la marche de la vésication.

» Depuis cette époque, prévoyant bien que les détracteurs de l'hypnotisme et de ses effets ne manqueraient point de considérer ce fait comme un cas isolé et complètement exceptionnel, dû à une sensibilité exagérée de ce seul sujet, j'ai cherché à obtenir le même résultat chez d'autres somnambules.

» Le 10 juin, j'ai été assez heureux pour y arriver chez une fille très sensible, mais non hystérique, et dont la représentation mentale, moins active que chez Elisa N., a nécessité plus de temps que chez cette dernière pour la production des mêmes résultats : (48 heures au moins). Il est vrai de dire que la vésication, dans ce dernier cas, était plus semblable et plus conforme encore à un véritable vésicatoire.

» D'ici à peu de temps, j'espère arriver à d'autres résultats plus curieux encore et qui pourront peut-être, au point de vue philosophique, historique et physiologique, jeter une vive lumière sur nombre de faits encore inexpliqués.

» TH. FOCACHON, *pharmacien.* »

FIN

TABLE DES MATIÈRES

Préface IX

PREMIÈRE PARTIE

CHAPITRE PREMIER

LES MAGES

Considérations générales. — That-Hermès, le législateur de l'Occulte. — Le fanatique indou. — Moïse et les magiciens du Pharaon. — Origine des Mages. — Leur science et leur organisation. — Astromancie et Astrolâtrie. — Artisans de l'Occulte. — Division historique et philosophique de la Magie. . . . . 1 à 9

CHAPITRE II

L'OCCULTE CHEZ LES HÉBREUX

Moïse mage; — ses anathèmes contre les devins, les nécromans, les enchanteurs. — Prophètes et prophétesses. — Balaam. — Saül et la Pythonisse.
L'Occulte dans l'Évangile, les Actes des Apôtres, l'Apocalypse. — Apparitions. — Bons et mauvais Esprits. — Dons surnaturels. — Exorcistes. — Possédés.

L'Apocalypse et l'Alchimie. — Les Sages de la Grèce postérieurs aux Prophètes juifs . . . . 10 à 20

CHAPITRE III

L'OCCULTE EN GRÈCE ET A ROME

Le Panthéon païen ; l'Olympe. — La fable de Prométhée. — Influence des Kabbalistes. — Caton et les Augures. — Magie légale et magie prohibée. — Décadence des Augures. — Sibylles et Pythonisses toujours en faveur ; — différence entre ces deux ordres de prophétesses. — La Pythonisse du temple de Delphes. — L'Oracle de Dodone. — Dix Sibylles illustres. — La Sibylle de Cumes et Tarquin le Superbe. — La Tiburtine, l'empereur Auguste et le Messie. — Avis contradictoires de saint Jérôme et de Massillon concernant les Sibylles. — Le Christianisme triomphant continue la proscription des Césars contre les Vaticinateurs de la rue. — Pratiques de la Magie dans les cérémonies de l'Eglise chrétienne . . 21 à 46

CHAPITRE IV

L'OCCULTE CHEZ LES GAULOIS

Les Druides continuateurs des Mages ; motifs de leur puissance. — Cause de l'asservissement de la Gaule par les Romains. — Les trois ordres de Druides. — Les Prophétesses indépendantes du sacerdoce. — La « Vengeance d'Elmir », récit bardique démontrant l'influence de l'Occulte sur nos aïeux. — Ce que devinrent les Druides proscrits par les Césars et le Catholicisme. . . . . 47 à 63

CHAPITRE V

LA SORCELLERIE AU MOYEN AGE

Avis de Michelet sur l'édit de 1672 concernant les procès de Sorcellerie. — Pourquoi l'Occulte prit une si grande extension au moyen âge. — Apologue sur la condition de Jacques Bonhomme dans le « Bon vieux Temps. » — Genèse de la Sorcière ; ce qu'elle risquait à exercer son ministère fatidique; comment elle l'exerçait. — Craintes du manant allant à la Sorcière. — Accusations formulées contre la « Grande Révoltée. »

Le Sabbat, œuvre politique nocturne, préparant les Jacqueries du grand jour. — La Messe-Noire. — Comment on allait au Sabbat; comment on en revenait. — Fêtes de la Chevalerie comparées au Sabbat. — Avis de Paracelse sur les Sorcières médicastres. — Pourquoi le Sabbat devint immoral. — Le Diable en assaut contre Dieu.

Comment les persécutions religieuses augmentèrent le nombre des Sorciers et des Sorcières. — Jeanne d'Arc sorcière; les Vaudois, les Camisards sorciers.

Catherine de Médicis s'occupe de Magie. — Trente mille personnes adonnées à l'Occulte sous le règne de Charles IX. — Métamorphoses du Diable.

Incubes et Succubes. — Avis des Pères de l'Église et du Concile de Nicée sur le corps fluidique des Anges bons et mauvais. — Moyens naturels d'éloigner les Incubes et les Succubes, démons mâles et femelles. — Comment le fils de Tobie se préserva des embûches de celui qui avait déjà tué sept maris de Sarah, la fille de Raguel.

Ce qui arriva de la Sorcellerie une fois le Diable détrôné par Colbert. — Le double objectif de la Sorcellerie. — Impuissance des Sorciers et des Sorcières une fois sous les verrous. — Comment on devenait sorcier.

« *Claude et Guita* » : légende fantastique.

Recette cabalistique pour fabriquer un onguent merveilleux propre à guérir ou à tuer. — Différents modes de divination.

Pourquoi il faut innocenter les artisans de l'Occulte à cette époque. Différence entre la Démonologie ancienne et la Théurgie moderne autrement dit le Spiritisme. . . . . . 64 à 103

CHAPITRE VI

L'ALCHIMIE

Occupations des Alchimistes. — Le « Secret des Secrets » est voilé dans les auteurs hermétiques par des allégories quasi-impénétrables. — A quoi se réduit, en divinitive, la science du Grand-Œuvre. — Difficultés pour se procurer la « Matière première » d'où extraire l'or vierge et une panacée contre tous les maux et la vieillesse. — Tableau, d'après un Alchimiste contemporain, du travail hermétique comparé au travail de Dieu dans la Création du monde. . . . . 106 à 113

DEUXIÈME PARTIE

L'OCCULTE A L'ÉPOQUE MODERNE

CHAPITRE PREMIER

DES PHÉNOMÈNES DU SPIRITUALISME

Pratiquants modernes de l'Occulte. — Spirites. — Allan Kardec, — La Réincarnation; — Écrivains favorables à cette Doctrine, — Citations d'après W. Crookes, C. Flammarion, V. Hugo, A. Vacquerie, Lacordaire, etc...

De la possibilité de communiquer avec les morts. — Evocation des morts aimés d'après l'ancienne théurgie. — Evocation d'après les Spirites. — Médiumnité. — Classification des médiums.

Tables tournantes; règles à observer pour obtenir une communication par la typtologie. — Un Esprit frappeur en Amé-

rique. — Inconvénients de la médiumnité. — Demoiselles Fox.
Quakers et Spirites.

Conversion de Savants au nouveau Spiritualisme. — La question
des Frappeurs devant les Chambres américaines. — Un article du *Courrier des États-Unis.*

En Angleterre. — Boutade de M. P. Barkas contre les négateurs
a priori. — Thy Dialectical Society ; — rapport et conclusions
de cette haute assemblée sur les phénomènes du Spiritualisme. — Adhésions publiques de savants anglais ; de Morgan,
Russel, Wallace, F. Varley, etc... . . . . 115 à 167

CHAPITRE II

EXPÉRIENCES ET CONSTATATIONS PARTICULIÈRES DE L'AUTEUR

Ses préventions initiales contre les Spirites. — Une séance
d'évocations rue Duphot. — Le médium Camille chez M. L... —
Le Zouave guérisseur. — Madame Allan Kardec. — Séances
de typtologie intimes.

Explications de M. Babinet relatives aux tables tournantes.

La Société des Études psychologiques, rue Neuve-des-Petits-Champs, à Paris. — Expériences de M. J... comme magnétiseur. — Intolérance de certains Spirites contre les chercheurs.

François Berny : Communications typtologiques obtenues par la
médiumnité de madame F... — L'auteur réforme son jugement. — Explications admissibles. — M. Cazeneuve, le grand
adversaire du Spiritisme, consulté ; il garde le silence.

Une séance d'*Occulte* chez le Docteur F... — Pythonisse et Sibylle
en facultés de Voyantisme. — Phénomènes extraordinaires
obtenus par le Docteur F..., d'après les principes et les procédés de la Kabbale.

Une Séance mécanique de tables tournantes. — L'Esprit Raymond. — Insuffisance des explications de M. Babinet pour
donner la raison des phénomènes. — Hypothèse d'un fluide
émanant des médiums et utilisé par les Esprits.

Le magnétiseur Donato. — Comment le Magnétisme mène au
Spiritisme. — Les Membres de la Presse scientifique chez

M. Donato. — M. Aksakof. — Transmission de la Pensée. — Pourquoi l'auteur s'est étendu longuement sur les expériences de M. Donato. . . . . 168 à 228

CHAPITRE III

INCARNATION ET DÉSINCARNATION DE KATIE KING.

M. W. Crookes; — phénomènes préalables enregistrés par l'illustre chimiste, en collaboration de M. D. D. Home et Mademoiselle Kate Fox, médiums. — Sous l'influence médianimique de mademoiselle F. Cook, une jeune fille de 15 ans, l'Esprit de Katie King apparaît et devient tangible. — Dans quelles circonstances se produisait le phénomène. — M. Crookes converse et se promène avec le fantôme. — Il le photographie en compagnie du médium... — Ce que fut Katie King en sa vie terrestre. — Précautions multiples pour déjouer la supercherie. — Dans une séance d'adieu, l'Esprit converse familièrement avec les assistants et leur donne une mèche de ses cheveux. . . . . 229 à 242

CHAPITRE IV

CONSIDÉRATIONS SUR LE MAGNÉTISME HUMAIN

Antoine Mesmer à l'Académie des Sciences, en 1784. — Hostilité de la Commission nommée à cette époque pour l'examen du Magnétisme. — M. de Jussieu seul est favorable et reconnaît le fluide magnétique comme médicalement bon.

Importance de la question au point de vue historique et physiologique. — Braid, Puel, Charcot, Dumontpallier, etc., s'en occupent.

Aphorismes de Mesmer. — Deleuze, de Puységur, du Potet, disciples de Mesmer.

Méthode de magnétisation basée sur l'hypothèse des fluides. — Procédés pour la démagnétisation.

De la Suggestion. — Elle est renouvelée de l'abbé Faria, disciple de Mesmer. — Le docteur Liébeault et le docteur Bernheim, *suggestionnistes*. — Leurs procédés. —Résultats obtenus. — Le docteur Bernheim adversaire du Mesmérisme. — Réserves à faire contre ses critiques à l'adresse des magnétiseurs.

La Suggestion peut s'exercer sur un sujet éveillé. — Elle est positive ou négative. — L'Auto-Suggestion. — On peut suggestionner à échéance fixe et éloignée.

La Magnétologie devient une science réelle. — Publications périodiques traitant du Magnétisme au point de vue philosophique et curatif.

Récit du « *Petit Journal la santé* » ; — guérison inespérée obtenue à l'aide du Magnétisme seul par M. A Bué.

« *Magnétisme dolosif* » : — Histoire d'un crime emprunté à la *Chronique judiciaire*. — Une monstrueuse et longue Suggestion.

Ce qu'il convient de faire dans l'intérêt général. . . 243 à 276

CHAPITRE V

CONCLUSION

Décret de la Convention Nationale relatif à l'Être Suprême et à l'immortalité de l'âme. — Ce que doivent faire les rationalistes en présence des miracles ou événements réputés tels. — L'Occulte : point d'atterrissement pour les croyances submergées. — Impossibilité aux athées de justifier suffisamment leurs négations. — Nécessité d'un idéal religieux dans une société démocratique. — Dernier mot de la conclusion : « Cherchons ! ». . . . . 277 à 282

APPENDICE

(A) — Description du Sabbat « légendaire », par Th. Gautier. . . . . 283 à 287

(B) — L'ALOUETTE. — Chronique du « pays de Picardie » destinée à compléter le tableau, fait au chap. de la Sorcellerie, des misères supportées par Jacques Bonhomme dans le « Bon vieux Temps. » . . . . 287 à 301

(C) — Comment, dès 1761, les Esprits forçaient l'attention des magistrats et des savants. L'ESPRIT FRAPPEUR DE DIBBELSDORF (Basse-Saxe). . . . . 301 à 306

(D) — *Un argument contre la peine de mort :* Communication philosophique attribuée à l'Esprit de Lapommeraie, le médecin empoisonneur. . . . . 307 à 311

(E) (F) (G) (H) — Le livre de M. EDARD : *La vie par le Magnétisme et l'Electricité.* » — Extraits et commentaires. — Son auteur en police correctionnelle comme coupable d'avoir fait du magnétisme curatif. — Sa justification. — Ses appareils pour associer le magnétisme à l'électricité : article publié par M. Nadault de Buffon dans les *Annales du Bien.*

M. Edard, élève de M. du Potet, partisan de la théorie du fluide magnétique. — Citations.

Conclusions du Rapport présenté par M. Husson à l'Académie de Médecine sur les phénomènes du Magnétisme, dans la séance du 28 février 1831.

Barbès Spirite (?) — Lettre du célèbre révolutionnaire. 312 à 330

(I) — Phénomènes curieux obtenus récemment par l'Hypnotisme. — Un vésicatoire par Suggestion!... — Lettre de M. Focachon confirmant le fait. . . . . 330 à 337

FIN DE LA TABLE

F. Aureau. — Imprimerie de Lagny.

www.ingramcontent.com/pod-product-compliance
Lightning Source LLC
Chambersburg PA
CBHW070841170426
43202CB00012B/1907